Michaela Kronenberger

Selbstvertrauen stärken Selbstsicher reiten

Angstgefühle und Nervosität überwinden

Müller Rüschlikon

Einbandgestaltung: R2 I Ravenstein, Verden

Titelmodel: Zara Marie Falkenberg
Titelfoto & Kapitelfotos: Jana Lindermann
Foto Umschlagrückseite: Hubert Fischer
Zeichnungen und Grafiken: Kerstin Diacont

ISBN 978-3-275-02321-9

Postfach 103743, 70032 Stuttgart
Ein Unternehmen der Paul Pietsch Verlage GmbH & Co. KG

1. Auflage 2024

Sie finden uns im Internet unter www.mueller-rueschlikon-verlag.de

Gesamtleitung: Claudia König
Innengestaltung: Kerstin Diacont
Druck und Bindung: Graspo CZ, 76302 Zlin
Printed in Czech Republic

»Uns hat es ja auch nicht geschadet.«
– Vielleicht hat es ja doch geschadet …

Michaela Kronenberger

Dieser QR-Code führt auf die Website
mit Zusatzinformationen und Bonusmaterial

VORWORT

Dieses Buch ist aus der Praxis für die Praxis. Es werden alle Reitweisen und Disziplinen gleichermaßen angesprochen. Das Buch bietet eine von vielen möglichen Betrachtungsweisen auf Ängste, die einen neuen Standpunkt eröffnen und unser Verständnis und Handlungsrepertoire im Umgang mit Angstgefühlen und Nervosität erweitern.
Die Transferleistung in den angeführten Beispielen muss jeder selbst für seine Reitweise herstellen. Die Inhalte ersetzen nicht die Arbeit an sich und mit sich selbst. Die hier verwendeten Modelle sind stark vereinfacht und dienen der grundsätzlichen Erläuterung.
Einiges kennst du sicher, aber vieles könnte für dich neu sein. Den Prozess zum Reiter-werden musst du allerdings alleine gehen.
Nichts muss, alles darf. Du liest das Buch für dich, für deine persönliche Entwicklung. Deshalb darfst du alles ausprobieren, lernen, anwenden und üben. Picke dir die Infos heraus, die für dich wichtig sind. Ich empfehle, die Kapitel hintereinander zu lesen.
Dieses Buch ersetzt weder einen Mediziner noch einen Psychotherapeuten und erhebt zu keiner Zeit einen Anspruch auf Therapie oder Heilversprechen. Sollte deine Angst durch körperliche Beschwerden oder psychische Störungen mit Krankheitswert ausgelöst werden, suche dir bitte fachliche Hilfe.

Ich bitte dich, mir das Abweichen von akademischer Strenge und akkurater Fachtermini zugunsten der Verständlichkeit zu verzeihen.
Für die leichtere Lesbarkeit verwende ich die männliche Form. Damit meine ich die Funktion und nicht die konkrete Person. Ich spreche ausdrücklich gleichberechtigt jedes Geschlecht an. Schreibe ich von Pferden, meine ich Ponys gleichermaßen.

EINLEITUNG

Angstgefühle und Nervosität besiegen

Am Ende ist alles für irgendetwas gut. Noch mag es sich nicht gut anfühlen, aber irgendwann drehen wir uns um und sind daran gewachsen.
Wenn du wissen willst, wie du dein Glück selbst in die Hand nimmst, dein Selbstvertrauen stärkst und deine Selbstsicherheit herstellst, um zu erreichen, was du dir schon immer gewünscht hast, habe ich jetzt eine sehr wichtige Botschaft für dich. Möglicherweise die wichtigste deines Lebens: Erfolgreiche Reiter regulieren ihr Nervensystem, sodass sie ihr Reiten nach ihren Vorstellungen gestalten können. Auch du tust das. Vielleicht nur komplett in die andere Richtung. Dein Nervensystem liefert dir statt Erfolg das, was du nicht willst: Angstgefühle, Nervosität, Unruhe, Unsicherheit, Unzufriedenheit, Probleme. Mit dem richtigen Know-how bekommst du deine Angst und Aufregung in den Griff!

Dieses Buch soll dir nichts geben, es soll dir etwas nehmen. Deine dysfunktionalen Emotionen. Es soll dir deine neurobiologischen Hindernisse nehmen, dir selbst im Weg zu stehen!
Du erhältst Einblicke in die Funktionsweise des Gehirns, Nervensystems und Angstsystems. Dadurch kannst du bewusst und gezielt deine Ängste beeinflussen! Das ist unabdingbar, um dein Reiten, die Beziehung zu dir selbst und die Verbindung zu deinem Pferd massiv verbessern zu können. Du wirst die Angst aus der Perspektive des Nervensystems verstehen. Du lernst die Flight, Fight, Freeze und Fawn Response kennen, um deine Biochemie zu beeinflussen.
Du erfährst, warum es so wichtig ist, seine Gedanken und sein Nervensystem zu kontrollieren. Das funktioniert gar nicht? Doch das funktioniert. Du musst dein Reiten nicht von deinen Angstgefühlen bestimmen lassen. Du hast erheblichen Einfluss, wer und wie du beim Reiten sein willst.

Alle Zusammenhänge werden so erklärt, dass du sie endlich verstehst. Du wirst dir wünschen, dieses Buch schon viel früher entdeckt zu haben. Du hättest dir viele Ängste, Unsicherheit und Nervosität erspart und sie nicht unwissentlich auf dein Pferd übertragen.
Im Wesentlichen erfährst du Antworten auf die wichtigsten Fragen bei Ängsten:

- Muss ich Angst akzeptieren oder kann ich aktiv daran arbeiten, mein Reiten in eine positive Richtung zu verändern? Was muss ich dafür tun?

- Wie beeinflussen Ängste mein gesamtes Reiten und was kann ich gegen Unsicherheit und Angstgefühle tun?
- Wie funktionieren mein Nervensystem, mein Körper und mein Gehirn bei Angst und Nervosität?
- Welche Techniken kann ich nutzen, um mein Nervensystem zu beruhigen?
- Welche Übungen braucht mein Körper, um Ängste zu regulieren?
- Wie überwinde ich Nervosität und Angstgedanken und gewinne Selbstsicherheit?
- Wie stärke ich Vertrauen statt Angst?
- Wie überträgt sich mein Nervensystem auf das des Pferdes?

Das Buch gliedert sich in drei Hauptkapitel mit einem Bonuskapitel, in denen ich einen integrativen, multimodalen Ansatz mit evidenzbasierten Ergebnissen aus Pferdepsychologie, Pferdebiologie, Psychologie, Neuropsychologie, Neurobiologie und aktuellen Erkenntnissen aus der Emotionsforschung verfolge.

Der Reiter ist ein multidynamisches Wesen, dessen Prozesse alle miteinander verbunden und verwoben sind. Es gibt für alles und nichts eine Ausnahme und ich erhebe keinen Anspruch auf Vollständigkeit, sondern liefere nur jene Strategien, die wissenschaftlich fundiert und in 30 Jahren Berufserfahrung an mir und meinen Klienten biophysisch und biopsychisch wirksam erprobt sind. Viele Reiter haben ähnliche Probleme, dennoch kann deine Problemlösung so individuell sein wie du selbst. Suche dir aus, was dich besser macht. Alles andere lasse unkommentiert für andere, was sie besser macht.

Funktionieren die Übungen für jeden? Ja und Nein. Für dein Gehirn und dein Nervensystem wirken sie sehr schnell. In der Praxis funktionieren sie auch, nur dann nicht, wenn es Reiter gibt, denen sie nicht gefallen oder die Angst haben, wirklich etwas zu verändern oder so kontrolliert im Kopf sind, dass sie gar nicht wollen, dass es wirkt.

Lässt du dich auf die Selbsthilfetipps ein, kannst du lernen, ungewollte emotionale Reaktionsmuster neuropsychologisch aufzulösen und neue Reaktionsmuster neurobiologisch zu verankern. Du erhältst neue Reitqualität durch rezeptorbasierte Stimulation des Atemsystems, des Nervensystems sowie des visuellen, vestibulären und propriozeptiven Systems.

Steige aus deiner Angst aus! Dieses Buch gibt dir die Anleitung, wie du es mithilfe deines Körpers und bedeutsamen Erkenntnissen über das Nervensystems schaffst.

KAPITEL 1

Körper, Gehirn, Nervensystem

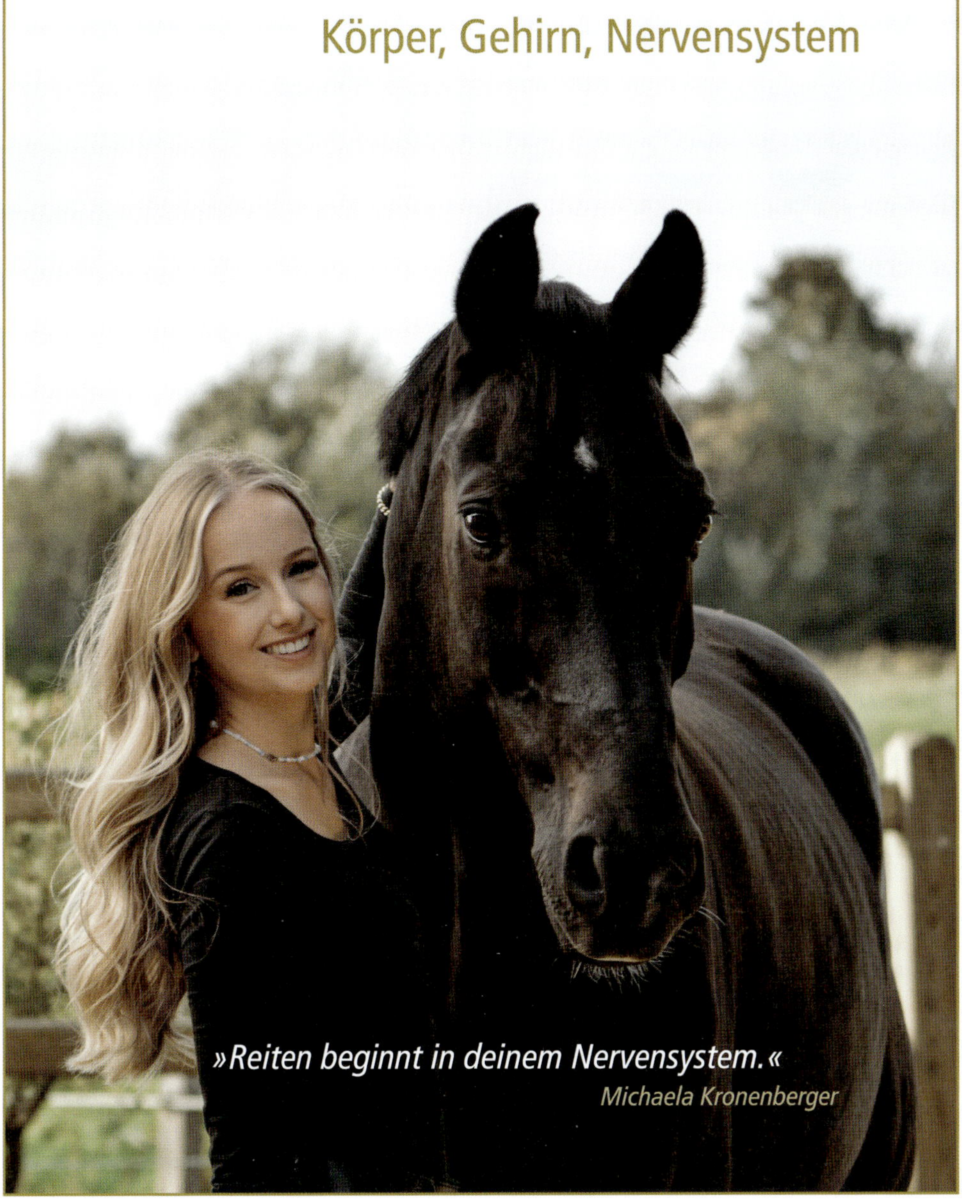

»Reiten beginnt in deinem Nervensystem.«

Michaela Kronenberger

Was passiert bei Angst im Körper?

Pferd und Reiter sind Beziehungssysteme. Werden die hirnanatomischen, biomechanischen und neuropsychologischen Bedingungen beim Reiten erfüllt, entwickeln wir uns zu gesunden, psychisch stabilen Reitern, mit einem zufriedenen Gefühl und einem ausbalancierten Körper, der mit dem eigenen Reiten in Kohärenz und Einklang ist. Blöd, dass uns die Realität auf den hiesigen Reitplätzen ein anderes Bild vermittelt. Kaum ein Körper scheint mit seinem Gehirnbesitzer eine harmonische Einheit auf dem Pferd zu bilden. Entweder spielt der Kopf nicht mit oder der Körper oder die Emotionen oder das Pferd. Was läuft da schief?

Unser Körper, unser Gehirn und unser Nervensystem werden ständig wechselseitig und zusätzlich multidimensional vom Pferd beeinflusst. Wenn wir nicht wissen, wie unser Körper auf die unterschiedlichen Balanceanforderungen reagiert oder in uns den Unsicherheitsalarm oder das Angstfeuer auslöst, können wir kaum Selbstvertrauen aufbauen, weil wir nicht bewusst gegensteuern können.

Alles ist miteinander verschachtelt. Weil der Körper unruhig ist, glaubt das Gehirn, es muss irgendwo eine Gefahr sein. Die Sinneswahrnehmungen scannen die Umgebung nach potenziellen Gefahren. Weil das Gehirn die Umgebung scannt, glaubt der Körper, es kommt gleich ein Signal vom Gehirn, dass es eine Gefahr abzuwehren gilt. Weil das Pferd unseren Körper unentwegt aus der Balance bringt, glauben die Gedanken, dass wir nicht gut genug reiten und die Emotionen befeuern die Psyche, bloß gut genug aufzupassen. Weil wir grübeln, glauben alle Areale, es passiert gleich etwas Unvorhergesehenes. Körper und Hirn sind im Dauerstress. Unter diesen Umständen ist Reiten anstrengend und die Freude vorübergehend ausgewandert oder bei den Reitern, bei denen es so leicht aussieht. Ja, es sieht leicht aus, weil deren Gehirne keinen Dauerstress haben. Das spiegelt sich im gesamten Reiter wider.

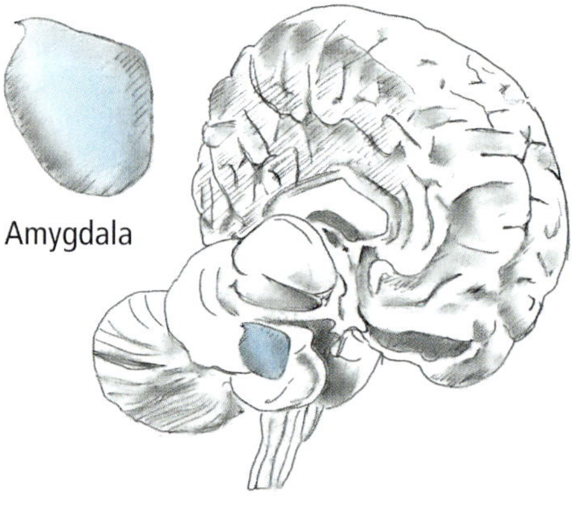

Sitz der Amygdala im menschlichen Hirn, in Anlehnung an Damir del Monte.

Nervosität und Angstgefühle bedeuten immer Anspannung für den Körper. Das autonome Nervensystem erhält biochemische und elektrische Signale aus dem Gehirn und leitet sie an den Körper weiter, um im Ernstfall mittels Stress schnell reagieren zu können. Die Amygdala, unser Angstzentrum, ist bei der Aktivierung des Nervensystems im sympathischen Zweig beteiligt. Löst sie den Alarm für Angst aus, reagiert das Nervensystem blitzschnell. Unser Puls fährt hoch, die At-

mung wird flach, die Muskeln spannen an. Dasselbe passiert auch, wenn der Körper Signale der Unruhe, Aufregung, Nervosität an das Gehirn sendet. Erst durch den Abbau der Stresshormone im Entspannungsmodus beruhigt sich das Gehirn, unsere Gedanken und die Emotionen. Wir kommen zur Ruhe.
Beruhigen sich das Gehirn und der Körper nicht, müssen wir das selbst in die Hand nehmen. Dazu sollten wir unserer Bewertung über die Situation auf die Schliche kommen, denn eine Angstreaktion im Gehirn vereinnahmt automatisch unser Denken, den Körper und die Gefühle. Bewerten wir einen Reiz als ungefährlich, beispielsweise den Richtertisch oder den Ausritt, entspannt sich unser Nervensystem und mit ihm unsere Muskeln. Bewerten wir einen Reiz als gefährlich wie das Reiten auf dem Außenplatz, den Galopp, den Oxer, das Kurzkehrt feuern wir unser Angstzentrum an. Gleichzeitig holt sich jeder Bereich Informationen von dem anderen. Alle feuern sich gegenseitig an.

Stell dir vor, du sitzt auf deinem Pferd und dein Angstzentrum scannt während deines Reitens dein Umfeld nach Gefahren und findet keine. Du reitest an der Hallentür vorbei, an der dein Körper eine alte Sturzerfahrung gespeichert hat und plötzlich mit starken Körperempfindungen reagiert. Dein Angstzentrum nimmt diese Reaktionen wahr und reguliert dein Nervensystem durch biochemische Prozesse hoch. Blitzschnell entscheidet dein System auf Kampf oder Flucht oder Erstarrung. Dein Gehirn denkt, »wusste ich es doch, Reiten ist nicht sicher«. Deine Gedanken sind »on Fire«. Sie wollen mitreden und liefern noch mehr Angstgedanken. Die befeuern wiederum deinen Körper und dein Angstzentrum produziert noch mehr Angstgefühle. Das passiert so schnell, dass dein Verstand nicht einmal rückmelden kann: »Hör zu, es gibt an der Hallentür im Jetzt keine Gefahr, ich habe alles im Griff.« Schlimmer noch. Dein Verstand lässt sich vom Angstzentrum beeinflussen und kommt zu der Erkenntnis, nichts im Griff zu haben.
Was ist da passiert? Zwischen Signal aus dem Körpergedächtnis und Aktivierung der Amygdala (deinem Angstzentrum) spürt dein Pferd deinen veränderten Atem- und Herzrhythmus und wird selbst unsicher. Sein Nervensystem fährt hoch und es ergreift die Flucht aufgrund deiner mangelnden Führungskompetenz, um sich selbst in Sicherheit zu bringen.

Daher ist es unfassbar wichtig, dass du lernst, einen ruhigen, stressfreien Körper in dein Reiten zu bringen. Jede Art von Sitzproblemen und Dysbalancen bringen deinen Körper in eine Stresssituation und sind eine potenzielle Gefahr, Ängste und Angstgefühle auszulösen, denn Angst und Panik spielen sich auf der Körperebene ab! Sie mögen im Kopf entstehen, aber ihr Spielfeld ist dein Körper!
Ein ruhiger, gelassener Körper gibt dem Gehirn das Signal, alles ist sicher, du brauchst nicht in Alarmstellung sein. Das überträgt sich auf das Pferd und es beginnt, dir zu vertrauen und lässt

sich auf dich ein. Tut es das nicht, dann nur, weil dein Körper in jeder Phase des Reitens keine Gelassenheit ausstrahlt.
Prüfe, welche psychischen und physiologischen Körpersignale du sendest. Mache dir bewusst, dass du selbst der Urheber von Angst- und Stressproblemen sein könntest:

KREUZE AN

- ☐ Du bist tagelang oder wochenlang unruhig oder angespannt.
- ☐ Du musst häufiger auf die Toilette.
- ☐ Dir wird übel.
- ☐ Du fühlst dich wie in einem Film.
- ☐ Dein Herz schlägt schneller, dein Puls geht hoch. Du errötest, fühlst ein Druckgefühl, Aufregung, Nervosität.
- ☐ Deine Atmung wird flach, schneller oder du leidest unter dem Luft-Anhalte-Syndrom. Vielleicht hast du aber auch Schnappatmung.
- ☐ Du reagierst mit Schwindel, Unwohlsein, Konzentrationsproblemen und dich plagen die Angst, etwas falsch zu machen, nicht das Richtige zu tun, eine falsche Entscheidung zu treffen.
- ☐ Du fällst nach vorne, sitzt zusammengekauert, machst einen runden Rücken, zeigst Angst.
- ☐ Dir wird heiß oder kalt.
- ☐ Deine Hals-Genick Position ist eingerollt. Du willst dich nicht angreifbar machen, reitest, als seist du gar nicht da, getreu dem Motto: Sehe ich dich nicht, siehst du mich nicht.
- ☐ Dein Nacken ist verspannt. Dein Unterkiefer ist bei fester Halsmuskulatur schmerzhaft verkrampft. Du hast einen Kloß im Hals bei der bloßen Vorstellung, jetzt reiten zu müssen. Du bereitest dich innerlich auf Kampf, Ärger und Leistungsdruck vor. Du bist schon vorher unzufrieden und hast eine negative Erwartungshaltung.
- ☐ Dein Kopf ist gesenkt, du machst dich klein, vielleicht empfindest du Scham.
- ☐ Deine Mimik, deine Augen, Stirn, Mund, Wangen signalisieren Angst, Anstrengung, Überforderung, Unterforderung, Überehrgeiz, Wut, Ärger, Unzufriedenheit.
- ☐ Deine Finger sind verkrampft, weil du Angst vor Kontrollverlust hast oder du glaubst, mit einer starren Faust (statt stetig weich federnd) perfekter zu sein.
- ☐ Deine starke Anspannung im Oberarm zeugt von Angst vor Kontrollverlust.
- ☐ Dir wird zittrig, schwitzig. Du bekommst weiche Knie.
- ☐ Du bist unaufmerksam, unkonzentriert, verunsichert. Dein Körper lässt dich im Stich.

Die Reaktionen sind unbewusst und laufen vorprogrammiert ab, um in Extremsituation schnell reagieren zu können – ohne stundenlang analysieren zu müssen. Für die Flucht- oder Kampf-

Response unseres Nervensystems braucht der Körper mehr Energie, deshalb haben wir einen geöffneten Mund für mehr Sauerstoff und weit geöffnete Augen, damit wir alles sehen können. Unsere Muskeln spannen sich an, damit wir Kräfte entwickeln. Der erhöhte Puls pumpt mehr Sauerstoff in die Adern. Wir sind der Bedrohung gewappnet. Manch einer traut sich jetzt über die am Boden liegende Stange …

Bei all diesen Signalen schüttest du Stresshormone aus, mit denen du deinem Pferd signalisierst: Achtung, du bist bei mir nicht sicher. Du bestätigst deinem eigenen Gehirn: Im Reitsport geht es um Leben und Tod. Zusätzlich führt dein hoher Energieverbrauch zu einem schnellen Kraftmangel, hochgezogenen Knien, klemmenden Ober- oder Unterschenkeln, blockierten Becken, Übelkeit, Balanceproblemen, hochgezogenen oder verkrampften Schultern, runden Schultern. Du sendest Signale der Unsicherheit, der Angstgefühle und Nervosität. Du willst dich nicht zeigen, dich lieber kleinmachen, nicht auffallen. So wirst du dich niemals als Reiter selbst mögen. Irgendwann hast du Angst, überhaupt zum Turnier zu fahren, Reitunterricht zu nehmen, den Platz zu betreten oder in den Wald zu reiten. Vielleicht meidest du irgendwann das Reiten gänzlich. Reiten wird zur Herausforderung. Nichts strengt dich mehr an, als die Furcht, unangenehm aufzufallen. Das Dilemma: Du bekommst, was du am meisten befürchtest.

Natürlich können Sitzprobleme auch auf biomechanische und neuroathletische Zusammenhänge hindeuten. Das Ergebnis ist dennoch dasselbe. Bist du nicht im Einklang mit deinem Körper, hast du tendenziell ein potenziertes Nervensystem. Gleich ob psychische, neurobiologische oder biomechanische Gründe vorliegen, der kleinste gemeinsame Nenner ist das Nervensystem. Deshalb werden wir unseren Fokus jetzt auf die Neurobiologie legen und mit einer kleinen Übung beginnen:

Mini-Übung Seufzen

Angstgefühle manifestieren sich im Körper (Van der Kolk, 1994). Finde die Angst in deinem Körper. Wo spürst du sie? Wo hat sie dafür gesorgt, dass du fest wirst? Bringe bewusst Ruhe in die lokalisierte Stelle deines Körpers. Atme genau in diese Region. Spüre, wie sie sich entspannt. Lasse negative Energie bewusst los. »Ich kann meinen Körper entspannen. Ich verbinde mich in jeder Situation mit der Entspannung.« Lockere deine Arme und Beine, bewege deinen Oberkörper und seufze dabei mehrfach. Du wirst sehen, dein Angstzentrum schaltet sich aus. Studien haben nachgewiesen, dass wiederholtes Seufzen Angstzustände sogar mehr reduziert als Meditation (Li et.al., 2016). Tipp: Auf dem Pferd hat sich bewährt, das Seufzen mit dem eigenen Abschnauben zu verbinden. Das Pferd wird Gefallen an dieser Übung finden und mit dir zusammen nach einer Weile der Geduld und Wiederholung abschnauben.

Wie du deinen Körper zur Angstregulation nutzen kannst

Durch die Ansätze des Embodiment kann die Angst körperlich integriert werden. Embodiment besagt, dass die Psyche, das Gehirn und die Gedanken immer in Bezug zum gesamten Körper stehen und in ihm gewollt und ungewollt, bewusst und unbewusst sichtbar werden. Die Statik wird unsicher, die Gewichtshilfe fehlt, die Knie klammern, die Hände ziehen. Unweigerlich merkt das Pferd die feinsten Signale unserer körperlichen Veränderung durch die Angstsignale, die uns selbst nicht bewusst sind.
Der Rücken ist ein psychosomatisches Organ und gilt als Ausdruck der Psyche. Versierte Trainer können die Stressnuancen im Frühstadium sowohl über die Mimik als auch über die Rückenhaltung wahrnehmen und uns auf diese vorbewussten Körpermarker hinweisen, dass wir psychosomatisch Angst oder Unsicherheit/Unwohlsein nuancieren.

Bewegen wir unseren Körper im Moment der größten Angst, Überforderung oder Unterforderung durch allerlei Übungen wie Hüpfen, Springen, Singen oder Summen (aktiviert den Vagusnerv des parasympathischen Zweigs), Mundwinkel hochziehen, Lachen oder Lächeln, Augen bewegen, Vagusnerv klopfen, bilaterale Stimulation, Powerposen – auch dann, wenn es sich absolut fehl am Platz oder blöd anfühlt oder unser Ego Einspruch einlegt, haben wir einen enormen und nicht zu unterschätzenden Einfluss auf die Stabilität unseres Nervensystems. Wir unterbrechen biologische Abläufe zwischen Gehirn, Botenstoffen und Nervensystem und mobilisieren uns zusätzlich im Falle von Erstarrung.

Auch minimale Veränderungen im Sitz sorgen dafür, dass der Körper unsere gesamte Biochemie ändert und Stress abbaut. Baue dir während des Reitens Gewohnheiten ein, dich zu bewegen: Im Schritt mal die Knie zu öffnen, dich nach vorne zu beugen oder das Pferd zu loben, deine Ellenbogen nach vorn zu bewegen, die Augen zu rotieren, ohne den Kopf zu bewegen; leichte Ja-ja- und Nein-nein Bewegungen mit dem Kopf; Arme und Finger bewegen durch Nachfassen; Remonte-Sitz einnehmen, Springsitz und gestreckter Sitz abwechselnd reiten; Leichttraben auf dem falschen Fuß; Fußgelenke und Fußsohle beweglich halten durch Druckpositionsverschiebungen wie Innenkante – Außenkante – Ferse – Ballen; alle Körperteile unabhängig und bewusst voneinander bewegen, während das Pferd durchlässig und willig in der gestellten Anforderung bleibt. Das trainiert gleichzeitig dein Gehirn, koordinativer und flexibler zu reagieren, weil mehr Bewegungsmuster angesprochen werden. Das führt dazu, dass du bessere Entscheidungen treffen kannst. Dein Nervensystem schlägt nicht so schnell Alarm, wenn du aus der Balance kommst. Geben wir dem Körper eine Powerhaltung, signalisieren wir dem Gehirn, dass wir alles im Griff haben. Stärken wir unsere gestreckte Sitzhaltung oder den aufrechten Gang neben dem Pferd, wirkt das für unser Nervensystem als Sicherheitssignal. Es schüttet keine Stresshormone aus, die uns oder das Pferd in Stress versetzen könnten.

Lächeln wir beim Reiten, kann das Gehirn nicht zeitgleich ängstlich sein. Das Limbische System (Gehirnareal) kann immer nur eine Emotion liefern. Da der Körper am Lächeln beteiligt ist, verstärkt es die Macht des Lächelns auf das Nervensystem. Lachen schüttet Endorphine aus. Endorphine lassen uns fast alles ertragen. Lachen lässt die Angst sinken. Die Freude kann später dazukommen.

Lachen und Lächeln sorgen für Entspannung und positive Energie. Auch bei einem aufgesetzten Lächeln! Wenn wir faktisch nur den Gesichtsmuskel bewegen, sorgt das schon für eine Emotion. Denn das eigene Gehirn kann nicht unterscheiden, ob es eine gespielte oder eine echte Emotion ist (Damasio, 2011).

Apropos Emotion: Fühlen wir uns minderwertig, nicht perfekt genug, oder haben Angst, etwas falsch zu machen, oder kämpfen gegen uns selbst, beeinflussen dysfunktionale Emotionen unsere Gehirnstrukturen und schwächen unsere Körperspannung über die Neurotransmitter, die ausgeschüttet werden. Bekommt das Gehirn vom Körper das Signal »Unwohlsein«, »Bedrohung«, »Gefahr« oder »Unsicherheit«, reagiert es mit Hormonen, die jederzeit mehr Stress hochfahren können. Stress sorgt dafür, dass der Körper sich auf sich selbst konzentriert und keine Ressource mehr für die Kognition oder das Reiten frei hat. Wir können uns nicht mehr auf das Pferd konzentrieren, da das Gehirn die Energie für die Physiologie braucht, statt für die Technik und das Gehen des Pferdes. Wir konditionieren uns selbst, dass Reitsport Angst machen muss. In der Folge trainieren wir automatisierte körperlich-emotionale und behaviorale Reaktionsschemata, die uns nicht mehr auffallen. Sie sind auch bekannt unter dem Namen »Sitzfehler«.

Die einfachste Übung, Einfluss auf unsere Hormone zu nehmen, ist die Lenkung der konstruktiven Gedanken und inneren Bilder, auch wenn – oder gerade weil du Angstgefühle hast. Gleiches zieht Gleiches an. Du kannst nicht negativ denken und Positives erwarten.

ÜBUNG Selbstumarmung für den Körper

Übe sie erst ohne Pferd.

Schmetterlingsumarmung: Kreuze deine Arme und lege die Hände auf deine Oberarme, nah der Schulter. Tappe nun mit deinen Handflächen wechselseitig behutsam und rhythmisch auf deine Oberarme. Du kannst von oben nach unten tappen und wieder hoch. Das wirkt beruhigend. Aktivierend wirkt die Schmetterlingsumarmung, wenn du stärker tappst.

Lege die rechte Hand unter deine linke Achsel. Lege die linke Hand auf deinen rechten Oberarm.

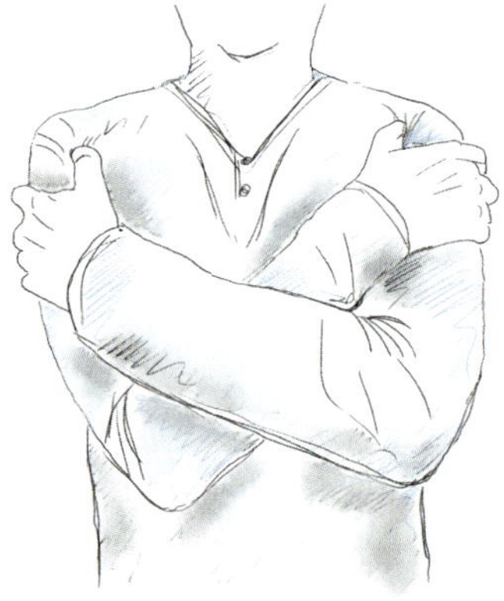

Schmetterlingsumarmung

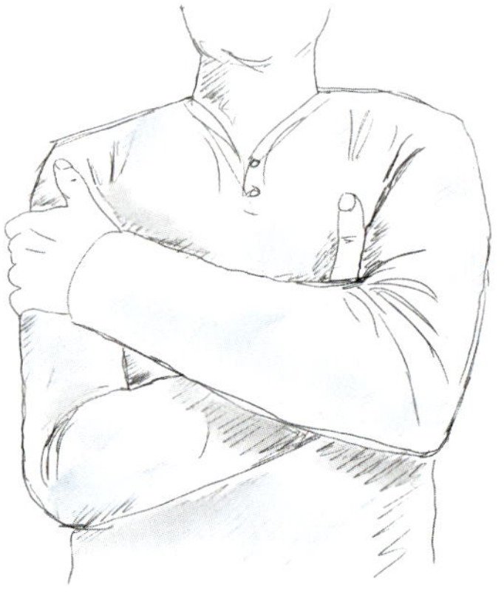

Somatische Nervensystemtechnik aus der Traumatherapie

Atme regelmäßig und langsam. Dein Nervensystem beruhigt sich von alleine.
Nimm eine Hand auf die Stirn. Die andere Hand führe in den Nacken. Übe leichten Druck aus. Beobachte, was dir guttut: Wechselseitiger, einhändiger oder gleichzeitiger Druck. Lasse den Kiefer entspannt. Atme normal weiter. Es darf sich angenehm anfühlen.

Gehirn und Nervensystem unter Beschuss

Vorsichtig kann man nie genug sein, denkt das Gehirn, noch bevor es gefährlich werden könnte. Überleben oder Oxer? Unser Gehirn reitet nur an, wenn es sich sicher fühlt. Es scannt sein Umfeld und jeden Reiz über die Sinneswahrnehmungen nach möglichen und unmöglichen Gefahren. Der Output ist: Lieber nicht dorthin reiten. Lieber zögerlich anreiten. Lieber absteigen oder gar nicht reiten. Eine bewusste Einschätzung, ob wirklich eine Gefahr da ist, wäre viel zu langsam, um dann noch einer tatsächlichen Bedrohung ausweichen zu können. Das passiert völlig autonom, weil dieser Prozess unser Überleben sichern soll.
Das hat also nichts mit Angsthasen, innerem Schweinehund oder Feigling zu tun. Angst aktiviert den Sympathikus und macht unseren Körper erst einmal reaktions- oder vielmehr überlebensfähig. Mehr nicht. Leider bekommen viele dabei blitzschnell innere Bilder, Horrorszenarien und Katastrophenfilme. Sie beginnen, an sich zu zweifeln, und haben die Überzeugung, hilflos der Situation ausgeliefert zu sein, keine Kontrolle zu haben, es nicht zu meistern. Innerhalb von Millisekunden spürt das Pferd die Unsicherheit. Der Körper mischt mit und merkt, die Situation ist nicht sicher und verkrampft.

Sobald das Alarmsystem des Gehirns an ist, aktivieren sich in uns die ältesten vorprogrammierten Schutzreflexe und schalten die höher entwickelten Gehirnareale wie Verstand, Bewusstheit, Mentales und teilweise das Bewusstsein ab. Unser Körper reagiert als Ganzes auf die Bedrohungssituation. Wird das Nervensystem durch das Pferd an Flucht, Kampf oder Erstarrung gehindert, schüttet der Körper noch mehr Stresshormone aus. Seine elektrischen Schaltkreise im Nervensystem feuern immer mehr – ohne Entladung. Das hat zur Folge, dass noch lange nach der angstmachenden Situation das Gehirn feuert und der Reiter vor einer angstmachenden Situation fliehen will, die gar nicht existiert.

Diese Entladung versucht der Reiter unbewusst durch eine nachträgliche Reaktion in einer neuen Situation nachzuholen. In der Praxis schaut das dann so aus: Man verfällt bei Unfall oder Verletzung des Pferdes in hilflose Schockstarre. Die Energie kann sich nicht entladen, der Körper bewegt sich nicht. Bei jeder weit entfernten, aber möglichen neuen Verletzungsgefahr wird der Reiter übervorsichtig oder überaktiv. Fast so, als ob er die mangelnde Aktion der damaligen Situation wieder gut machen will. Besonders, wenn das alte Pferd unerwartet verstorben ist, wird das neue Pferd wie Motten um das Licht umsorgt oder beschützt wie von einer Löwenmama. Diesmal will das Gehirn sich der angestauten Energie entladen und alles richtig machen, um sich vor dem alten Gefühl der Starre/Ausgeliefertsein zu schützen.

Friert unsere Energie im Körper ein, weil beispielsweise das Pferd mit uns durchgeht, wir warum auch immer hilflos sind und an Kampf und Flucht gehindert werden, machen wir die Erfahrung, uns nicht schützen zu können. Die hohe Energie von Flucht und Kampf verbleibt in den elektrischen Schaltkreisen des Gehirns und in den Körperzellen. Normal müsste sie durch Tun, also durch aktive Einflussnahme auf das Durchgehen, mit einem positiven, selbstwirksamen Ende abgebaut werden, damit das Erlebte keine bleibende Angst hinterlässt. Tritt das Schutzerlebnis nicht ein, versucht der Reiter vergeblich, aktiv zu werden, indem er Kontrollverlustangst bekommt, mit der er glaubt, sich vor dem Durchgehen zu schützen. Die Energien der Stresshormone und Elektronenkaskaden manifestieren sich zur Angst. Das Gehirn ist unter Beschuss.

Außerdem mag das Gehirn keinen inneren Druck. Druck führt zu Anspannung. Allein das Wort »MUSS« verursacht zuweilen Muskelverspannungen, Stress, Schnappatmung, Widerwillen, Auflehnung oder Atemnot.

Unser Gehirn kann trainiert werden.

Unser Gehirn kann trainiert werden. Von Natur aus ist es zwar faul, weil es ein Energiesparorgan ist und lieber bestehende Nervenverbindungen nutzt, statt viel Energie für den Bau neuer Verbindungen zu verbrauchen, aber die Erkenntnisse der Neuroplastizität belegen, in uns wirken zusammenhängende Strukturen, Kleinstbausteine, die sich ein Leben lang durch neues Verhalten verändern können.

Das Gehirn kann sich prinzipiell kraft der Gedanken strukturell verändern. Hast du noch keine Angst, denkst aber, bald Angst zu haben, steuerst du deine Muskeln und Gehirnzellen an und deine Biochemie liefert dir neuronal die Nervenbahn: Angstgefühle. Dasselbe funktioniert auch mit Bewegungen. Hast du schon vor dem Kurzkehrt einen Knoten im Kopf, trainierst du dein Gehirn auf »Knoten im Kopf«. Hast du schon vorher eine genaue Bewegungsvorstellung, trainierst du deinen Körper auf den gewünschten »richtigen« Output. Dasselbe passiert auch bei einer falschen Bewegungsvorstellung. Dann trainierst du dein Gehirn auf den unerwünschten Output.

Dem Gehirn ist grundsätzlich egal, ob eine weit ausgebaute Nervenautobahn zu einem Problem im Reiten oder zu einer Lösung führt. Was im Hirn geankert wird, ist für das Gehirn die Lösung, denn eine Lösung ist alles, was sein Überleben gesichert hat. Die Lösung ist nicht immer das fachlich korrekte Reiten mit einem Bilderbuchsitz. Die Lösung kann auch mal die viel zu hohe Handhaltung sein. Beispiel: Hat deine hohe/ungleiche/feste Handhaltung irgendwann einmal einen Sturz oder das Durchgehen des Pferdes verhindert, speichert dein Gehirn diese Handhaltung als Lösung, wie die Zügel festgehalten werden mussten, damit dir nichts passiert. Ihm ist völlig egal, ob der Reitlehrer oder das Fachbuch eine andere Handposition vorsehen. Du wirst die Hand noch nach der »drölften« Aufforderung »falsch« aufstellen.

Das Gehirn liefert neuronal, was schon da ist. Es bevorzugt Bekanntes und emotional Eingebranntes. Willst du Neues in deinem Reiten integrieren, musst du es deinem Gehirn nur bekannt(er) machen. »Benutze es oder verliere es«, sagt das Gehirn. Würdest du die Angstgefühle oder die Nervosität nicht mehr »benutzen«, würde dein Gehirn ihre Nervenbahn verlieren und dir aus einer anderen Nervenbahn eine Lösung liefern. Solange du dir aber die Angstgefühle und Nervosität zur Gewohnheit machst, stehen sie dir schnell und prompt zur Verfügung. Du trainierst die Angst. Und schon bei dem kleinsten Gedanken daran nimmst du ein mulmiges Gefühl wahr.

Unser Gehirn lebt von Wiederholungen. Deshalb lieben wir Gewohnheiten. Sie sind leicht und geben ein Gefühl der Sicherheit. Auch dann, wenn alte Trampelpfade uns nicht voranbringen, sondern sabotieren. Alles Neue fühlt sich erst einmal mühsam an, bis es mühelos wird, nachdem die neuronale Autobahn fertig ausgebaut ist.

Wiederholung ist ein Lernprinzip, bei dem sich die Nervenzellen vervielfachen und die neuronalen Autobahnen breiter werden, uns somit schneller zur Verfügung stehen. Leider funktioniert diese Fähigkeit auch in die unerwünschte Richtung. Wiederholst du zum Beispiel deine Angst, baust du das Angstnetzwerk stabil und kräftig aus. Ist die Angst an eine Lektion, den Wald, den Parcours, die Wiese oder dein Pferd geknüpft, konditionierst du im Gehirn den Reiz, die Emotion und das Pferd. Gleichzeitig ist der Output deines Nervensystems: »Vorsicht, Lebensgefahr!« Dein Körper verspannt in der natürlichen Folge. Später genügt nur der Gedanke daran, um bei dir Angstgefühle oder Stress auszulösen. Gratuliere dir. Mit deinen Neuronen ist alles in Ordnung. Sie funktionieren. Aber willst du diese Art des Lernens wirklich? Zur Erinnerung: Was du nährst, wächst und verknüpft sich. Was du nicht mehr nutzt, verkümmert und steht deinem Gehirn nicht mehr zur Verfügung.

Genau dasselbe passiert bei deinem Pferd. Sie lernen immer. Was es lernen soll, bestimmst du. Du beschreibst jeden Tag sein Lebensbuch neu. Soll es Unerwünschtes lernen, weil du es ständig wiederholst? Du verstärkst zum Beispiel unbewusst das Verhalten wie das Treten nach deinem Bein, wenn du dein Bein vor lauter Schreck oder aus Unsicherheit wegnimmst. Du verstärkst das Hochreißen oder Pullen des Kopfes, wenn du mangels Körperspannung und Angst den Zügel wegwirfst. Du verstärkst das Nicht-Stehenbleiben, wenn du nicht gegenkonditionierst auf das gewünschte Verhalten. Du verstärkst durch Nicht-Handeln, was eine Nicht-Wirkung ist, statt einer Einwirkung, die unerwünschte Negativspirale.

QUICK-TIPPS FÜR GEHIRNBENUTZER:

1. Halte Unwohlsein durch. Es ist nur dein Gehirn, das arbeitet.
2. Zwinge dich, durch neues emotionalisiertes Erleben neue Gehirnstrukturen zu bekommen.
3. Sammle Erfahrungsschätze. So kannst du Neuem mit einer breiten Baseline begegnen.
4. Mache in Mini-Veränderungen neue Erfahrungen und durchbreche Gewohnheiten. So wird es deinem Gehirn leichter fallen, aus der Komfortzone herauszukommen.
5. Gedanken gehen unbewusst in die gewohnte Richtung, wenn du sie nicht bewusst anders lenkst.
6. Wenn wir glauben, es ist halt so, dann hinterfragen wir unser Gehirn nicht mehr.
7. Durch gewohnte Trampelpfade, genauer gesagt neuronale Autobahnen, bekommt die Angst einen viel schnelleren Zugang zu deinem Körper.

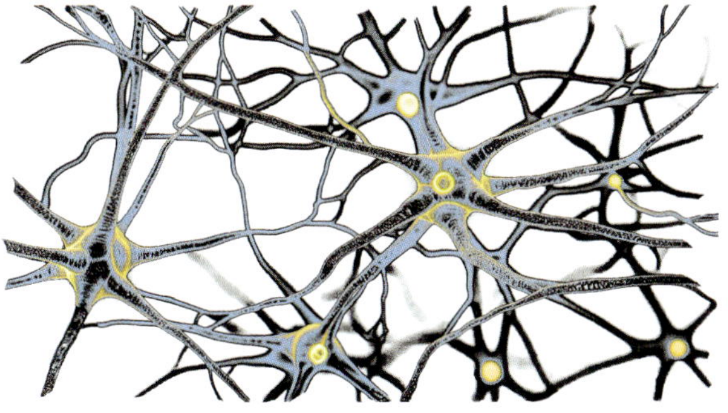

Neuronale Netzwerke. Dick ist, was täglich ausgebaut und genutzt wird. Dünn ist, was kaum mit elektrischen Impulsen befahren wird. So entstehen Gewohnheiten. Diese Nervenbahnen stehen schneller zur Verfügung, während alles Neues mühevoll ist, bis es mühelos werden kann durch breitere Nervenbahnen.

Körpergedächtnis

Physische Empfindungen deines Reitens, Bewegungsmuster und unangenehme wie unangenehme Erfahrungen werden von Beginn an im Körpergedächtnis gespeichert. Das spielt eine entscheidende Rolle bei der Verarbeitung von körperlichen Angst- und Stresszuständen, Traumata, Schreckerlebnissen mit dem Pferd. Während das Gehirn sich in Erinnerungen irren kann, irrt der Körper nie. Diese Erinnerungstäuschung nennt sich False Memory Effekt (Damasio, 2011). Das Körpergedächtnis ist vom Verstand nicht abrufbar. Es funktioniert autonom und schreckt zum Beispiel bei Geräuschen, Gerüchen, Worten, Umgebungen oder bei bestimmten Situationen plötzlich auf und alarmiert dein System auf Lebensgefahr. Diesen Effekt spüren wir, wenn wir nicht mehr entspannt reiten können, weil uns ein vergangener Sturz tief im System blockiert und nichts zu helfen scheint; wenn uns die seit Jahren ausgeheilte Verletzung noch immer verspannt reiten lässt; wenn uns jeder Vogel, insbesondere jener in der Reithalle oder auf dem Platz zusammenzucken lässt; wenn wir bei jedem Wind oder Rascheln verkrampft die Zügel ziehen; wenn wir keine Oxer mehr anreiten können; wenn wir schon hyperventilieren, sobald wir nur an Ausreiten oder Turnierreiten denken. Das Gehirn hat das Geräusch, die Situation, die Umgebung mit dem Sturz konditioniert.

Das Körpergedächtnis ist vom Verstand nicht abrufbar.

Diese Schreckmomente werden als Schockmomente abgespeichert und haben den parasympathischen Prozess nicht erreicht. Der Körper befindet sich unbewusst noch immer in einem Gefühl einer lebensbedrohlichen Situation. Das Nervensystem ist eingefroren und hat den Schock im emotionalen und im Zellgedächtnis abgespeichert. In jeder gleichen oder ähnlichen Situation wird uns die alte Erfahrung »Schreck« als Überlebensstrategie angeboten. Wir haben akute Angst, dass uns dieselbe Hilflosigkeit, derselbe Schock, derselbe Kontrollverlust und dasselbe Erlebnis widerfährt.

Aus dieser Spirale kommen wir heraus, indem wir dem Körper viele Bewegungsmuster durch eine vielseitige Grundausbildung beibringen. Das funktioniert auch durch neuroathletische Übungen zunächst ohne Pferd, damit die Neuronen für die Körperveränderung das somatische Nervensystem überschreiben. So lernt der Körper, sich im Falle eines Überlebensmechanismus besser zu helfen.

Merke dir: Was im Körpergedächtnis gespeichert ist, diente dir einst zum Überleben. Es hat also eine Erinnerungsfunktion. Vergessen wird dein Körper sie nie, aber du kannst lernen, den Alarm auszuschalten. Wie? Das schauen wir uns jetzt an.

Stresstoleranzfenster

Stress ist gedacht von der Natur, damit Energie mobilisiert wird, mit der wir schnell reagieren, Anforderungen meistern und Spitzenleistungen zeigen können. Ohne Stress würden wir den ganzen Tag nur schlafen. Stress ist das ausgewogene Wechselspiel von Sympathikus und Parasympathikus innerhalb unseres Stresstoleranzfensters. Überaktiviert sich der Sympathikus oder der Parasympathikus, wird es erst für den Körper zum Problem.

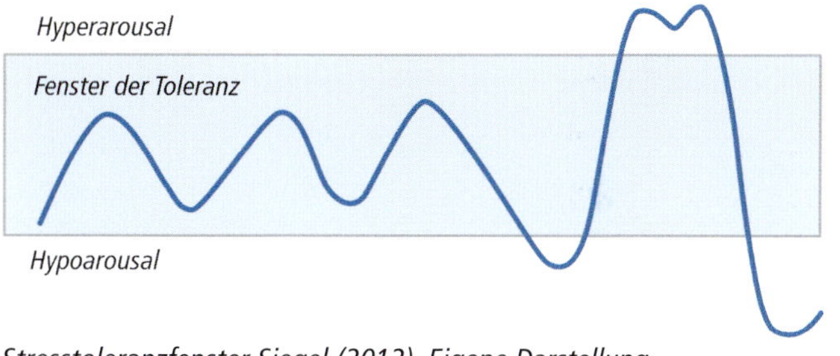

Stresstoleranzfenster Siegel (2012). Eigene Darstellung.

Innerhalb des Stresstoleranzfensters (Normalbereich) (Siegel, 2012) können wir mit Stress umgehen, weil der Präfrontale Kortex (Areal des Verstandes) seinen Aufgaben nachkommt und Emotionen erfolgreich regulieren kann. Wir sind herzlich, freundlich, wertschätzend, wohlwollend, offen, neugierig, erfolgszuversichtlich, gelassen, konzentriert, vorausschauend und selbstbeherrscht. Unser Verstand funktioniert tadellos. In diesem Bereich gehen wir bestens reguliert durch einen normalen Stallalltag oder einen Trainingstag. Wir sind offen für Neues, lernen viel, haben Spaß, können klar denken, sind pro Pferd und verstehen uns mit anderen. Sympathikus und Parasympathikus sind ausbalanciert.

Oberhalb des Toleranzfensters (Hyperarousal) reagieren wir mit Übererregung, Angst, Panik, Hyperaktivität, Unruhe, Schreckhaftigkeit, Schlaflosigkeit und einer emotionalen Dysregulation. Überlebensmechanismen wie Angst, Flucht und Kampf sind durch einen übererregten Sympathikus aktiv. Unser Nervensystem signalisiert über die limbisch gesteuerten Hirnareale, dass es jetzt gefährlich wird, wir aggressiv kämpfen oder doch lieber wegrennen sollten. Dafür stellt der Stress Energie zur Verfügung. Dieser State heißt »Hyperarousal«. Hier ist der kognitive, rationale Verstand durch die Blockierung des Präfrontalen Kortex vorübergehend nicht erreichbar. Glasklare Informationen können nicht aufgenommen und verarbeitet werden und Emotionen können nicht reguliert werden.

Stell dir das folgendermaßen vor: Wir hören die Anweisungen oder Zusprüche des Trainers nicht und erliegen gleichzeitig unseren Angstgefühlen. Unser Selbstwert sinkt, unser Selbstvertrauen und unsere Selbstsicherheit leiden. Die Gedanken rasen und wir können unsere reiterliche Leistung nicht abrufen. Erstaunlicherweise ist im Hyperarousal, nah am Toleranzfenster auch Veränderung möglich, wenn wir beispielsweise festgefahren sind oder alte Muster loslassen oder uns entwickeln wollen. Denn hier findet eine Neuorganisation der Gehirnmechanik statt (Neurozeption). Neue neuronale Autobahnen werden gebaut, sobald wir die Komfortzone verlassen. Das gelingt aber nur, wenn wir das Hyperarousal so nutzen, dass unser Präfrontaler Kortex aktiviert bleibt und sich nicht unter zu hohem Stress oder Druck abschaltet.

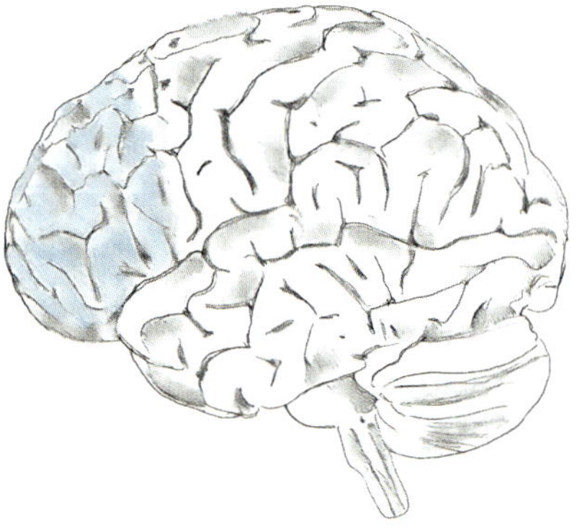

Präfrontaler Kortex. Menschliches Hirn. In Anlehnung an Damir del Monte.

Unterhalb des Toleranzfensters (Hypoarousal) reagieren wir mit Untererregung und Erstarrung und ebenfalls einer emotionalen Dysregulation. Wir sind erschöpft, hilflos, apathisch, erstarren, zeigen uns unterwürfig unserem Trainer und anderen Menschen gegenüber und gehen schlimmstenfalls in die Depression oder das Burnout. Der Verstand ist auch hier nicht erreichbar. Wir können nicht klar denken, sind leichter reizbar und erliegen dem Druck oder Stress. Bei traumatischen Erfahrungen, Stürzen oder Unfällen kann sich das Nervensystem über den überaktiven Parasympathikus sogar in einem sogenannten Shutdown abschalten.

Veranschaulichen wir uns das Stresstoleranzfenster beim Reiten genauer. Stell dir vor, dich quält diese Frage: »Warum habe ich nicht anders reagiert?«, »Warum ist mir das schon wieder passiert?« Die Antwort ist klar, du warst nicht mehr innerhalb deines Stresstoleranzfensters. Bist du oben oder unten raus, ist dein Verstand nicht mehr involviert, weil deine negativen Emotionen und deine Stress Response (Fight, Flight, Freeze, Fawn) die Führung haben. Viele halten sich dann für defizitär. Aber genauso hat es die Natur eingerichtet. Die Amygdala ist aktiv, je nachdem, welche Sinneswahrnehmungen der Thalamus weiterleitet oder wie wir die Situation bewerten oder schon einmal bewertet haben (emotionales Gedächtnis).
Die Stresstoleranz wird bei Säugetieren wie Pferd und Mensch bereits im Bauch der Mutter angelegt. Ab dem 3. Monat der Schwangerschaft übernimmt der Fötus das Stresssystem der Mutter und speichert es vorbewusst im eigenen Körpergedächtnis ab. Das Nervensystem benötigt weitere ein bis zwei Jahren, bis es zur Selbstregulation fähig ist (Strüber 2019). In dieser Zeit ist unser Nervensystem auf die Co-Regulation eines anderen Nervensystems angewiesen, weil der Teil des Gehirns noch nicht dafür ausgebaut ist. Hier entscheidet sich, ob das Nervensystem im Modus »Sicherheit und Vertrauen«, im Modus »Überlebenskampf« oder im Modus »Ich kann nichts ausrichten« heranwächst. Das Limbische System aktiviert sich erst im Alter von 2 bis 3

Jahren und kann die Fight oder Flight Response aktivieren. Mit 6 bis 7 Jahren wächst der Präfrontale Kortex, bis er mit 21 bis 25 (!) Jahren ausgewachsen ist. Erst dann kann der Reiter sein Hirn vollumfänglich und clever einsetzen! Logische Verknüpfungen und die bewusste Regulation seines Limbischen System sind fortan möglich. Umso wichtiger ist dein Verständnis für dein eigenes Gehirn, wenn du emotional überfordert bist. Du bist nicht schuld. Du hast möglicherweise nur das Stresstoleranzfenster deiner Mutter und darfst noch die Selbstregulation lernen. Das holst du in diesem Buch nach.
Ist niemand da, der nonverbal und mimisch spiegelt, die Welt ist ein guter Platz, ist das Nervensystem schnell überreizt und baut sich defizitär stresstolerant auf. Wir sind schneller unsicher, fühlen uns nicht richtig, vielleicht auch nicht gewollt oder fehl am Platz, sind leicht reizbar, aggressiv oder unbeherrscht und manchmal auch extrem emotionsflexibel.

Psychologen sprechen von einem Entwicklungstrauma. Viele Reiter haben eines, ohne davon zu wissen. Es sind jene Reiter, die alles und jeder gleich doppelt stark stresst. Alles ist ein Drama. Jede kleinste Veränderung am oder beim Pferd stresst sie gleichermaßen wie Unvorhersehbares oder nicht Kontrollierbares. Sie fühlen sich oft gehetzt, gereizt, können keine Ruhe ins Pferd bringen, halten Gefühle nicht aus, vermeiden Herausforderungen (oder lösen sie mit hohem Aggressionspotenzial), fühlen sich von Kritik angegriffen und tendenziell nicht verstanden, werden schnell von Emotionen überwältig und verlieren leicht ihre Kontenance (Weinen, Wut, Ärger). Sind sie im Hypoarousal, können sie nicht »Nein« sagen, sich nicht entscheiden, müssen alles fünfmal rückversichern, lassen sich schnell verunsichern, zweifeln, ob es richtig ist, was sie machen, fühlen sich als Opfer der Umstände und akzeptieren, dass andere (wie Boxennachbarn, Bandenprofis, Trainer) ihnen auf der Nase rumtanzen.

Hat der Reiter in frühen Jahren nicht gelernt, dass die Mutter ihm Sicherheit gibt oder seinem Nervensystem eine Anleitung zur Selbstregulation mitgibt, fällt es ihm sehr schwer, sich sicher zu fühlen bei dem, wie und was er macht. Selbstregulation ist für ihn eine Lebensaufgabe geworden. Er braucht oft Personen um sich herum, an denen er sich runterregulieren kann (positiv wie negativ, beispielsweise Mobber, Choleriker, aggressive, passiv-aggressive Menschen und so weiter).
Das bedeutet, in den ersten Jahren brauchen wir andere Menschen für unsere gesunde Co-Regulation innerhalb eines Stresstoleranzfensters (Costandi, 2015). Das wiederum bedeutet, haben wir ängstliche Eltern und ängstliche Freunde, werden wir selbst ängstlich orientiert sein. Wir entwickeln ein schmales Stresstoleranzfenster und reagieren mit zunehmendem Alter unsicher, weinerlich, traurig, ohnmächtig, aggressiv, hart mit sich selbst. Sorgen die Bezugspersonen dafür, dass wir ein Gefühl der Sicherheit durch eine herzliche und stabile Verbindung bekommen,

haben wir ein starkes Fundament, uns selbst regulieren zu können innerhalb eines großen Stresstoleranzfensters. Uns haut so schnell nichts um. Das hat ausschlaggebende Auswirkungen auf unser gesamtes Reiten.

Auch Fohlen und Jungpferde brauchen für die Entwicklung ihres Nervensystems die Co-Regulation von außen, bis sie nach zwei Jahren zur Selbstregulation fähig sind. Die suchen sie sich nicht unter Gleichaltrigen. Hier muss ein massives Umdenken stattfinden, Fohlen zu früh von ihren Müttern zu trennen oder Pferden generell durch isolierte Haltung die Möglichkeit zur Co-Regulation und zum Erlernen der Stress-Selbstregulationsfähigkeit zu nehmen.

QUICK-TIPPS TOLERANZFENSTER

1. Die leichteste Art des Ausbaus unserer Selbstregulationsfähigkeit ist, sich in die Nähe von Menschen zu begeben, die uns co-regulieren, bei denen wir uns sicher und geborgen fühlen. Das Gegenteil also von Bandenprofis.
2. Die schnellste Art des Ausbaus unserer Selbstregulationsfähigkeit ist die herzfokussierte Atmung. Sie hat Auswirkung auf die Amygdala und unser Limbisches System und bringt uns direkt in die Regulation des Nervensystems durch den Vagusnerv.
3. Die beständige Art des Ausbaus unserer Selbstregulationsfähigkeit ist, wir müssen wieder lernen, keine überhöhte Angst, sondern eine natürliche Angst zu fühlen. Dazu muss unser autonomes Nervensystem durch Wiederholungen einer entgegengesetzten oder gewünschten oder angepassten Reaktion umprogrammiert werden. Es ist also möglich!

Fehlt die Fähigkeit zur Selbstregulation, bist du in dauerhaft erhöhter Alarmbereitschaft. Das hat Auswirkungen auf dein Umfeld und dein Pferd. Das heißt nicht, dass Eltern oder Trainer nicht ihr Bestes geben. Viele sind nur nicht in der Lage, Reiter so zu begleiten, wie sie es brauchen, damit sie sich selbstwirksam sicher fühlen.

Co-Regulation

Ein reguliertes Nervensystem ist nicht angeboren. Es entsteht durch ein anderes reguliertes Nervensystem. Das nennt sich Co-Regulation mit dem Ziel der Selbstregulationsfähigkeit bei emotionaler Übererregung oder Untererregung (Stress).

Co-Regulation heißt auch, ein Nervensystem kann ein anderes anstecken. In die eine wie in die andere Richtung. Ein aufgeregtes Nervensystem kann durch ein anderes beruhigt werden. Gelungene Co-Regulation bedeutet, dass das Nervensystem des anderen signalisiert: Ich bin sicher bei dir. Du gibst mir das Gefühl, eine gute Verbindung zu dir zu haben, sodass ich mich wohl

und sicher in deiner Nähe fühle. Dazu bedarf es lediglich positiver (funktionaler) oder zumindest neutraler Emotionen.
Pferde tauschen Emotionen untereinander aus und interagieren anhand von Emotionen und emotionaler Mikroexpression. Pferde können auch menschliche Emotionen von ihrem Reiter und Fremden wahrnehmen (Nakamura, Takimoto-Inose & Hasegawa, 2018). Dabei solltest du verinnerlichen, dass die Herzratenvariabilität bei »negativen« Emotionsausdrücken deutlichen Stress signalisiert!
Es gibt bisher keine Studie, die nachweist, dass das Geschlecht einen Einfluss auf den Stressstate hat (Schütz, 2020). Das entkräftet jegliche Glaubenssätze wie: »Meiner hat Angst vor Männern …« Sicherlich mag es vereinzelt prägende Erfahrungen geben, aber auch die haben keinen Anspruch auf Allgemeingültigkeit. Es liegen auch keine Studien vor, die geschlechterspezifische Kriterien menschlicher Glaubenssätze bei Pferden verifizieren (Schütz, 2020) wie: »Stuten sind zickig und es braucht lange, um sie auf seine Seite zu bringen – da sind Wallache schon ganz anders und generell viel einfacher und Hengste sind sowieso alle unberechenbar …«

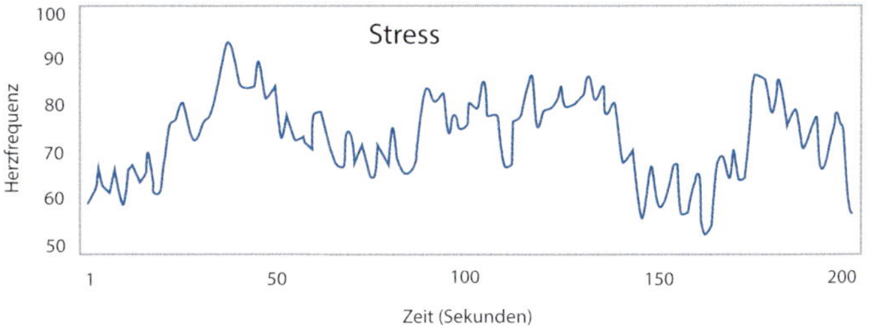

HRV-Wellenform bei negativen Emotionen. Muster sind im Chaos und hemmen die eigene Leistungsfähigkeit und in der Co-Regulation die des Pferdes.

Auch zwischen Mensch und Pferd spiegelt und co-reguliert sich das Nervensystem. Studien haben nachgewiesen, dass Menschen und Reiter mit Nervosität und Angstgefühlen die HRV des Pferdes ansteigen lässt (Hama, Yogo & Matsuyama, 1996; Merkies et.al., 2014). In einer weiteren Studie hat sich die HRV synchronisiert, als der Reiter die Angst-Erwartung hatte, dass sich ein Regenschirm öffnet, sobald er vorbeireitet. Was aber nicht eintrat, sich aber trotzdem auf das Pferd übertrug und zu einem gleichen Anstieg der HRV führte, das Pferd ebenfalls Angst hatte, nur weil der Reiter seine Angst vor der Angst vor dem imaginären Regenschirm über die neuronale Co-Regulation weiterleitete (Keeling, Jonare & Lanneborn, 2009). In Studien zur Spiegelung der Nervosität bei Turnieren auf das Pferd zeigt sich ebenfalls ein Einfluss auf die Co-Regulation durch erhöhte Herzfrequenzen (von Borstel et.al., 2007).
Eine tiefe, wahre Verbundenheit zu einem Pferd aufzubauen, geht nicht ohne Co-Regulation. Pferde fühlen unseren Herzschlag und sie hören ihn an unserem Atemrhythmus. Kennen wir die

somatischen Marker, können wir schnell Stressanzeichen erkennen und entgegenwirken und das Nervensystem beruhigen. Achte auf starke Falten oberhalb der Augen, Blinzeln, Lidzucken, typische Ohrsignale, Maulpartie-Anspannungen, Körpersprache, erhöhter Muskeltonus. Pferde unter Stress blinzeln statt acht- bis neunmal pro Minute nur fünfmal pro Minute. Das Augenlid zuckt in Ruhe zweimal pro Minute und unter Stress zeigt es sechs Zuckungen (Merkies et al., 2019).

Wir können die Fähigkeit zur Co-Regulation nutzen, indem wir bei aufgeregten Pferden parasympathisch regulierte Pferde dazu holen. Hat das Pferd die Wahl zwischen der Regulation durch einen Menschen oder durch ein Pferd, wird es stets und bewusst das andere Pferd wählen. Pferde suchen sich prinzipiell ihren Partner zur Co-Regulation selbst aus. Maßgebend ist, auf wen sie sich verlassen können, Energie zu sparen und wem sie die Kompetenz der Führung zusprechen, um das eigene Überleben zu sichern. Das prüfen sie regelmäßig. Auch beim Menschen. Fehlt die Führungskompetenz, kann sich das Nervensystem nicht runterregulieren und diese Pferde übernehmen selbst die Führung (Greiffenhagen, 2007; Krueger et al., 2014).
Bitte prüfe mit diesem neuen Wissen, ob die Weidekonstellation oder die Boxenkonstellation reguliert oder stresst. Hab darauf auch ein Auge auf dem Turnier und triff geeignete Maßnahmen, dass sich dein Pferd nicht hochreguliert. Bei Pferden mit einer stabilen Selbstregulation wirst du sehen, dass es wie ein Fels in der Brandung die anderen mitregulieren kann.
Pferde brauchen Sicherheit zur Regulierung ihres eigenen Nervensystems. Bei Fohlen lässt sich beobachten, dass sie zur Mutter laufen, sobald sie Stress haben. Dort beruhigen sie sich sehr schnell wieder. Oftmals auch über die Selbstregulierung am Euter. Routinen und gewohnte Abläufe unterstützen Pferde, länger und schneller in ihr Stresstoleranzfenster zu kommen und entspannt dortzubleiben.

Die bloße Anwesenheit eines Menschen reicht allerdings nicht aus, um in die regulierte Co-Regulation zu kommen. Du musst sie trainieren. Zuallererst mache dir bewusst, dass Pferde Gesichtsausdrücke interpretieren können und auf sie entspre- chende Verhaltensreaktionen und physiologische Reaktionen zeigen. Bei aggressiver Mimik und negativen Gesichtern erhöht sich ihr Stress und die Herzfrequenz steigt (Wathan et.al, 2016). Haben sie die Wahl, entscheiden sie selbst, sich von stressenden Gesichtern fernzuhalten und ihnen keine Aufmerksamkeit zu schenken, um sich reguliert zu halten. Leider nötigt der Mensch das Pferd allzu oft, keine Wahl zu haben und setzt es unreflektiert seinem Mimikstress aus. Mache dir die Resonanz deiner Mimik bewusst und hab dich im Griff, besonders nach »unzufriedenen« Ritten.

Bei aggressiver Mimik und negativen Gesichtern erhöht sich ihr Stress und die Herzfrequenz steigt.

Auch deine Stimme und dein Lachen hat Einfluss auf die Regulation der HRV. Hören Pferde eine freudige Stimme, reguliert sich die HRV genau wie beim Lachen nach unten und sie haben weniger Stress, weil sie doppelt so lange im parasympathischen State neuronal verweilen (Trösch et.al., 2019). Hören sie eine wütende Stimme, zeigen sie negative Emotionen (Trösch et.al., 2019). Pferde hören auch die Schwingungen von Worten, die wir nicht hören können, da sie außerhalb unseres Hochfrequenzbereichs liegen (Kiley-Worthington, 1993; Jones, 2022).

Dein Nervensystem ist die Schablone deiner emotionalen Regulationsfähigkeit. Wenn du Probleme hast, dein Nervensystem zu regulieren, solltest du in die neuropsychologischen Schablonen schauen und erst diese verändern. Das bedeutet, finde den Ursprung deines Stresses: Welches psychologische Bedürfnis ist nicht erfüllt? Welche Angstgedanken halten die Emotion fest? Welches Verhaltensmuster wiederholt sich? Was spiegelt dein Pferd dir? Was ist erlernt? All das wird in das Nervensystem des Pferdes übersetzt.

Sammle Techniken aus dem Buch, um dich selbst regulieren zu können und in herausfordernden Situationen Übungen parat zu haben, um im Vagusnerv zu verweilen. Nimmst du wahr, dass dein Pferd in der Fight oder Flight Response ist, starte bewusst über das mächtigste Tool deine eigene Regulation: die Atmung. Bring dein Pferd durch dein eigenes Wohlbefinden wieder in den Parasympathikus.

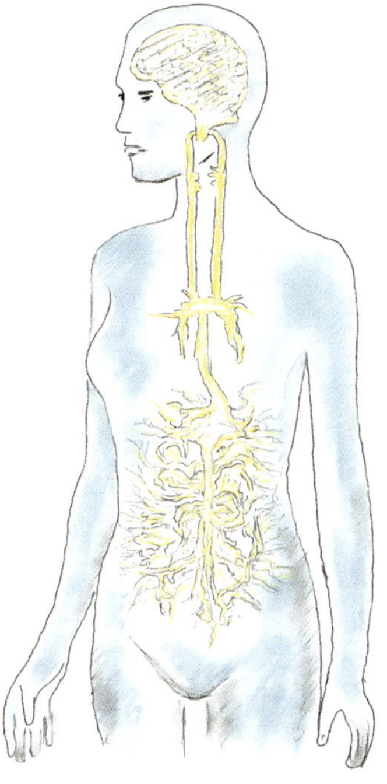

Vagusnerv

Nervensystem
Was machen erfolgreiche Reiter anders?

Wie lässt sich die Vielfalt der Reaktionen von Reitern nach einem Sturz, traumatischen Erlebnissen mit dem Pferd, schweren Verletzungen, bedrohlichen Situationen erklären? Warum brechen die einen psychisch zusammen und sind fortan von Ängsten, Bauchweh und Kopfkino geplagt, die anderen erleben pure Panik und würden am liebsten das Pferd verkaufen oder auf-

hören zu reiten, die nächsten steigen nach kurzer Zeit wieder auf das Pferd, als wäre nichts gewesen, trotz neuer Hüfte, diversen Knochenbrüchen, monatelangem Ausfall? Stellen sich die Reiter von heute mehr an als früher? Warum können manche Reiter unbeschwert reiten? Warum passieren anderen wiederum nur Katastrophen?
Warum verkraften die einen den Tod eines Pferdes nicht und übertragen ihre Sorgen und Ängste vor Verletzungen oder Tod auf das neue Pferd, während andere leicht abschließen können und direkt ein Nachwuchspferd im Anhänger haben? Warum bleiben die einen stets ruhig und handlungsfähig, während die anderen am liebsten gar nicht in die Prüfung einreiten wollen? Warum reagieren wir nicht alle gleich, wenn wir doch alle dieselben Bausteine und Funktionsweisen des Nervensystems in uns haben?

Ideale Bedingungen und ein ideales Setting haben die wenigsten Reiter, aber viele haben eine tiefe Überzeugung von sich selbst und sie erschaffen sich ein Umfeld, das sie nicht hindert, ihre Visionen zu leben. Das unterscheidet sie von Reitern, deren Nervensystem empfänglich ist für Angstgefühle und Unsicherheit.

Was machen die Reiter, die es gut können, anders? Haben sie andere Strategien? Einen anderen Fokus? Sie sind besser darin, kritische Situationen mit und um das Pferd vorherzusehen und ihr Nervensystem zu regulieren. Das erhöht ihre Handlungsfähigkeit, taktische Stärke und Reaktionsschnelligkeit, um dem möglichen Fehler, der Gefahr oder Unsicherheit durch geeignete Hebel, Strategien oder Techniken immer einen Schritt voraus zu sein.
Ihr situatives Beurteilen einer Reitsituation ist weitgehend frei von Selbstabwertung und negativen Emotionen wie Angst oder Selbstzweifel. Dadurch haben sie viele innere Ressourcen aus dem Limbischen System wie positive oder zumindest neutrale Emotionen, aus dem autonomen Nervensystem, das Atemsystem und die HRV und aus dem somatischen Nervensystem die Propriozeption (Wo sind meine Gliedmaßen? Wo bin ich im Raum? Wie erzeuge ich Kraft und Bewegung?), das Visuelle System (Geschwindigkeit sehen, Hindernisse sehen, Tiefenschärfe. Wie weit bin ich entfernt?) und das Balancesystem (unkoordinierte Bewegungen erkennen) bewusst zur Verfügung, um Risiken durch das richtige Management und die richtigen Entscheidungen zu minimieren. Sie wissen, was jetzt wichtig ist, um die Aufgabe zu lösen oder entscheiden sich blitzschnell um, wenn eine Entscheidung nicht zum gewünschten Ergebnis führt.
Sie haben ein besseres biomechanisches Verständnis für den eigenen Körper und den des Pferdes und somit eine bessere Fehlerkorrektur. Ihr Self-Monitoring über Stärken und Schwächen ist besser als bei uns.

Mache einen Selbsttest: Schreibe auf ein DIN-A4-Blatt deine Schwächen. Schreibe auf ein weiteres DIN-A4-Blatt deine Stärken. Für welchen Zettel musstest du länger überlegen und welcher Zettel ist voll? Wessen Kopf voll mit Angstgefühlen ist, der hat keine Ressource übrig, in derselben Zeit wertschätzend über sich selbst zu denken, zu reden und seine Stärken nutzbar zu machen.

Lade dir hier deine Stärken-Liste herunter.

Wichtiges für Reiter zum Nervensystem

Das Nervensystem im Detail kannst du dir beliebig im Internet anschauen. Hier geht es nur um jene Anteile des Nervensystems, die für uns und unsere Pferde für die Regulation von Ängsten und Stress von hoher Wichtigkeit sind. Das sind im Besonderen das Limbische System, das Nervensystem, das Atemsystem und die bifokale, multisensorische Stimulation des Gehirns. Einen kleinen Abstecher werden wir in das visuelle, propriozeptive und vestibuläre System machen. Alle zusammen sollen uns einen deutlich erhöhten Einfluss auf unsere reiterliche Leistungsfähigkeit geben.

Schon das Verständnis über unser Nervensystem kann Angstgefühle mildern. Los geht's.
Das Nervensystem hat Einfluss, was im Körper passiert und was nicht. Das Gehirn und der Körper checken unentwegt die Umwelt nach Gefahren ab, ohne dass wir es aktiv merken. Sie bereiten uns durch den Ausstoß von Adrenalin, Noradrenalin, Testosteron und Cortisol auf Extremsituation vor. Das ist überlebensnotwendig für den Körper. Diese Tatsache kann dich ab heute bereits gelassener machen. Bist du aufgeregt oder nervös, funktioniert dein Körper. Mehr nicht. Weniger auch nicht. Erst deine Bewertung schafft das Chaos. Selbiges gilt für Angstgefühle. Genaugenommen ist unser Körper bei Angstzuständen überwachsam und lediglich in einem Modus von Bedrohung. Unser Nervensystem denkt, es muss uns jetzt beschützen. Der Körper ist bereit zur Flucht (Flight Response), Kampf (Fight Response), Erstarrung (Freeze Response) oder Unterwürfigkeit (Fawn Response). Das sind die 4Fs, die wir uns näher anschauen werden. Die Fawn Response findet hochaktuell in der Wissenschaft starkes Forschungsinteresse (Walker, 2003; Walker, o. J.).
Der Sympathikus und der Parasympathikus sind Teile des autonomen Nervensystems. Das Sympathische Nervensystem ermöglicht durch Aktivierung, dass wir leistungsfähig sind. Zusätzlich stellt es im überaktivierten Modus Energien bereit, die uns bei Gefahr oder Bedrohung in die Kampf- oder Flucht Response bringen. Der Parasympathikus unterbricht die Erregung des Sym-

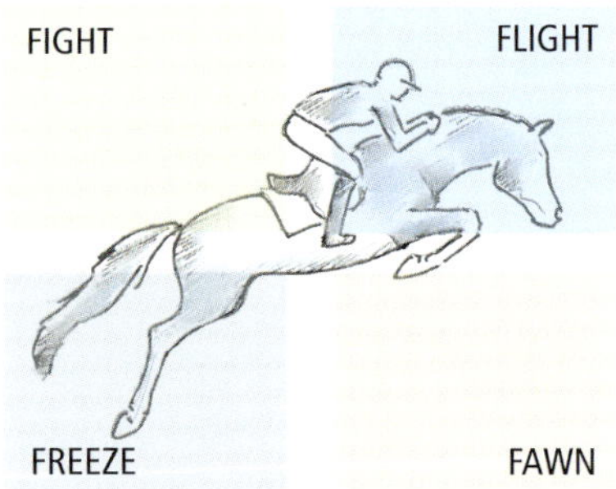

Die 4 States des Nervensystems (die 4 Fs), mit denen wir reitweisenübergreifend tagtäglich konfrontiert sind.

pathikus durch die Ausschüttung von Acetylcholin und sorgt für normalisierte Atmung, Ruhe und Erholung durch ein Gefühl von Sicherheit (Schandry & Gramann, 2009). Ist der Parasympathikus allerdings überaktiv, aktiviert er die Erstarrung oder Unterwürfigkeit und wir sind untererregt.

Haben wir die Situation im Griff, fährt unser Nervensystem wieder runter. Unser gesunder Stresszyklus ist abgeschlossen. Reagieren wir angemessen, können wir mehrere Durchläufe Stress unbeschadet (ohne Angstzustände, Burnout, Depression) überstehen.

Reagieren wir nicht angemessen oder haben keine Fluchtchance wie bei einem plötzlichen Sturz, ist der Stresszyklus nicht abgeschlossen! Unsere Emotion und die Negativerfahrung (wenn du das Erlebnis zu einem Negativerlebnis machst) sind im Körper und im Nervensystem gespeichert. Sie stehen in ähnlichen oder für gleiche Situation zur Verfügung und warten geduldig auf einen auslösenden Stresstrigger.

Bei Angst greift dein Nervensystem auf das zurück, was bekannt ist. Wenn du panisch wirst, bekommst du auch nur Panik. Wenn du Angst hast, bekommst du auch nur Angst.

Das Nervensystem ist eines der wichtigsten Systeme und Schnittstellen zum Körper. Es verbindet alle Bereiche der menschlichen Systeme miteinander und macht bewusst, dass nichts einzeln zu betrachten ist. Das bedeutet, Probleme im Kopf sind nicht nur Probleme im Kopf, sondern auch Probleme der Psyche und des Körpers. Sitzprobleme sind nicht nur Körperprobleme, sondern Probleme zahlreicher Gehirnregionen wie Kleinhirn, Mittelhirn, Pons, Medulla, Kortex in Verbindung mit den biochemischen und elektrischen Signalen der Nervenbahnen, dem somatischen Nervensystem, dem Bewusstsein und der Biopsyche. Stressprobleme sind nicht »normale« Probleme, »die man halt so hat«, sondern das Ergebnis einer Dysbalance von Emotionen, Psyche, Bewusstheit, Bewusstsein, Nervensystem, Limbischen System, Präfrontalem Kortex, Körper und Körpergedächtnis zuzüglich einer überaktiven Amygdala. Die Beeinflussung des einen Systems wirkt sich unweigerlich auf die anderen Systeme aus. Warum? Weil ihr kleinster gemeinsamer Nenner das Nervensystem ist.

Bei Angst greift dein Nervensystem auf das zurück, was bekannt ist.

Wir sollten also anfangen, den Reiter als komplexes Wesen zu erfassen, an dessen Ego noch ein Gehirn, ein Körper, ein Nervensystem, eine Psyche und ein Limbisches System hängen. Dieses Reiter-Wesen trifft auf ein Pferd von ebendiesen Systemen, jedoch in einer anderen Welt, denn das Pferdehirn unterscheidet sich sehr deutlich von dem des Menschen. Sein Limbisches System ist um Vielfaches größer als das des Menschen. Dafür hat es keinen Präfrontalen Kortex (Jones, 2022). Sein Hippocampus ist ebenfalls zu erstaunlichen Lernfähigkeiten in der Lage. Pferde sind Hör- und Geruchswesen. Reiter sind Sehwesen. Auch diese Tatsache hat andere Auswirkungen auf den Umgang mit Ängsten.

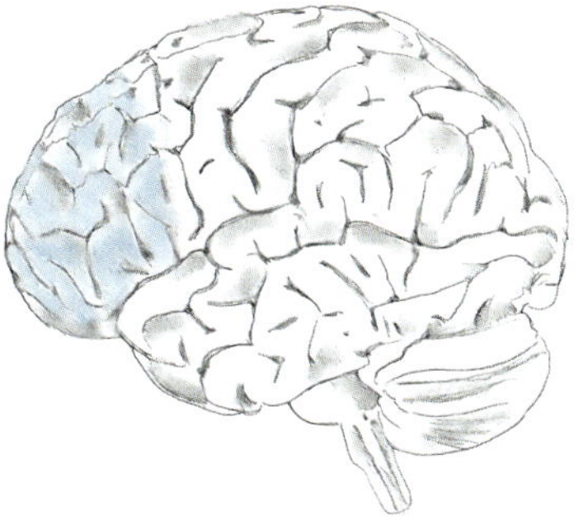

Dem Pferdehirn fehlt der Präfrontale Kortex (hier im menschlichen Gehirn blau gekennzeichnet).

Beim Lernen bauen sich im Gehirn bei Pferd und Reiter neue synaptische Netzwerke auf und alte gestalten sich um. Alle Lernformen (kognitives, assoziatives und nicht-assoziatives Lernverhalten), die nur am Rande einfließen, aktivieren die Nervenzellen, damit sie miteinander feuern. Was wir täglich gebrauchen, wächst und verknüpft sich in neuronalen Netzwerken stetig und ein Leben lang. Neue synaptische Verbindungen werden gebildet, die jedes Mal aufs Neue unsere Entscheidungen beim Reiten, unser Wahrnehmen, Fühlen und Handeln bestimmen und verändern. Keiner bleibt, wie er ist. Wir alle entwickeln uns. Auch beim Reiten.

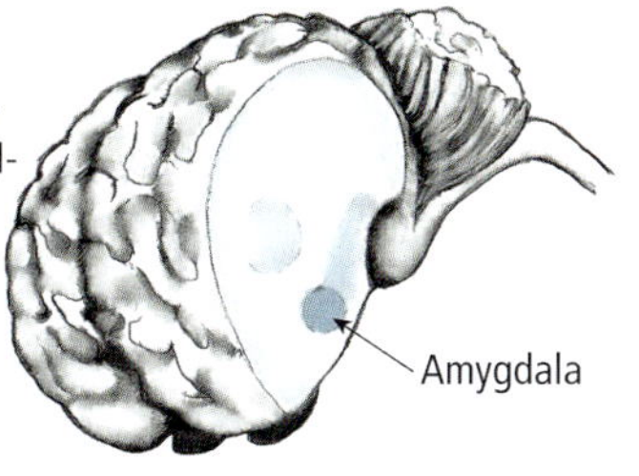

Pferdehirn ohne Präfrontalem Kortex. Es kann nicht über vergangene oder zukünftige Dinge nachdenken. In Anlehnung an Jones 2022, S. 270

ÜBUNG

Mini-Übung Danke: Bedanke dich bei deinem Nervensystem, dass es so prächtig funktioniert. Verstehe, dass es in deinem Körper ganz normale Abläufe sind, mit denen dein Körper dich beschützen will.

Limbisches System – Zentrum der Angstgefühle

Das Limbische System und das Zentrum der Angstgefühle sind hoch spannend für Reiter und unfassbar wichtig, um zu begreifen, wie das Reiterhirn und seine Emotionen funktionieren. Denn die Ursache für Angstgefühle und Nervosität befindet sich nie im Symptom, sondern stets im Nervensystem! Genauer gesagt im Dilemma eines aktiven Limbischen System und einem runtergefahrenen Präfrontalen Kortex (Roth & Ryba, 2016).

Ist das Limbische System bei Emotionen wie Angst, Aufregung, Stress erst einmal aktiv, können wir nicht mehr clever und weise, geschweige denn rational nachdenken und uns auch nicht intelligent verhalten. Talent schütz also nicht davor, emotional dumme Dinge zu tun. Haben wir eine emotionale Blockade und wissen zeitgleich, dass sie unnötig ist, weil der Kopf wissen müsste, dass es machbar ist, wir keine Angst vor der Prüfung haben müssten, im Wald keine Ungeheuer warten und können trotzdem nicht klar denken, liegt es an den unterbewusst abgespeicherten dysfunktionalen Emotionen, die das Nervensystem hochregulieren.

Unsere Sinneswahrnehmungen schicken die Reize aus der Umwelt zuerst vorbewusst, das heißt, ohne Beteiligung unseres Verstandes, an unser Limbisches System, in dem auch der Sitz unseres Angstzentrums (Amygdala) ist. Gibt es eine potenzielle Situation, die gefährlich wirkt, scannt die Amygdala die Situation und entscheidet in Sekundenschnelle, ob wir Angst haben oder nicht. Das Limbische System ist mit drei Ebenen ein Teil unseres Gehirns (mehr Hirnwissen findest du bei Damir del Monte, Encephalon), in dem bewusste und unbewusste Emotionen entstehen. Im Limbischen System wird auch entschieden, was im Interesse des Überlebens wichtig ist und was nicht, gleichgültig, was dein Verstand (Präfrontale Kortex: Sitz unseres Verstandes, Kognition, Logik, strategisches Denken, Entscheidungen treffen, Fokus, Planen, situationsangemessenes Handeln) oder dein Ego für wichtig hält oder wie stark dein Bedürfnis ist, erst lange über den Reiz zu lamentieren. Das Limbische System schaltet über die Amygdala (zwei mandelkerngroße Gehirnareale) die Kampf- oder Flucht-Response ein und der Präfrontale Kortex hat nichts mehr zu sagen (Roth & Ryba, 2016). Leider passiert das auch in Situationen, in denen rational keine Bedrohung vorliegt. Der Präfrontale Kortex ist gelinde gesagt durch die Amygdala »gekidnappt« (das sogenannte Hijacking) (Goleman, 2006.). Wir wissen rational, dass wir keine Nervosität haben müssten, spüren aber dennoch Angstgefühle. Wir sind blockiert, weil Emotionen die Führung übernommen haben.

Kurzum: Das Limbische System hat die Macht, dass wir nicht mehr Chef im eigenen Kopf sind. Ob wir eine Handlung ausführen oder nicht ausführen, eine Entscheidung fällen oder uns nicht entscheiden, trifft nicht der kognitiv-sprachliche Gehirnbereich, auch nicht die Intuition, sondern unser Limbisches System (Roth & Ryba, 2016). Es hat das erste und letzte Wort darüber, was anzustreben und was zu vermeiden ist. Schüttet es kein Dopamin als Freigabesignal aus, dass es jetzt so und nicht anders getan werden soll, wird kein Gedanke realisiert. Dein Verstand schaltet sich meist erst wieder ein, wenn er über die Konsequenz lamentieren kann. Meistens mit negativen Bewertungen. Bei erfolgreichen Handlungen schreibt sich der Verstand die Entscheidung selbst zu und leugnet, dass wir aus vielen Arealen des limbischen Systems entscheiden, nicht aus dem Präfrontalen Kortex. Beide Systeme arbeiten in emotionalen Belastungssituationen gegeneinander.

Das Limbische System hat die Macht, dass wir nicht mehr Chef im eigenen Kopf sind.

Dein Verstand hat zu Ebene zwei und drei des Limbischen Systems kaum bis spärliche neuronale Verbindungen. Das bedeutet, emotionale Probleme brauchen eine Lösung über die emotionale Aktivierung des oberen Limbischen Gehirnareals. Deshalb können emotionale Probleme selten durch kluge Ratschläge oder positives Denken alleine gelöst werden.

Mit diesem Buch lernst du, über deinen Präfrontalen Kortex und durch die Aktivierung der kognitiv-mentalen Ebene, also mithilfe der kognitiven Regulationsfähigkeit auf das obere Limbische System einzuwirken und somit auch dein autonomes Nervensystem (untere Limbische Ebene) und die Amygdala (mittlere Limbische Ebene) zu beruhigen (Golkar et al., 2012). Das Prinzip ist die multifokale Achtsamkeit, mit der du deine kognitiv-sprachliche und deine technisch-sensorische Aufmerksamkeit gleichzeitig auf zwei oder mehr Reize lenken kannst. Zum Beispiel:

1. Rückwärts zählen bei den Fliegenden Wechseln, den Kurzkehrtwendungen, dem Außengalopp.
2. Jeden zweiten Monat aufzählen beim Anreiten von Sprüngen.
3. »Superkalifragilistikexpialigetisch« vorwärts und rückwärts buchstabieren während des Ausritts oder Waldspaziergangs und sich mit der Bedeutung der Worte verbinden.

Das Prinzip der Nervensystemberuhigung ist einfach: Die Bottom up Regulation erfolgt über das Bewegen des Körpers, Atemtechniken, Vagusstimulation, Herzratenvariabilität, Klopf-Techniken, um direkten Einfluss auf das autonome Nervensystem herzustellen. Die Top down Regulation erfolgt über den Präfrontalen Kortex, den man über Bewusstheit und Achtsamkeit schult, seine eigenen Gehirn-, Nerven-, Körperprozesse besser zu erkennen, zu beobachten und regulieren zu können.
Die Amygdala setzt eine Stressreaktion über den Sympathikus oder den Hypothalamus frei. Dieser setzt unter anderem die Glücks- und Stresshormone über die Steuerung des Hormonsystems frei. Der Hippocampus merkt sich den Stressor. Wenn wir wieder in eine solche Situation kommen – gleich, wie lange sie zurückliegt, dann wird die Stressreaktion noch schneller erfolgen. Gleichzeitig kann der Hippocampus über den Präfrontalen Kortex unser Stressnetzwerk hemmen und unser Belohnungsnetzwerk aktivieren. Eine besondere Bedeutung erlangt der Hippocampus, da er sich bis zum Alter von 14 Jahren weiterentwickelt (Keresztes et al., 2017) und dann erst seine Gedächtnisfunktion »Erinnerung« verfeinert. Vorher kann es sein, dass wir uns an emotionale Trigger schlicht nicht erinnern, sie aber dennoch in unserem Unbewussten gespeichert sind. Liebe Trainer, Reiter und junge Reiter: seid geduldig und verständnisvoll mit eurem Gehirn! Besonders, wenn ihr nicht wisst, woher eine Emotion kommt oder das Unterbewusstsein euch innere Bilder und Emotionen liefert, die aus einer vergangenen Strategie zum Erfolg geführt haben,

aber aktuell nicht zum Problem passen. Auch die obere limbische Ebene ist erst im Alter von 20 Jahren ausgereift: Das bedeutet, ihr könnt nichts für eure emotionale Achterbahn. Die bewusste und reflektierte Verarbeitung von Emotionen ist jetzt erst möglich!
Je nach emotionalem Kernthema ist eine andere limbische Ebene übersteuert oder untererregt. Fühlen wir uns wie gelähmt oder haben Frust, wenn es zum Turnier geht, sind wir unterreguliert. Können wir nicht abliefern, weil wir nervlich am Ende sind, sind wir überaktiviert und wollen am liebsten gar nicht reiten (Flight) oder erstarren auf dem Pferd (Freeze). Die untere Limbische Ebene (u. a. Hirnstamm) steuert hier die für uns wichtigsten Zweige des Nervensystems: Sympathikus und Parasympathikus.

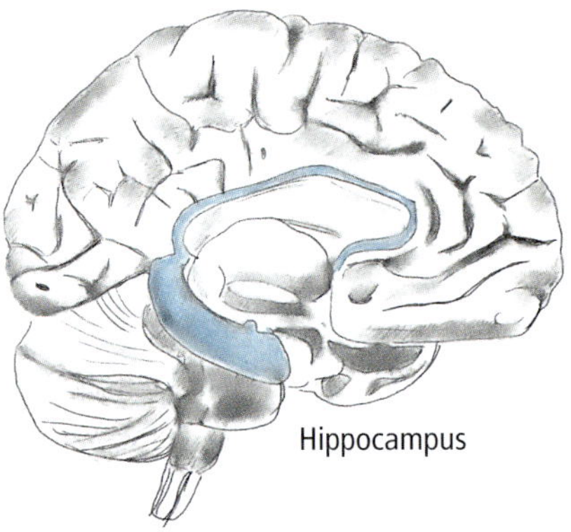

Sitz des Hippocampus im menschlichen Hirn. In Anlehnung an Damir del Monte.

Das emotionale Gedächtnis, die Fähigkeit zur Emotionsregulation, die emotionalen Konditionierungen und die Steuerung des autonomen Überlebenstriebs sitzen alle im Limbischen System. Hier werden starke emotionale Reaktionen aktiviert und Emotionen verarbeitet – nicht im mentalen Kopf. Du kannst aufhören, dir einzureden, mentale Probleme zu haben, wenn du emotionale Probleme hast und statt Mentaltraining besser Emotionscoaching bei mir machen müsstest. Die Amygdala aktiviert unser Stressnetzwerk und warnt uns unmittelbar vor Gefahren. Wir spüren Vermeidungsenergien. Sie lösen die Stress Response im Nervensystem aus, auf die der Körper reagiert. Die Amygdala steuert erheblich, wie wir unter Stress unseren Körper nutzen oder nicht nutzen können und wann und wie intensiv wir Angst und Nervosität spüren.
Alle Sinneswahrnehmungen wirken im Gehirn messbar schneller als Präfrontaler Kortex, Neokortex, Frontallappen reagieren können (Damasio, 2011). Auch dann, wenn du es gern anders hättest. Der Thalamus (Sinnesschaltzentrale mit Ausnahme des Geruchs, der direkt mit der Amygdala und dem Hippocampus korrespondiert) entscheidet, welche der Sinneswahrnehmungen bewusst und welche unbewusst bleiben und welche Informationen über einen Reiz wohin ins Gehirn verteilt werden.

Je stärker das Limbische System durch Traurigkeit, Nervosität, Angstgefühle oder Ärger aktiviert ist, der emotionale Input den Präfrontalen Kortex flutet, desto weniger kann der Verstand ein Weinen nach einem schlechten Ritt, einen Wutausbruch nach einer Enttäuschung, Aufgeben oder Resignieren bei Misserfolg, Versagensängste oder die Fassung verlieren bei Fehlern, emotionale Erpressung mit Verkaufsandrohungen bei schlechter Leistung, wütend werden bei geringster Frustration stoppen. Der Reiter hat Schwierigkeiten, seine Impulse und Affekte zu steuern und ein reitsportliches Verhalten zu zeigen, und es ist unmöglich, mit dem Verstand zu debattieren, wenn Emotionen ihn steuern. Emotionen machen den Informationsfluss zum Verstand extrem unzuverlässig. Mit einem hochregulierten Limbischen System und einer überaktiven Amygdala kann der Reiter kein angemessenes Verhalten gegenüber Ängsten und Gefahren des Reitsports zeigen.

Deshalb brauchen wir die Kohärenz beider Systeme, um Angstgefühle besiegen zu können, Reiten zu genießen und trotzdem achtsam wachsam (nicht angstvoll panisch) zu sein, da es den Reitsport nie risikofrei geben wird.

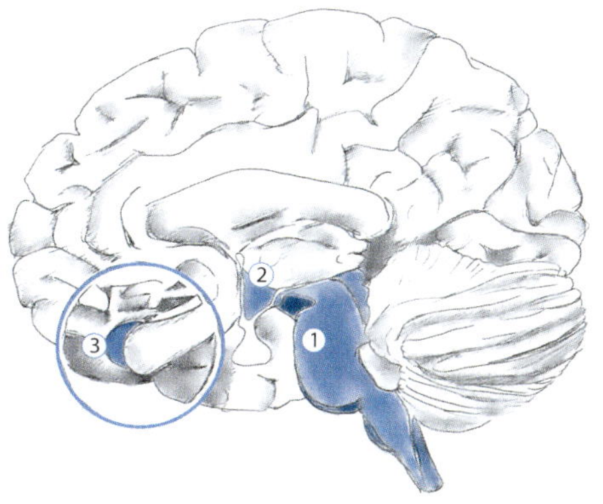

Die untere Limbische Ebene und ihre überlebenswichtigsten Bereiche. (1) Hirnstamm, (2) Hypothalamus, (3) Amygdala (in der Illustration zur Sichtbarkeit verschoben, da sonst (1) und (2) nicht sichtbar wären. In Anlehnung an del Monte.

Das stärkste, angstregulierende System, das der Reiter immer und überall bei sich hat, um sein Limbisches System zu regulieren und seine Emotionen zu steuern, ist das Atemsystem (siehe auch Kapitel Atemübungen), denn der Rhythmus des Herzens beeinflusst in der Herz-Hirn-Achse die Aktivität des Präfrontalen Kortex und in der HRV die Regulation der Emotionen in den Limbischen Kernarealen. Die Atmung ist der Schlüssel, beide Gehirnareale zu kohärenter Arbeit zu synchronisieren.

Der zweitstärkste Schlüssel ist das somatische Nervensystem (Körperbewegungen), das direkten Einfluss auf die mittlere Ebene (Angstzentrum) des Limbischen Systems nehmen kann.

Der dritte Schlüssel ist die mentale Aktivierung des Präfrontalen Kortex, um über die obere limbische Ebene die Amygdala und das autonome Nervensystem, ansässig in der unteren Limbischen Ebene, zu regulieren.

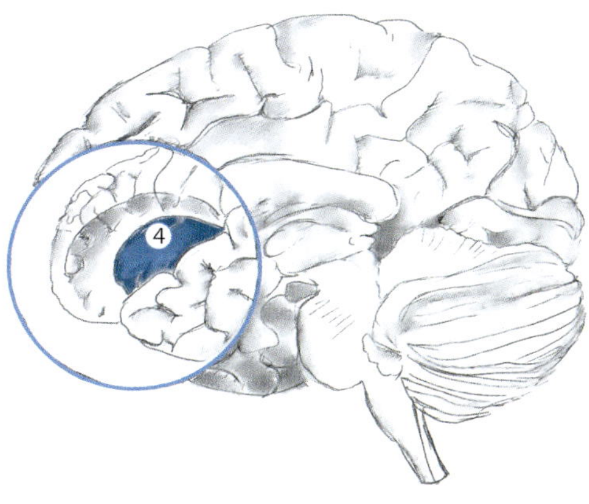

Obere Limbische Ebene und ihr wichtigster Bereich die Insula (4), die starken Einfluss auf Emotionen hat. In Anlehnung an Damir del Monte.

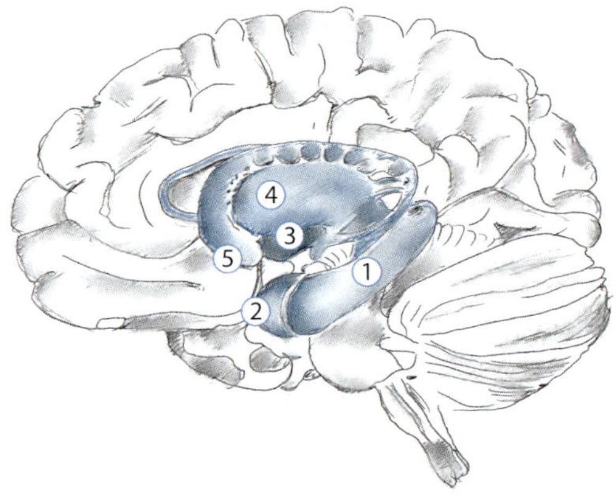

Mittlere Limbische Ebene und ihre wichtigsten Bereiche:
(1) Hippocampus,
(2) Amygdala,
(3) Thalamus,
(4) Basalganglien,
(5) Nucleus accumbens, Teil des Belohnungsnetzwerks.
In Anlehnung an Damir del Monte.

Regulation der Amygdala durch das somatische Nervensystem

Die wichtigste Aufgabe unseres Gehirns ist das Überleben. Diese Funktion übernimmt das autonome Nervensystem. Die zweitwichtigsten Aufgaben sind das Steuern unserer Körperfunktionen durch die bewusste Wahrnehmung des eigenen Körpers in der Umwelt. Gemeint sind: Bewegung in Raum und Zeit durch das propriozeptive System, der Erhalt des Gleichgewichts durch das vestibuläre System und die Steuerung des visuellen Systems für Konzentration und Gelassenheit. Diese Funktion übernimmt das somatische Nervensystem. Sind die Signale aus einem dieser Systeme unklar oder bleiben aus, führt das zu ungenauen Bewegungen, Distanzproblemen, unpräzisem Reiten, Instabilität im Rumpf, mangelndem Rhythmusgefühl, Schiefe des Reiters in Kopf, Schulter oder Hüfte, Koordinationsschwächen, klemmenden Schenkeln, hochgezogenem Absatz, festen Händen, Luft anhalten oder arrhythmischem Atmen und noch vieles mehr.

Jeder Reiz wird von unserem Gehirn im Hinblick auf die Fragen »Wo ist das?«, »Was ist das?«, »Ist das sicher?« blitzschnell interpretiert, bewertet. Der Output bestimmt dann unser Handeln. Entscheidet unser Gehirn mit »Das ist nicht sicher«, reagieren wir beispielsweise mit Bewegungseinschränkungen oder keiner Bewegung, Verspannungen, Dysbalancen, Angst, Sehstörungen, vielleicht auch mit Schmerzen und Vermeidungsverhalten wie Schutzreflexen.

Ein Klassiker ist das klemmende Bein oder die ziehenden Fäuste, mit deren Einsatz das Gehirn vorab unsere Situation als nicht sicher eingestuft hat und nun unseren Nerven die Anweisung gibt, für unsere Sicherheit zu sorgen, sich festzuklammern, das Bein hochzuziehen, sich am Zügel festzuhalten oder panisch um Kontrolle zu ziehen.

Bei Anfängern sehen wir oft, dass der Oberkörper nach vorne fällt, sobald das Tempo oder das Tempi sich ändern. Hier alarmiert das Gleichgewichtssystem den Körper, dass es jetzt gefährlich

wird. Der Reiter reagiert mit Unsicherheit auf die fehlende Balance im Oberkörper. Entscheidet unser Gehirn auf Sicherheit, können wir konzentriert, präzise, koordiniert, ausbalanciert und mit feiner Hilfe auf das Pferd einwirken.
Diesen Entscheid auf Sicherheit können wir bewusst herstellen, indem wir die entsprechende neurozeptive Stimulation (neurozeptiv = ein unbewusstes System zur Erkennung von Bedrohung und Sicherheit) (Porges, 2023) ansprechen, die direkten Einfluss über das somatische Nervensystem auf die Amygdala hat.

Nervensystem und Angst

Wir versuchen, unsere Gedanken wegzudrücken, funktioniert nicht. Wir versuchen, unsere Angst irgendwo in einen Turm zu sperren, weil wir mal gelesen haben, dass es funktionieren soll. Funktioniert auch nicht. Unser Körper spielt nach einer Weile nicht mehr mit. Die Angst kommt aus dem Turm schnurstracks zurück in unseren Körper. Er ist im Angstmodus und setzt seine Angstgefühle konsequent um. Ohnmacht und Hilflosigkeit überfallen uns. Reiten können wir nach unseren Ansprüchen so nicht mehr. Gefühlt kann uns niemand helfen. Der Trainer versteht uns nicht und zusätzlich sind wir Meister im Tarnen, damit keiner sieht, wie es in uns wirklich aussieht. Uns bleibt nichts anderes als zu hoffen, dass es aufhört und die Angst irgendwann verschwindet.

Angst zeigen? Darf man im Reitsport nicht. Das wissen wir. Wir schämen uns ein kleines bisschen für unsere Angst. Wir sehen sie als Schwäche. Sie ist da, aber wir wollen sie nicht. Wenn sie doch nur zu jemand anderen ginge … Wir verleugnen, wie unser Gehirn tickt.
Zur Erinnerung: Das Limbische System trifft blitzschnell auf Basis neuronaler Bewertung unserer Sicherheit ohne unsere Bewusstheit Verhaltensentscheidungen und Nicht-Verhaltensentscheidungen. Diese Vorgänge, die im Kapitel »Limbisches System« näher erläutert sind, können auch Neurozeption genannt werden (Porges, 2023). Neuronale Schaltkreise unseres Nervensystems unterscheiden, was bedrohlich, gefährlich, ungefährlich, sicher oder lebensbedrohlich in unserer Umgebung ist. Wir haben im Zustand der Neurozeption keine Chance, besser oder angstfreier zu reiten, wenn unser Nervensystem Reiten als gefährlich einstuft. Dem Pferd geht es genauso. Stuft seine Neurozeption Reiten mit dir auf seinem Rücken als gefährlich, unsicher, lebensbedrohlich ein, verändert sich sein Nervensystem ebengleich neurozeptiv und unbewusst. »Instinkte« und »typisch tierisches Verhalten« sind also nichts anderes als der Zustand der Neurozeption seines Nervensystems.
»Kämpfen« wir mit unseren Pferden – nicht wissend, dass es bei ihnen auch um Neurozeption geht und sie selbst ihren regulierten State gewechselt haben – entstehen immer gefährlichere

Situationen für uns wie Steigen, Tänzeln, Treten, Beißen und anderes für den Menschen gefährliches Verhalten. Für uns sind das sogenannte »Probleme« aufgrund schlechten Benehmens des Pferdes. Für Pferde ist das »die eigene Sicherheit herstellen« mit einem in der Pferdewelt normalen Verhaltensrepertoire. Wir müssen lernen, einen völlig neuen Blickwinkel auf diese Situationen zu bekommen. Denn Pferde leisten täglich Unglaubliches, ihre natürlichen Verhaltensweisen zu unterdrücken, um sich in der Menschenwelt gehorsam und angepasst zu benehmen, vielleicht auch zurechtzufinden.

Die Nervensysteme beider Wesen scannen die ganze Zeit die Umgebung, das eigene Innen und den Zustand der Regulation des anderen Nervensystems. Das bedeutet, es werden multiviele Reize in Millisekunden aufgenommen, die nicht nur visueller, sondern auch vestibulärer und propriozeptiver Natur sein können.

Nun könnten wir denken, diese Vorgänge der Neurozeption ließen sich nicht steuern. Tun sie aber. Mithilfe der bewussten Steuerung des autonomen Nervensystems durch die obere Ebene des Limbischen Systems. Zum Beispiel durch die Atmung, durch mentale Aktivierung oder durch bifokal-multisensorische Techniken (sprachlich-kognitiv und Tapping). Zur Erinnerung: Bifokalität ist das gleichzeitige Ansprechen zweier Sinneskanäle/Gehirnareale, um den Präfrontalen Kortex kognitiv zu aktivieren und das hochregulierte Limbische System und das Angstzentrum durch Emotionsregulation bedeutsam herunterzufahren. So kann unser Verstand wieder Chef im Haus werden und dem Nervensystem klar und deutlich sagen: »Ich habe alles im Griff. Kein Gefahrenalarm notwendig.«

Durch Atmung, mentale Aktivierung oder bifokal-multisensorische Techniken können wir Vorgänge der Neurozeption beeinflussen.

Das ist besonders bei Angst sehr wichtig, da ohne Signal vom Verstand der Körper im Daueralarm und das Nervensystem hochreguliert bleiben. Du selbst solltest aktiv dafür sorgen, dass dein Verstand die Angst entmachtet. Du bist nicht dein Verstand, du hast ihn nur. Werde Verstandbenutzer. Die Übungen zur Bifokalität können dich unterstützen.

Studien zum Tapping belegen, dass wechselseitiges, einseitiges (unilaterales) oder gleichzeitiges (bilaterales) Tappen in Regionen des Oberkörpers (Schultern, Oberarme, Gesicht) den gleichen wirksamen Effekt auf die Regulation dysfunktionaler Emotionen haben (Harper, 2012). Stressmuster können durch das Tappen stark reduziert und abtrainiert werden.

QUICK-TIPPS ZUR BIFOKALITÄT:

1. Beruhigend mit sich selbst sprechen, dem Körper Sicherheit ausstrahlen, den Angstanteilen Geborgenheit bieten durch Sätze wie »Alles ist gut. Wir sind in Sicherheit« und gleichzeitigem, wechselseitigem Überkreuzklopfen auf der Schulter oder den Oberarmen oder Tappen unterhalb der Schlüsselbeine.
2. Gedankliches Aufrufen der Stresssituation, des Stresstriggers und den Blick an einem festen Punkt fixieren, an dem der Stress am stärksten ist, zusätzlich die Nierenpunkte tappen. (Bild rechts)
3. Aus dem Erwachsenen-Ich mit der Angst reden und so eine Distanz herstellen: »Danke, dass du mich gewarnt hast, und ich habe die Situation geprüft und ich meistere sie jetzt.« Gleichzeitig wird beispielsweise die Kohärenzatmung 5-5 genutzt und der Blick nach innen auf eine Superressource wie Stolz fixiert.
4. Rückwärtszählen oder Rückwärtsbuchstabieren, während zeitgleich die emotionale Erinnerung die Angst oder Traurigkeit in inneren Bildern zulässt.
5. Affirmationen aufsagen wie »Ich bin in Sicherheit« oder »Das Vergangene ist vergangen.« »Mein Körper funktioniert. Ich vertraue meinem Körper und entspanne, dann beruhigen sich auch meine Gedanken und Gefühle.« Gleichzeitig die Thymusdrüse klopfen.
6. Während eines inneren Dramafilms oder Weinen die Augen im und entgegen dem Uhrzeigersinn gleichmäßig groß kreisen, dabei den Handkantenpunkt klopfen und Summen oder Rückwärtszählen.

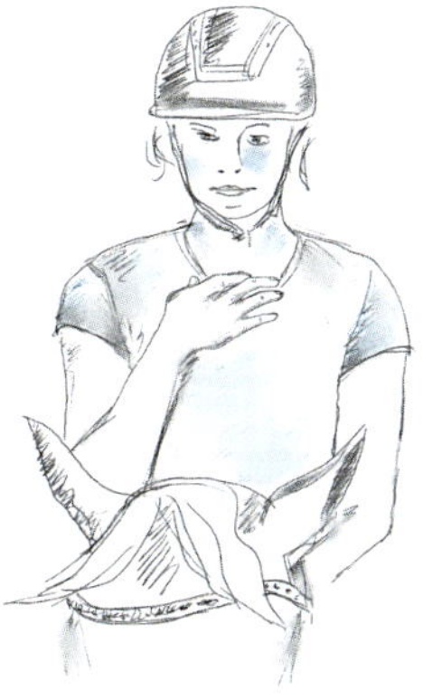

Reiterin fixiert ihren Outer Eye Spot, wo sie den größten Stress empfindet und tappt zeitgleich die Nierenpunkte bis der gedanklich durchgespielte und emotional empfundene Stress reguliert ist.

Bei Angst haben wir das Gefühl, machtlos zu sein, keinen Einfluss zu haben, ausgeliefert zu sein. Für das Gehirn und das Körpergedächtnis sind die ursächlichen Dinge der Vergangenheit nicht abgeschlossen, die im Jetzt zur Angst führen. Stell dir vor, du verlierst die Kontrolle auf deinem Pferd. Jemand Drittes sorgt wie auch immer dafür, dass dein Pferd stehen bleibt. Oder du stürzt und dein Pferd wird von jemandem eingefangen. In beiden Fällen hat dein Gehirn eine offene Energieakte (neuronale Schleifen) und zusätzlich einen offenen Kreis im Selbstwirksamkeitslernen. Du konntest dich nicht aus der Lage selbstwirksam befreien und deine Energie durch aktives Handeln abbauen. Die Akte kommt auf Wiedervorlage und deine Energie wird im Körper eingefroren. Sie wartet auf den Moment, wo du in der gleichen oder ähnlichen Situation endlich deine Handlungsfähigkeit nachholen solltest, um den Kreis zu schließen. Dann ist für dein Gehirn der Fall klar und die Akte zu. Ja, wäre da nicht dieser alte Schmerz, den du nie wieder spüren willst. Oder die längst vergangene Erfahrung, die du strikt vermeiden willst, dass es dir noch einmal passiert. Nie wieder ausgeliefert sein. Du vermeidest, was dich nur annähernd in die Situation der Auslieferung bringt. Ein Dilemma. Unser Nervensystem hat daher überall rote Warnleuchten. Es fährt Schutzmaßnahmen hoch, weil es überall Gefahren sieht. Schlussendlich befinden wir uns in einem Angstkreislauf »Angst vor der Angst«, in dem sich das Vergangene wiederholt.

Durch Atmung, mentale Aktivierung oder bifokal-multisensorische Techniken können wir Vorgänge der Neurozeption beeinflussen.

Den Kreislauf unterbrechen können wir nur, indem wir uns selbst Sicherheit geben. Unser Nervensystem kann sich bei Gefahr erregen und bei Entspannung beruhigen. Auch du kannst das, weil du der Besitzer des Nervensystems bist. Gib dir selbst das Signal »Ich bin in Sicherheit.« Dazu musst du dich nur um dich selbst kümmern. Nimm dich in deinen Bedürfnissen wahr und ernst. Du hast in der Vergangenheit nur zu oft über- oder unterreagiert oder gar nicht reagiert, was zu einer hormonellen Dysbalance geführt hat (siehe auch Kapitel »Stresstoleranzfenster«). Du solltest die Reaktion deines Nervensystems umdrehen, damit es sich umprogrammiert und dein Gehirn beruhigt. Du musst so viele neue Mini-Erfolgserfahrungen machen, wie du offene Schleifen im Gehirn hast!

Das gelingt auf zwei Arten:

1. Untersteuerte Reiter (Freeze, Fawn) brauchen attraktive, höhere und lösbare Aufgabenstellungen, deren Ergebnis spielerisch und selbst erarbeitet wird, um das Gefühl des Frusts, der Hilflosigkeit oder Langeweile zu wandeln.
2. Übersteuerte Reiter (Fight) brauchen gesunde Grenzen, die klar kommuniziert und eingehalten werden.
3. Übersteuerte Reiter in der Flight Response brauchen eine wiederholbare gegensätzliche Verhaltensweise, die sie mit Anleitung erfahrener Reiter oder Trainer durchführen und erfolgsorientiert zu Ende führen, bis ein Generalisierungseffekt eintritt und das Nervensystem sich sicher ist, dass der Reiter handlungsfähig ist und keinen Alarm mehr schlägt.

Alle drei States müssten die für sie typische Stresssituation auslösen, um die Über- oder Unterreaktion des Körpers zu reaktivieren, um dann wiederum dem Körper Regulationslösungen zu geben. Die Lösung kann dann zu einer Routine werden.

Gut zu wissen: Angst flutet blitzschnell das Nervensystem mit Hormonen und erreicht schnell ein anhaltendes Plateau (Maximum der Angst), weil die Angst ihre Botenstoffe an das Blut abgegeben hat und nun »leer« ist. Schlimmer wird es nicht. Der Reiter ist durch das Plateau anhaltend in Alarmbereitschaft. Passiert eine Weile nichts Aufregendes mehr, beruhigt sich das System wieder und baut die Botenstoffe innerhalb von 30 Minuten ab.
Reiten kannst du nur megaerfolglos lernen, wenn du dich unsicher fühlst. Willst du im Reiten Erfolg, brauchst du Sicherheit, denn erst dann kann Lernen stattfinden.
Kognitiv können wir bekanntlich alle reiten wie die Weltmeister und noch besser. Nur emotional – da scheitern wir allzu oft an unserem zuweilen nicht vorhandenen oder nicht reproduzierbaren **Reitgefühl (Technik, Dosierung, Timing)**. Bestimmt dann auch noch die Angst unser **Reitergefühl (emotional-psychische Regulationsfähigkeit)**, lernen wir nicht aus Fehlern, sondern manifestieren ein Selbstabwertungs- und Selbstablehnungskonzept in fünf Akten, weil dysfunktionale Neurotransmitter im Gehirn Stress verursachen.

QUICK-TIPPS NERVENSYSTEMREGULATION

Du solltest in jedem Fall deine eigenen reiterlichen Kompetenzen und deine technische Stärke erweitern, um durch deine Einwirkung jederzeit Sicherheit herstellen zu können! Die folgenden Übungen setzen voraus, dass du das reiterlich kannst. Die Übungen sind ein neurobiologisch erprobter Notfallplan für dein Nervensystem.

Umfasse deinen ausgestreckten Zeigefinger mit der anderen Faust. Strecke deinen Daumen aus und umfasse ihn mit der anderen Faust. Du hast nun in der einen Faust deinen Daumen und in der anderen Faust deinen Zeigefinger. Bei der Einatmung drückst du nun den Daumen und bei der Ausatmung den Zeigefinger.

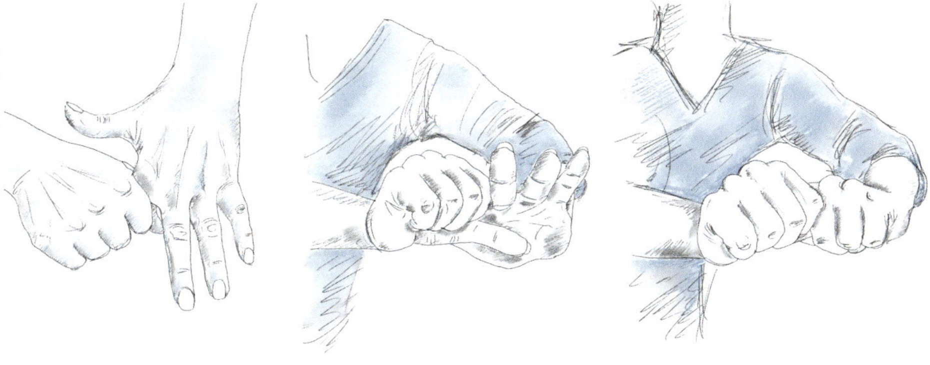

Neurobiologische Nervensystemregulation

QUICK-TIPPS NERVENSYSTEMREGULATION

Umarme dich selbst. Lege eine Hand unter deine Achsel mit dem Daumen raus. Die andere Hand lege auf den anderen Oberarm. Drehe dabei den Kopf im Raum und lasse deinen Blick folgen. Zähle dabei laut.

Falte deine Hände und belege die ausgesteckten Zeigefinger aufeinander. Kreuze deine Daumen wechselseitig.

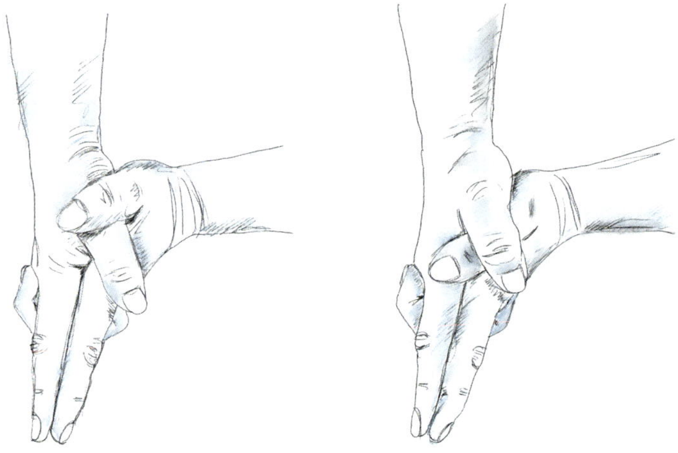

Speichere deine Favoriten in deiner Telefonliste, wen du anrufen kannst, der dich versteht und dir helfen kann, Stress abzubauen. Wer geht mit dir durch die nächste halbe Stunde?

Das war schon immer so

Neue Erfahrungen sind für das Nervensystem erst einmal Gefahr. Sie erscheinen bedrohlich, auch wenn es vermeidlich sicherer wäre. Viele Reiter schieben in diesem Zusammenhang den Vermeidungssatz vor: »Das war schon immer so«, damit sie keine Veränderungsarbeit leisten müssen. Die Rechtfertigungsgeschichte allein führt schon zu Sicherheit. Sicherheit muss also nicht zwingend der Wahrheit entsprechen. Es reicht, wenn du glaubst, was du dir erzählst, da dein Gehirn nicht zwischen Fiktion und wahrer Begebenheit unterscheiden kann. Mache dir diese Fähigkeit zunutze: Dein Verstand will glauben! An was er glauben soll, bestimmst allein du. Willst du nicht mehr das eine glauben, musst du deinem Verstand etwas anderes geben, an das er stattdessen glauben soll. So funktionieren Tradition, Ideologie, Kultur, Religion, Werte, Normen und das Gehirn des Einzelnen. Klingt komisch? Ist aber so. Gehirn ist Gehirn, sagt die Forschung.

Den Neuronen ist es egal, was du glaubst, oder ob sie eine Angst-Autobahn oder eine Selbstvertrauen-Autobahn nutzen. Das Gehirn liefert nur, was du täglich mit deinen Emotionen und Gedanken befeuerst. Es passt sich immer seiner Nutzung an, im funktionalen wie im dysfunktionalen Output.

Schwierig wird es erst, wenn das Ego Geschichten erfindet, warum es die Angst nicht einfach loslassen kann. Denn für das Gehirn wäre das mit einem Fingerschnippen umzusetzen. Zack, die gelernte Angst ist weg und die Synapse wird nicht weiter beliefert. Ja, rein gehirnmechanisch geht das. Wenn da nicht der Vorteil wäre, den wir aus der gelernten Angst haben. So merkwürdig es klingt, aber manchmal liegt der Vorteil in der Angst genau darin, dass sie uns Sicherheit gibt und wir uns mit ihr arrangiert haben. Angst loszulassen, würde (anfangs) Chaos bedeuten, weil wir mit Angst wissen, was uns blüht und das Gehirn liebgewonnen hat, was bekannt ist. Ein weiteres Dilemma. Manch ein Reiter hält dann doch lieber an der Angst fest, weil sie so schön gewohnt ist. Wenigstens die kann er vorhersehen und darüber Recht behalten. Frage dich einmal: Hältst du an der Angst fest oder die Angst an dir?

Nervensystem und Turniere

Jedes Mal, wenn du deinem Pferd kein neues Verhalten beibringst, bleibt ihm nichts anderes übrig, als das alte Verhalten abzurufen, da ihm keine anderen neuronalen Schaltkreise zur Verfügung stehen. Bist du mit seinem Verhalten unzufrieden, reflektiere, dass du ihn noch nie gelehrt hast, sich anders zu verhalten. Vielleicht, weil ein Glaubenssatz wirkt wie: »Der ist halt so.« Das Pferd ist, was du aus ihm machst. Dein Gehirn ist auch, was du aus ihm machst. Zur Erinnerung: Das ist Neuroplastizität. Ist dein Pferd unsicher, dann spiegelt es nur, wie dein Gehirn und Nervensystem in neuen oder ungewohnten Situationen reagiert. Gestresst. Diese Energie überträgst du auf dein Pferd. Relevant ist, in welchem der 4Fs du die Energie überträgst, oder ob du aktiviert, aber reguliert, im Stresstoleranzfenster verbleibst.

Zeigen wir jetzt dem Pferd, wie wir den Stress im Toleranzfenster halten, lernt es, dass Turniere »belanglos« sind. Je häufiger das Pferd diese Erfahrung machen darf, desto größer wird sein eigenes Stresstoleranzfenster. Schießen wir aus dem Toleranzfenster nach oben oder unten raus, lernt es, Turniere sind »gefährlich«. Hast du ein Pferd, das mit Turnieren oder ungewohnten Orten schlechte Erfahrungen gemacht hat, überträgt sich sein Stress höchstwahrscheinlich auf dich, es sei denn, du bleibst im State 1 (Nervensystem-State Reguliert. (Siehe Kapitel Pferd, Reiter und Nervensystem States)).

Es ist auf dem Turnier nicht wichtig, was du die letzten Tage im Unterricht üben musstest, was letzte Woche falsch lief, was noch nicht gelingt oder was am letzten Turnierwochenende passiert ist oder was vielleicht gleich passiert. Wichtig ist, dass du mit deinem Pferd im Jetzt in emotionalen Kontakt trittst. Wie fühlt es sich heute an? So kannst du immer dynamisch flexibel bleiben und dein Warm-up gelassen als starker Partner an seiner Seite gestalten. Muss sich das Pferd allerdings an deine Bedürfnisse und Ängste anpassen, hast du das Konzept »Partnerschaft« falsch verstanden. Gib deinem Pferd das Gefühl, dass es sich selbst und seinen Körper kontrollieren kann, nicht, dass du es kontrollieren musst und es in eine Situation zwingst, für die es noch nicht bereit ist oder bei der es noch der Reizüberflutung einer menschlichen Welt erlegen ist oder es schlicht noch Körperstress hat. Gib deinem Pferd in den ersten Minuten Raum zur Selbstregulation, ohne es sofort in eine Form zu pressen.

Gewohnheiten helfen deinem Pferd und deinem Gehirn, das Gefühl von Sicherheit auszulösen. Eigne dir so viele funktionale Gewohnheiten wie möglich an! Dazu musst du dir einen klaren Plan machen, was du wohin verräumst, wann du Verladen übst, wie oft du übst, wie häufig du Trainingsschritte wiederholst, wann du zum Turnier losfährst, wann du ablädst, wann du sattelst, wie lange die Laufwege sind, wie lange du abreitest. Je sicherer du in deinem Prozess bist, desto mehr Sicherheit und Ruhe kannst du dem Prozess deines Pferdes beimessen, Zeit zu haben, sein Nervensystem zu regulieren. Und du hast Kapazitäten frei, ihm Co-Regulation anzubieten. Dein Pferd muss durchatmen und seinen Parasympathikus über das zwanglose Fallenlassen seines Halses aktivieren.

Jede Technik bleibt nur Technik, solange die Harmonie fehlt. Harmonie gibt es nur durch Losgelassenheit. Auf dem Turnier und im Training denken viele Reiter unentwegt an die technische Ausführung der gestellten Aufgabe. Ihre Gedanken sind bei den Lektionen/Anforderungen statt bei ihrer Performance. Das bringt sie weg von dem Fokus auf das Pferd und sie fühlen Spannungsmomente im Körper des Pferdes kaum oder nicht mehr so schnell. Ihr Fokus liegt auf der Technik. Das weitere Potenzial des Gehirns liegt brach und ungenutzt. Kaum einer stellt sich die Frage: Welche Erfahrungen möchte mein Pferd machen? Was lenkt es ab? Was hört es? Was riecht es? Was sieht es? Was denkt es? Was fühlt es? Ist es intrapsychisch entspannt? Was braucht mein Pferd wirklich? Das beginnt schon beim Abladen, beim Fertigmachen und auf dem Weg zum Vorbereitungsplatz. Die meisten Reiter steigen hier schon auf ein gestresstes Pferd und werden selbst angespannt. Nimm dir viel Zeit. Je mehr Spannung dein Pferd hat, desto größer ist die Wahrscheinlichkeit, dass es zu Energieexplosionen kommt,

Jede Technik bleibt nur Technik, solange die Harmonie fehlt. Harmonie gibt es nur durch Losgelassenheit.

weil die Energie irgendwann aus dem Nervensystem heraus muss und sich dein Pferd selbst darum kümmert. Für den Reiter sind das oftmals nicht einkalkulierte Situationen. Komme dem zuvor, indem du deinem Pferd kontrollierten (!) Raum zur Entladung einräumst. Das steigert deine Sicherheit und du kommst Stressausbrüchen zuvor.

Kalkuliere den Stress der anderen Pferde und Reiter mit ein. Auch sie wirken co-regulierend in beide Richtungen. Unterschätze das nicht. Halte dich und dein Pferd von Energiefressern oder Angstanzündern fern. Kontrolliere, wie viele um dich oder dein Pferd herum sein sollen.
Da du dein Pferd für die Prüfung brauchst und ohne es kein Reiter bist, solltest du auf seine Bedürfnisse auf einem Turnier eingehen, was es zum Erlernen der Selbstregulation braucht. Denke größer. Nach diesem Turnier wird es weitere Turniere geben. Mache keinen Druck, ein bestimmtes perfektes Ergebnis zu bekommen. Das bewirkt beim Pferd spiegelneuronalen Druck und es verbindet den Prüfungsplatz mit Stress. Deine einzige Aufgabe in der Prüfung sollte sein, deinem Pferd und deinem Gehirn Sicherheit zu lehren, damit ihr gestärkt aus dem Viereck geht und mit Freude wieder hineinwollt. »Opfere« viele kleine Turniere zugunsten der Selbstregulation und für das positive Selbstverständnis auf dem Prüfungsplatz, damit dein Pferd freiwillig und gerne in die Arena einreiten will. Mach es zu seinem Lieblingsort. Hab dich und deine Emotionen im Griff. Atme. Feiere dein Pferd für jeden Schritt vorwärts und rückwärts. Niemals soll sein Nervensystem abspeichern, auf Turnieren ginge es um Leben und Tod. Spiegel es auch nicht! In keinem Pferd ist angelegt, dass es weiß, wie es sich auf dem Turnier verhalten soll. Es ist in deinem Kopf. Auch die möglichen Probleme sind in deinem Kopf. Nicht im Kopf deines Pferdes. Woher soll es von den Problemen wissen, wenn es weder Bücher liest, noch ein unbeschriebenes Buch ist? Atme. Dein Pferd spiegelt deine Erwartungen wider. Atme durch. Lass die Zügel lang und betrachte dein Pferd. Was soll es lernen, damit es sich in Zukunft sicherer fühlt? Was sollst du lernen, damit du dich in Zukunft sicherer fühlst? Mache dir ein Mini Schritte Konzept. Lege dir eine Strategie zurecht, die Entspannung deines Pferdes und deine eigene zu fördern (nicht zu sabotieren).

Du wirst deinen Durchbruch erleben. Hab Geduld. Mit und im Vertrauen wird eure Potenzialbombe aktiviert. Entwickle dich technisch weiter, damit du niemals eine Frage über dich offen hast. Werde zum Pferdekenner, damit du dein Pferd lesen lernst, als seist du selbst ein Pferd! Erlaube dir, dass dein Pferd entscheiden wird, wie lange es braucht, um selbst seine 100 % zum Gelingen eurer Partnerschaft beizusteuern.

QUICK-TIPPS FÜR MEHR SICHERHEIT AUF DEM TURNIER

1. Bereite dein Pferd auf die zu erwartenden Reize gehirngerecht vor. Trainiere es unter Turnierbedingungen.
2. Trainiere deine Anforderung. Du brauchst das Gefühl, optimal vorbereitet zu sein, um keine Frage über dich offen zu haben. Gibt es dennoch Unsicherheiten, dürfen sie sein. Lasse sie unbewertet.
3. Trainiere vielseitig, damit dein somatisches und autonomes Nervensystem gelassener mit neuen Situationen umgehen können. Nicht-lernen und Nicht-trainieren geht nicht. Steht das Pferd nicht still oder lässt es sich nicht rechtsherum reiten oder fällt es dir immer wieder im Galopp aus, ist das eine Lernerfahrung. Das Pferd hat gelernt, dieses Verhalten zu zeigen. Jeden Tag hast du die Chance, deinem Gehirn und deinem Pferd beizubringen, wie es sich in der Situation anders oder besser verhalten kann, indem du verstehst, wie dein Gehirn und das deines Pferdes lernt und dieses Wissen in die Tat umsetzt.
4. Schaue dir immer vorher die Location und deinen Prüfungsplatz an. Nutze jede Option, deinem Pferd die Plätze vorab in Ruhe zu zeigen oder bereits ein lässiges Warm-up zu absolvieren.
5. Kalkuliere viel Zeit ein.
6. Nutze auswärtige Trainingsmöglichkeiten.
7. Halte dich an funktionale Routinen.
8. Mache dir vorher klar, wie du sein willst. Du kreierst jede Minute eures Wohlbefindens.
9. Lege dir eine Entspannungsstrategie zurecht.
10. Hast du Spannungsmomente im Viereck, ist deine Note bereits kaputt. Jetzt kannst du erst recht Ruhe ins Pferd bringen, damit es den Fehler nicht im Körpergedächtnis abspeichert und das nächste Mal wieder an derselben Stelle verspannt.
11. Jedes Turnier ist ein potenzieller Ort der Blamage. Stimme dem zu, damit dein Nervensystem keinen Alarm schlägt.
12. Ein Turnier ist stückweit immer ein Angriff auf das Selbstwertgefühl und ein Treffpunkt für Erwartungsangst und Enttäuschungen. Arbeite an deiner emotionalen Stärke, damit sich die Wahrscheinlichkeit erhöht, dass du resilient reagierst.
13. Wenn das eine oder andere noch nicht klappt, so wie du es gerne hättest, gib deinen Netzwerken liebevoll mehr Zeit und sende deinem Gehirn Verständnis. Hilf beiden durch Wiederholungen. Jede Wiederholung verstärkt also die neuronale Aktivierung und weitet abrufbare und nachhaltige Leistung aus.

QUICK-TIPPS FÜR MEHR SICHERHEIT AUF DEM TURNIER

14. Sobald du aus der Prüfung reitest, trainiere dich, zuerst das Positive festzustellen und zu formulieren. Übe dieses Verhalten daheim. Reflektiere nach dem Absteigen, was gut lief. Lobe dein Pferd dafür und zeige ihm deine Dankbarkeit und Wertschätzung. Es darf fühlen, dass es sich lohnt, für dich sein Bestes zu geben.
15. Lasse Fehler unbewertet. Besonders die, die in der Prüfung passieren. Gewöhne dir an, folgenden Satz bei Fehlern zu sagen, damit dein Limbisches System nicht hochfährt: »Oh, interessant.« Mehr nicht. Lasse den Fehler ziehen wie Wolken am Himmel.
16. Erstelle einen Plan für jedes Turnier, was du verbessern und umsetzen willst. Prüfe, was du davon umgesetzt und verbessert hast.
17. Bringe Inspiration aufs Turnier. Werde zu einer Inspiration für andere. Erlaube dir, eine Inspiration zu werden. Jeder hat Stärken. Zeige deine!

Pferd, Reiter und Nervensystem-States

Grundsätzlich gilt: Lernen ist nur aus einem regulierten Nervensystem heraus möglich! Es ist am Ende des Tages völlig unerheblich, warum und aus welchem Lernverhalten heraus das Pferd was macht oder nicht macht, wenn alles Verhalten aus Sicht des Pferdes dazu dient, die eigene neurobiologische und gehirnmechanische Systembalance »Ich bin in Sicherheit« herzustellen. Springt beim Pferd eine der 4Fs an, solltest du dich reflektieren, warum es Anlass hat, zu glauben, es ist mit dir nicht sicher und wie du ihm das Sicherheitsgefühl herstellst. Der eine Weg ist die Co-Regulation, der andere Weg ist das Lernverhalten, über das du in den wunderbaren Büchern von Dr. Vivian Gabor mehr lesen kannst.

Die Fight, Flight, Freeze, Fawn Response sind neben der Atmung autonome Überlebensmechanismen aus dem ältesten Teil des Hirns, dem Hirnstamm. Erschrickt das Pferd, läuft es fluchtartig los. In der Herde sehen wir, dass Pferde sich im Fluchtreflex selber runterregulieren können. Auf dem ein oder anderen Paddock sehen wir, dass Pferde sich gar nicht mehr regulieren können und am Tor hin und her laufen, panisch werden, steigen oder Anzeichen machen, hinüberspringen zu wollen. Wird der Fluchtreflex immer wieder getriggert, wird das Nervensystem durch neu aktivierte Schutzreflexe dauerhaft hochreguliert. Das Pferd braucht zunächst doppelt so lange für die Regulation, bis es sich gar nicht mehr regulieren kann.

Manchmal wollen wir, dass das Pferd die Reaktion seines Nervensystems unterdrückt, und erkennen gar nicht, dass sein Nervensystem über die spiegelneuronale Resonanz etwas mit dem

Unsrigen zu tun hat und Pferde unsere HRV, Emotionen, Körperempfindungen, Neurotransmitter wahrnehmen, ohne dass sie uns selbst bewusst sind. Das sind dann jene Situationen, in denen wir unsere eigene Ruhe nicht auf das Pferd übertragen können, weil sie nicht vorhanden ist, wir es aber nicht wahrnehmen, weil wir mit der Nervosität des Pferdes überfordert sind.
Die Nervensysteme zwischen Pferd und Reiter interagieren die ganze Zeit. Ist die Bindungsperson sicher, fühlt sich das Pferd auch sicher. Beide Systeme lernen Harmonie, wenn sie sich gemeinsam sicher fühlen. Wenn wir dem Pferd ein sicheres Nervensystem geben wollen, dann müssen wir selbst zuerst ein reguliertes Nervensystem haben, um keine Bombe für das Nervensystem des anderen zu werden, sondern zum Regulator.
Entspannung gibt es beim Pferd im biopsychischen Sein oder im biomechanischen Verhalten. Gemeint sind die gelassenen Grundgangarten sowie die innere, emotional-psychische Gelassenheit und ihre Auswirkung auf die Physiologie. Sind beide Zustände kohärent, sind das Nervensystem und die HRV reguliert. Die Losgelassenheit entsteht. Sie ist eines der wichtigsten Ziele in der Zusammenarbeit mit dem Pferd.

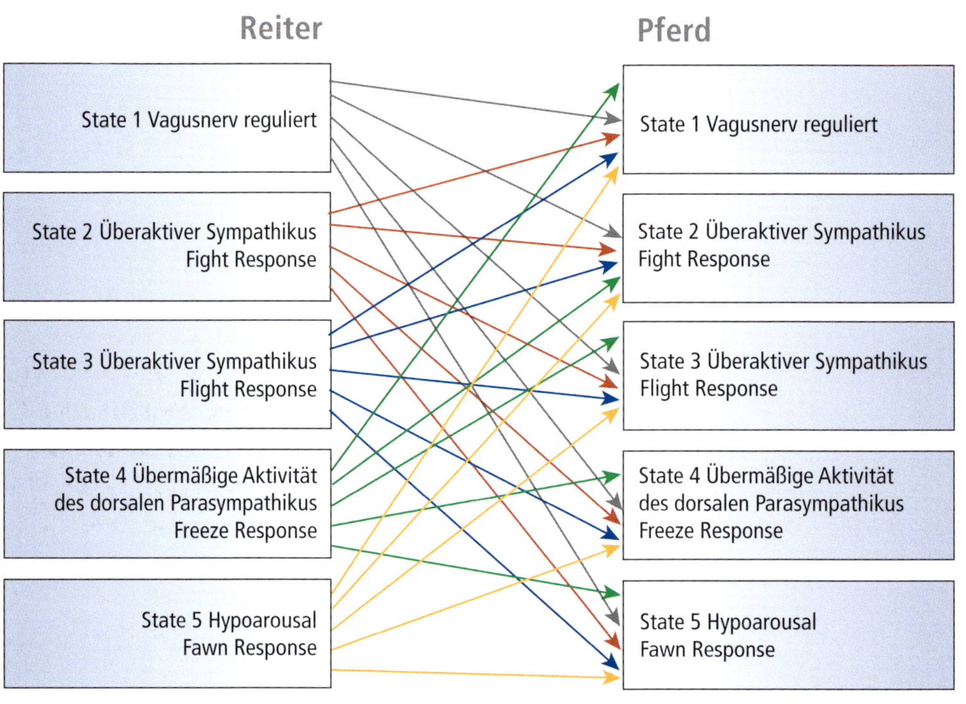

Ich werde nun die einzelnen Nervensystem-Responses und ihre Kombinationsmöglichkeiten mit Beispielen vorstellen, in denen sich Pferd und Reiter befinden können, sodass du bessere Entscheidungen treffen kannst, in welchem State du dem Pferd begegnest und begegnen möchtest.

NERVENSYSTEM RESPONSES – KOMBINATIONSMÖGLICHKEITEN ZWISCHEN PFERD UND REITER

Das autonome Nervensystem kann, je nach Einstufung des Sicherheitsgrades durch die Neurozeption (unbewusstes System zur Erkennung von Bedrohung und Sicherheit) (Porges, 2023), mehrere physiologische Zustände anregen (Van der Kolk, B., 2021). State 1 ist das Stresstoleranzfenster, in dem Sympathikus und Parasympathikus kohärent zusammenarbeiten und eine Balance zwischen Aktivierung und Regulierung besteht.

Abbildungen unten links und rechts: Kombinationsmöglichkeiten der Aktivierung des Nervensystems in der Fight, Flight, Freeze, Fawn Response beim Pferd basierend auf der Metapher des Stresstoleranzfenster von Siegel (2012), ergänzt mit den Ansätzen der Polyvagaltheorie von Stephen Porges (2011) und erweitert mit dem 4. F (Fawn) von Pete Walker (o. J.).

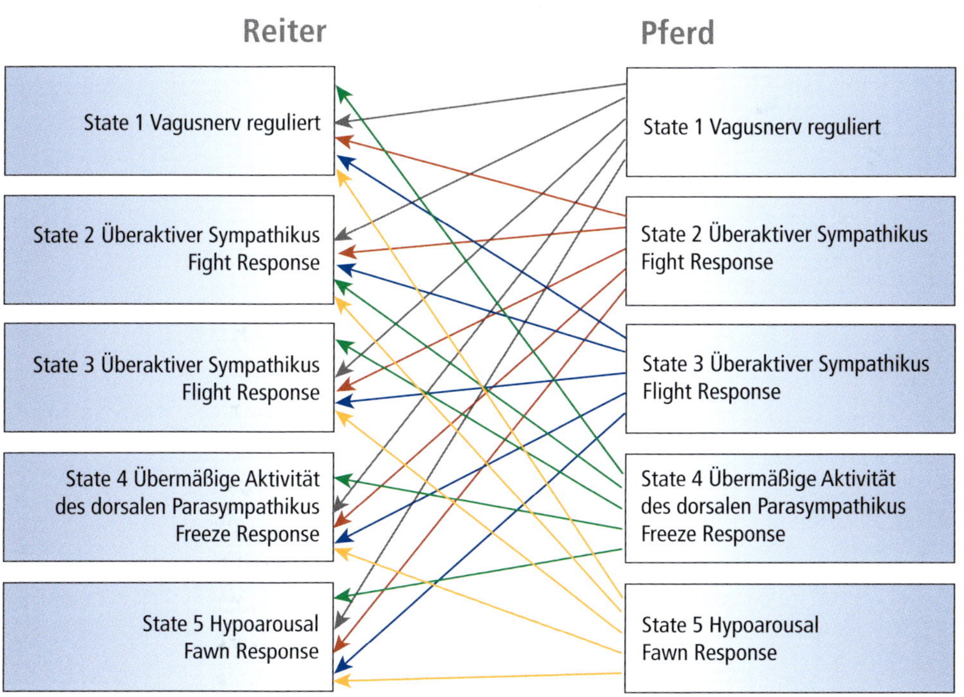

Hier ein paar Beispiele, wenn zwei unterschiedliche States des Nervensystems aufeinandertreffen:

1. STATE 1 REGULIERTER VAGUSNERV (TEIL DES PARASYMPATHIKUS)

Zur Erinnerung: Nur in diesem State ist Lernen und Entwicklung möglich! Auch eine nachhaltige emotionale Veränderung von dysfunktionalen Verhaltensmustern findet nur hier statt. In diesem State fühlen wir eine tiefe Verbundenheit zum Pferd und Freude und Harmonie. Wir fühlen uns sicher.

Pferd und Reiter sind im regulierten Zustand State 1

Wenn wir uns sicher fühlen, das heißt, parasympathisch reguliert sind, haben wir vollen Zugang zu unserem Potenzial, um das Beste in uns zur Entfaltung zu bringen. Das Pferd zeigt volle Bewegungsgüte, Aufmerksamkeit, Kooperation, Ruhe, Entspannung, freundliche Zuwendung. Pferd und Reiter sind offen für Neues, zeigen Neugierde, probieren sich aus. Weder Pferd noch Reiter haben Angst vor Veränderung oder davor, die Komfortzone zu verlassen. Alles wird leicht und fein, die Kommunikation ist klar, die Interaktion ist prosozial. Beide Lebewesen wollen und können sich verstehen. Beide sind selbstwirksam, autonom, haben Freude, Spaß und jeder trägt seine 100 % zum Gelingen der Partnerschaft bei. Dieser State ist der erstrebenswerte im Pferdesport. Beide Wesen sind lern- und leistungsfähig, sehen sich als Bereicherung und aus einer Beziehung wird eine Verbindung.

2. STATE 2 FIGHT RESPONSE

Der Sympathikus mobilisiert unseren Körper für Kampf oder Flucht und soll unseren Körper schützen, nicht in die Freeze zu fallen. Der Präfrontale Kortex schaltet sich ab und wir nehmen nur noch bedrohliche Signale wahr. Beschwichtigende Worte des Trainers hören wir nicht mehr. Kritik anderer triggert uns. Angst, zu versagen, Aggression und Wut sind die Konsequenz der angestauten und bereitgestellten Energie aus dem Kampfmodus. Das Limbische System sorgt dafür, dass sachliche oder fachliche Informationen wie Hilfengebung, Anweisungen umsetzen oder neutral reagieren, nicht mehr aufgenommen und verarbeitet werden können. Der Reiter ist im Angriffsmodus.

Ist das Pferd in der Fight Response, hat es ebenfalls mehr Spannung im Körper, einen hohen Blutdruck, erhöhten Puls, es stellt Energie frei, schüttet Adrenalin aus. Das sympathische Nervensystem ist überaktiv. Das Gehirn sorgt dafür, dass Energie da ist, falls sie gebraucht wird. Die Angriffsreaktion ist aktiviert. Kampfreflexe sind Treten, Steigen, Bocken, Beißen, Angreifen beim Reinholen oder Satteln. Auch hier ist es Angst, die beim Pferd den Response-State auslöst.

Reiter ist im State 2 (Fight), Pferd im State 1 (Reguliert)
Wir sind im Stress, unter Spannung, genervt, gereizt, angriffslustig. Etwas regt uns auf, stört uns, wir sind aggressiv oder passiv-aggressiv. Wir fahren zum Stall und treffen auf ein Pferd, das ausbalanciert und reguliert im State 1 in der Herde, in der Box, auf der Wiese/ Paddock steht. Wir wollen etwas mit ihm machen. Vielleicht trainieren, reiten oder auch nur putzen. Wenn wir aber den ganzen oder halben Tag mit Stress oder mit gestressten Menschen verbracht haben oder diese Menschen am Stall zu erwarten sind, dann werden wir unweigerlich unsere Nervensystemspannung auf unser Pferd messbar übertragen und seinen State ändern, insoweit das Pferd nicht gelernt hat, mit menschlichem Stress gut umzugehen. Hat es das, kann es unser Nervensystem co-regulieren und beruhigen, sodass wir auf State 1 hochkommen. Unser Körper wird durchatmen, der Stress erscheint wie weggeblasen und wir werden eine ruhige, vielleicht auch entspannte Zeit miteinander verbringen. Kann das Pferd uns nicht co-regulieren, wird es für beide stressig. Ist das der Fall, musst du lernen, dein eigenes Nervensystem mit den Übungen dieses Buchs zu beruhigen.
Reiter im Fightmodus zeigen Leistungsdruck, Perfektionismus, Unnachgiebigkeit, unsportliches Verhalten, tierschutzrelevantes Verhalten, Aggression, Wut, Unbeherrschtheit. Kein Preis ist ihnen zu hoch für den persönlichen Erfolg, die Anerkennung, die Zugehörigkeit.

Pferd ist im State 2 (Fight), Reiter im State 1 (Reguliert)
Ich betone an dieser Stelle, dass die Fight Response beim Pferd aus einer Angst um sein Leben, zum Selbstschutz und aus dem Bedürfnis, die eigene Sicherheit zu gewährleisten, entsteht, nicht aus der Motivation »frech«, »böswillig« oder »zickig« zu sein. Der Fight State ist ein natürliches Verhaltensrepertoire, das in der menschlichen Welt gefährliche Auswirkungen hat und daher vom Menschen in »Benehmen« umprogrammiert wird. Unsichere und sensible Pferde, deren Kommunikation der Mensch nicht versteht, fallen in diesen State, weil der Reiter für sie nicht einschätzbar ist. Sie haben kein Vertrauen in dessen Führungs- und Regulationskompetenzen.

Fight Response entsteht beim Pferd zum Selbstschutz und nicht, weil es böswillig oder frech ist.

Ist dem Pferd die Flucht nicht möglich, kippt das Nervensystem in den Fightmodus. Sind weder Fight noch Flight möglich, geht das Nervensystem in die Freeze. Dieser Wechsel der States vollzieht sich im Bruchteil von Sekunden. Im Freeze halten viele Pferde noch lange die Tortur manch eines Reiters durch, der sich nicht im State 1 halten konnte und selbst über die spiegelneuronale Aktivierung in State 2 gekippt ist, bis sie in die erlernte Hilflosigkeit wechseln. Beides gleicht einem »Sich-Ergeben«.
Ist das Pferd in der Fight Response, zeigt es in der ersten Phase Symptome wie Steigen, Treten,

Tänzeln. In der zweiten Phase sucht es die Lösung erneut in der Flucht durch schnelle oder bockende Bewegungen, die auf den menschlichen Körper unkoordiniert und unvorhersehbar wirken, durch Festbeißen oder sich der Einwirkung entziehen. Es ist ein angstgeleiteter Zustand, der weit entfernt von Bestleistung ist. Nichts, aber auch gar nichts, hat dabei etwas mit Dominanz dem Menschen gegenüber zu tun. Nur ein Reiter, der das begreift, bleibt emotional-psychisch gelassen reflektiert Timing und Effekt seiner Hilfen und nimmt das Pferd mit seiner Angst und dem Angstausdruck »Fight« wahr.

Ja, ich kenne den Umgang mit Sporthengsten und Deckhengsten selbst meisterlich und ausgezeichnet. Aber auch hier basieren viele Verhaltensmuster der Hengste anfangs auf Unsicherheit, Überforderung, Fehlkommunikation und Angst, später auf (unerwünschtes) Lernverhalten, das in unserer Welt durchaus gefährliche Ausmaße annehmen kann, weil der Reiter oder das Management nicht in der Lage waren, neutrale und emotionslose Konsequenz bei immer gleichem Timing zu wahren oder ihr Nervensystem schlicht im Angstmodus war. Auch die Aussage: »Es handle sich um einen Hengst, der müsse mal ordentlich …«, sehe ich kritisch. Beständigkeit, Klarheit und Konsequenz gibt es auch im State 1. Es ist kein Freifahrtschein, die Seele eines Hengstes zu brechen, nur weil wir mit seinem Selbstbewusstsein oder Angstausdruck nicht zurechtkommen oder die Bedingungen für das Hengst-Sein nicht gern erfüllen. Und wenn wir nicht damit zurechtkommen, dann gibt es dafür nur einen Grund: Wir selbst haben die Hosen voll.

Erlernte Aggression hat auch etwas damit zu tun, dass das Pferd hinter den Handlungen des Reiters keinen positiven Ausgang erwartet.

Haben Pferde aggressives Verhalten gelernt, dann nur, weil sie ein positives Ergebnis zum Selbstschutz dadurch bekommen (haben) und bisher keine andere Reizinterpretation abgespeichert ist. Erlernte Aggression hat auch etwas damit zu tun, dass das Pferd hinter den Handlungen des Reiters keinen positiven Ausgang erwartet. In beiden Fällen sollte das Nervensystem durch eine Gegenkonditionierung umprogrammiert werden.

Reiter und Pferd in State 2 (Fight)

Runter vom Pferd! Beide gehören in professionelle (verhaltenspsychologische) Betreuung. Mehr habe ich dazu nicht zu sagen.

3. STATE 3 FLIGHT RESPONSE

Ist die Flight Response durch Angst beim Pferd aktiviert, hat das überaktive sympathische Nervensystem des Pferdes signalisiert, dass etwas nicht in Ordnung ist. Die Fluchtreaktion ist aktiviert. Das Pferd fixiert mit beiden Augen einen Punkt und prüft Gefahren oder Alarmsignale.

Der Fokus liegt auf der Umwelt, anderen Pferden und menschlicher Interaktion. Sie mobilisieren mehr Energie für plötzliches und schnelles Handeln. Auch hektisches Umdrehen, um »die Gefahr« mit beiden Augen anzuschauen, ist ein typisches Verhalten von Pferden unmittelbar vor der Flight Response. Nun scannt das Nervensystem seine Umgebung, um zu sehen, wie das Nervensystem der anderen Pferde und Menschen ist. Wie fühlt sich mein Mensch? Ist der Mensch an dieser Stelle reguliert, kann Co-Regulation stattfinden und das Pferd beruhigt sich. Missversteht der Reiter die Sprache des Pferdes, lässt er sich schlimmstenfalls anstecken und sein Nervensystem ist ebenfalls in State 3. In diesem State können keine kognitiven Informationen verarbeitet werden. Emotionen haben im Gehirn das Sagen übernommen. Unsere Gedanken rasen und die Angst überflutet uns. Lernen ist nicht möglich.

Pferd im State 3 (Flight), Reiter im State 1 (Reguliert)

Diese Kombination liegt oft zwischen jungen Pferden und erfahrenen Reitern vor. Die Nervensystemregulation oder vielmehr der parasympathische Vagusnerv des erfahrenen Reiters hilft dem jungen oder ängstlichen Pferd zur eigenen Selbstregulation. Diese Reiter werden das Pferd nie lange im Fluchtmodus verweilen lassen, indem sie ihre Sicherheit auf das Pferd mit klaren Signalen und einem guten Timing von Körpersprache und Hilfengebung übertragen, damit das Pferd auf Ebene der Nervensysteme merkt, es ist sicher bei seinem Reiter. Erst dann kann eine Habituation an einen Reiz erfolgreich eingeleitet werden.

Erfahrene Reiter können den Stress- oder Fluchtimpuls in positive Energie wandeln.

Erfahrene Reiter können sogar den Stress- oder Fluchtimpuls in positive Energie wandeln und dem Pferd zeigen, wie es selbst lernt, sich zu regulieren und gestärkt aus der Situation hervorzugehen. Das Pferd lernt, wenn der Reiter ruhig und gelassen ist, dann kann es das auch sein. Diese Situationen müssen trainiert werden, da zur Co-Regulation der Reiter zwingend sein eigenes State erhalten muss. Schafft der Reiter nicht, das Pferd zu beruhigen, wird es sofort von State 3 in State 4 (Freeze) gehen.

Pferd und Reiter sind beide im State 3 (Flight)

Das ist von allen die gefährlichste Situation mit hoher Unfallgefahr. Ich behaupte, 99 % der Unfallsituationen sind zurückzuführen auf die Nervensystemkombination, bei der Pferd und Reiter jeweils im Fluchtmodus sind. Es passiert in Millisekunden blitzschnell. Ohne Beteiligung des Verstandes. Beide Wesen erliegen dem Limbischen System mit der alarmschlagenden Amygdala, die nur noch durch Flucht das Überleben sichern will. Die Co-Regulation und Anpassung der HRV an den Stress-State ist die einzige Gemeinsamkeit. Bei Flucht sieht das Pferd die Lösung im vorwärts oder seitwärts-rückwärts, der Reiter eher im rückwärts im Sinne von Kontrolle durch

Festhalten und Klemmen. Beide puschen sich gegenseitig hoch. Die Lösung: Erkenne, dass du und dein Pferd kein Match seid und ihr beide über Beritt oder Coaching stets Unterstützung braucht. Hast du andere Ziele, stelle dir die Frage, ob deine Ziele mit den Zielen deines Pferdes harmonieren und ob euer Nervensystem zur Erreichung eurer Ziele unter Co-Regulationsgesichtspunkten einen anderen Reiter/Pferd braucht.

4. STATE 4 FREEZE RESPONSE

Bei der Freeze Response gab es lange vorher viele Stresssituationen und gespeicherte somatische Marker für das Pferd, die der Körper nicht mehr bewältigen kann. Für das Nervensystem ist das zu lange eine zu hohe Anzahl an Spannung (viele Pferde zeigen dann Probleme im Magen-Darm-Trakt und Entzündungen im Körper, weil der Körper nicht mehr in der Lage ist, das hochregulierte Nervensystem zu regenerieren). Ist für ein Pferd Flucht keine Option – Kämpfen auch nicht, obwohl das Nervensystem die Energie für Flucht oder Kampf zur Verfügung stellt – geht das Nervensystem in die FREEZE RESPONSE. Das kann bei einer körperlichen Schmerzerfahrung sein oder der Erfahrung, aus einer stressenden Situation nicht herauszukommen. Das Pferd schottet sich ab. Die Energie friert ein und das Pferd ist wenig reaktiv bis stumpf. Viele Pferde schütteln nach einer Weile ihren gesamten Körper (manchmal auch mit Reiter oben drauf), um die erstarrte Energie abzuschütteln und sich so selbst zu regulieren, aus dem Freeze State in State 1 zu kommen.

Im Zusammenhang mit dem Freeze sprechen manche Pferdeexperten auch von dem Totstellreflex, obwohl ich an dieser Stelle betonen möchte, noch nie ein Pferd im Totstellreflex gesehen zu haben, indem es sich totstellend auf den Boden warf und erstarrte wie ein Opossum, eine Eidechse oder ein Kaninchen, wenngleich beim Anblick einer Kuh mir der Freeze-Zustand als Schockstarre durchaus bekannt ist (tonische Immobilität). Deutlich erwähnenswerter ist in diesem Zusammenhang die erlernte Hilflosigkeit beim Pferd, die ich der Freeze Response zuordne, sie allerdings bei den Lerntheorien statt bei der Neurobiologie einordne. Sie ist meiner Erfahrung nach neben der Fawn Response (neurobiologische Unterwürfigkeit) und dem erlernten unerwünschten Verhalten sehr stark vertreten auf den Reitplätzen dieser Welt.

Erlernte Hilflosigkeit ist, wenn das Pferd gelernt hat, dass es einem Reiz nicht mehr aus eigener Kraft entkommen kann.

Die erlernte Hilflosigkeit ist, wenn das Pferd gelernt hat, einem Reiz nicht mehr mit eigener Macht und Kraft zu entkommen, wie bei Hilfszügeln, Hilfsmitteln, unsachgemäßer Ausrüstung, manipulierendem Reiten, Haltung oder Umgang, mit dem Ziel, das Pferd gefügig zu machen und es sich seiner Hilflosigkeit hingibt, alles über sich ergehen lässt, nur um zu überleben (Hall et.al., 2008).

Beispiele: Wenn das Pferd nicht mehr auf den Schenkel hört, fand im Gehirn eine Reizfilterung statt und das Gehirn blendet den Reiz aus. Wenn das Pferd nicht mehr an das Gebiss herantritt oder bei gebisslosem Reiten viel zu eng läuft, hat es sich seiner Hilflosigkeit, nichts ausrichten zu können, dem unangenehmen Reiz zu entkommen, ergeben.

Achtung: Zeigt das Pferd absolut keine Anteilnahme mehr an der Umwelt, ist es weder schüchtern noch brav wie ein Teddybär noch ein Verlasspferd, sondern höchstwahrscheinlich durch ein Entwicklungstrauma oder Schocktrauma traumatisiert und befindet sich im Freeze oder Fawn Response. Auch neuromuskuläre Verspannungen im Rücken oder »blockierte Wirbel« können Spuren der Freeze Response sein.

Zeigt das Pferd keine Anteilnahme mehr an der Umwelt, ist es kein Verlasspferd, sondern höchstwahrscheinlich traumatisiert.

Wenn ein Pferd durch das Spiel wieder aus dem Freeze Zustand herauskommt, fühlt es sich im Körper unwohl und es kann zu Übersensibilität, Körperenergieentladungen und unkoordinierten Bewegungen kommen. Aber nur durch diese Energie kann das Nervensystem sich regulieren und der Vagusnerv aktiv werden. Das bedeutet, ein Pferd kann den Freeze Zustand nur durch die Sympathikusaktivierung verlassen. Das ist für unsichere Reiter herausfordernd, weil sie selbst davon profitieren, wenn das Pferd in der Erstarrung oder Unterwürfigkeit ist. Deshalb sind so unfassbar wenige Pferde selbstwirksam reguliert, sondern eher in der Angst oder Erstarrung. Die Wenigsten lernen, sich selbst zu lehren, dass Reiten und Menschen ungefährlich sind. Zur Erinnerung: Angst ist das Signal des Nervensystems, dass es eine Bedrohung oder Gefahr gibt. Schutzreflexe basieren alle auf (unbewusster) Angst, nicht wohlbehalten aus der Situation herauszukommen. Runtergebrochen ist es die Angst, nicht zu überleben.

Das Pferd geht in eine Freeze Response, um sein Überleben durch die übermäßige Aktivierung des dorsalen Parasympathikus zu sichern. Das Pferd zieht sich zurück, wird teilnahmslos, kraftlos, apathisch, hilflos wie Menschen in diesem State. Zusätzlich verlieren Pferde ihr Gangmaß und ihre Bewegungsgüte. Diese Pferde benötigen eine Menge Energie, um den Parasympathikus zu aktivieren und den regulierten Zustand zu erreichen. Reiter bedienen sich hier der Peitsche und anderen starken Stimuli. Das Pferd scheint auf nichts anderes mehr zu reagieren. Um ein Pferd aus dem Freeze herauszubekommen, bedarf es einer Erregung, das sogenannte Arousal, das auch durch Spiel hergestellt werden kann.

Spüren Pferde erneut eine Unsicherheit oder empfinden eine Situation als unsicher, springt der Freeze State erneut an. Auslöser können Trigger sein wie die Gestik des Reiters oder sein Verhalten (Proops et al., 2018; Baba, Kawai, Takimoto-Inose, 2019). Gleiches passiert, wenn aus der Aktivierung gefährliche Situationen entstehen. Die Energie sammelt sich, Insulin wird ausgeschüttelt, Opioide, die das Schmerz- und Stressempfinden senken (Gabor, 2021), steigen. Das Pferd zeigt weniger Gesichtsmimik, kaum Augenkontakt, zwinkert heftig, hat ein schlechtes Immunsystem, Unlust, sich zu bewegen, eine geringe Reaktionsfähigkeit, Unbeweglichkeit, Hilflosigkeit, Erstarrung, Erschlaffung.

Handelt es um eine traumatische Überlebensreaktion, schaltet sich das gesamte Nervensystem des Menschen durch den sogenannten Shutdown aus. Wir können nicht mehr klar denken, und wir funktionieren plötzlich nicht mehr wie vorher. Lernen ist nicht möglich.

Pferd ist im State 4 (Freeze), Reiter im State 2 oder 3 (Fight oder Flight)
Pferd ist in der Freeze Response und hat Angst oder ist durch die vielen Reize erstarrt. Es macht keinen Schritt mehr als nötig, läuft ausdruckslos, desinteressiert, unbeteiligt, triebig, bleibt plötzlich hinter der Hilfe, tritt nicht mehr an den Zügel, versteckt sich, klappert apathisch mit dem Gebiss, lässt sich weder auf die Schenkelhilfe noch auf die Stimmhilfe motivieren und hat vor lauter Angst keine Neurotransmitter-Kapazität mehr zur Flucht. Der Reiter kann das Pferd nicht pferdegerecht aktivieren, weil er selbst gestresst ist und sein Nervensystem im Fight oder Flight Response feststeckt. Im State Kampf beantwortet der Reiter die Erstarrung des Pferdes mit jeglichen (zuweilen unfairen) Mitteln, um das Pferd ins Laufen, in den Reiter-Gehorsam zu bringen. Im State Flucht reagiert der Reiter mit Angst, Unsicherheit, Passivität und Rückzug, was die Erstarrung des Pferdes unbewusst fördert. Eskaliert der Kreislauf, beide stecken in ihrer Angst fest, kann das Pferd schon beim Riechen oder Hören des Reiters in den Freeze-Zustand kommen. Beide sind frustriert. Das Pferd versteht den Reiter nicht und der Reiter kann sich nicht auf das Pferd einlassen. Das Pferd lässt sich irgendwann nicht mehr bewegen, wirkt wie ein Stein, ist unmotiviert und blendet aktivierende Reize im Gehirn aus, um sich zu schützen. Schnell ist dann die Schwelle zur erlernten Hilflosigkeit erreicht und das Pferd lässt vieles nur noch über sich ergehen. Das Nervensystem hält nur noch die überlebenswichtigen Funktionen aktiv, darunter zählt das Funktionieren für den Reiter nicht …

Im State Kampf beantwortet der Reiter die Erstarrung des Pferdes mit zuweilen unfairen Mitteln, um das Pferd ins Laufen oder zum Gehorsam zu bringen.

Reiter ist im State 4 (Freeze), Pferd im State 1 (Reguliert)
Unsere Herzfrequenz und die gesamte Stoffwechselaktivität im gesamten Körper reduzieren sich im Freeze drastisch bis hin zum Kollaps, Panik, Angststarre, Trauma, mangelndes Engage-

ment und Apathie. Wir können weder die Anweisungen des Trainers umsetzen noch eigene Entscheidungen treffen. Wir hören nichts mehr, fühlen nichts mehr, spüren das Pferd nicht mehr, haben keine Koordination mehr, wissen nicht mehr, in welcher Gangart wir sind, haben kein Gefühl mehr für das Tempo, unser Herz ist in der Hose, wir sind komplett handlungsunfähig und verlieren die Kontrolle. Werden wir in diesem State vom Trainer angebrüllt, bestärkt das die Dysregulation im Nervensystem. Selten wechseln Reiter ihr State durch Brüllen des Trainers oder der Eltern, es sei denn, die Angst vor dem Trainer wird stärker als die Erstarrung und führt sie in den Kampf- oder Fluchtmodus. Zumindest können so über die Angst kurzfristig eine Aktivierung und ein Statewechsel stattfinden. Selbstwirksamkeit lernt der Reiter so jedoch nicht, denn Lernen ist nur in State 1 gehirnmechanisch möglich.

Selten wechseln Reiter ihr State durch Brüllen des Trainers.

Turnierreiter erleben den Freezemodus oft wie in Trance. Die Energie der Angstgefühle und Nervosität konnte nicht als positive Aktivierung umgewandelt werden und steckt noch im Körper fest. Hinterher können diese Reiter sich nicht mehr erinnern, wie die Prüfung war, wo an welcher Stelle das Pferd was gemacht hat. Hauptsache vorbei. Erst dann scheinen sie wieder atmen zu können. Erleichterung macht sich breit und der Druck scheint von ihnen abzufallen.

Bei traumatischen Erlebnissen kann die Freeze Response zur Bewusstlosigkeit führen.

Beobachten wir Stürze oder Verletzungen bei anderen, können sie bei uns spiegelneuronale Erstarrung auslösen. Wir sind unfähig zu helfen. Auch in Situationen, in denen unser Pferd uns urplötzlich tritt oder beißt, umstößt oder ansteigt, kann statt des Fluchtmodus die Freeze anspringen und wir erstarren vor lauter Schreck. Sicherlich reagiert der eine oder andere in diesem letzten Beispiel auch mit dem Kampfmodus und maßregelt das Pferd.

Wenn der Reiter im Freeze eingefroren ist, beispielsweise bei Hilflosigkeit, Unsicherheit, körperlichen Beschränkungen, Angst und Panik, mangelnden Fähigkeiten und mangelnden Kenntnissen über das Pferdeverhalten, kann ein Pferd mit genügend Ressourcen im State 1 diesem Reiter helfen, mit Co-Regulation aus dem Freeze herauszukommen. Dazu muss das Pferd gelernt haben, sein eigenes Nervensystem bei unterschiedlichen Reizen in der Welt des Menschen stabil zu halten und dem erstarrten Reiter mehr Aktivität zur Verfügung zu stellen. Die Co-Regulierung findet dann über den State 2 (normale Sympathikusaktivierung im Stresstoleranzfenster) statt. Das Pferd wendet viel Energie und Kraft auf, um den Reiter hochzuregulieren. Zur Erinnerung: Pferde sind Energiesparwesen. Solange du dein Pferd Kraft kostest, wird dein Pferd dich niemals als Kraftquelle sehen und dich auch nie als Option der Co-Regulation für ihn selbst in Betracht ziehen. Ihr seid kein Match und werdet es auch nicht. Es sei denn, du lernst, im Nervensystem eine Reorganisation deiner Gefahrenwahrnehmung vorzunehmen. Gleichzeitig muss dein Körper, der nie einen emotionalen Stresszustand vergisst, durch Emotionsregulationstechniken von altem Schmerz befreit werden. Reiter mit Sturzerfahrungen sind oft nicht mehr in der Lage zu erkennen, wann sie sicher sind und wann sie eine mögliche Gefahr nur katastrophisieren. Es ist schwierig, sie aus diesem Muster herauszuholen, wenn ihr Nervensystem einmal mit Freeze für Überleben gesorgt hat. Diese Reiter brauchen zunächst in anderen Menschen oder Pferden einen Ort der Sicherheit.

Für Trainer und Eltern: Ärgerlich zu werden mit einem Reiter, der im Freeze ist, bringt nichts. Das Nervensystem ist mächtiger als der Wille. Kein anderer Mensch hat die Macht, den Reiter aktiver zu bekommen, wenn das Nervensystem die Energie einfriert. Hier hilft es, dem Reiter durch Atmung die Co-Regulation in den State 1 anzubieten, vorausgesetzt, der Trainer/das Elternteil hat sich selbst emotional im Griff. Reiter im Freeze brauchen viel Unterstützung (nicht Kritik) im Umgang mit ihrem Pferd. Sie werden schnell für untalentiert gehalten und glauben es meist selbst noch. Erinnert ihr euch – lieber Trainer, liebe Eltern – an Momente, in denen ihr nicht an euch glaubtet, der Trainer jedoch tat es? Er konnte dich zu Höchstleistungen anregen, dich über deinen Schatten springen lassen, du trautest dir Dinge zu, die du nicht für möglich oder erreichbar gehalten hast. Wir Reiter brauchen diese Erlebnisse, die nur durch eine Co-Regulation im State des regulierten Vagusnervs, also in sozialer Verbundenheit, möglich sind. Der Trainerrolle kommt hier eine ganz neue Wertigkeit zu!

Reiter in der erlernten Hilflosigkeit, Pferd im State 1 (Reguliert)

Bei Menschen ist die erlernte Hilflosigkeit ein psychologisches Phänomen. Reiter, die mehrfach hintereinander eine Aufgabenstellung nicht erfolgreich und selbstwirksam lösen konnten, beginnen mehr und mehr an sich zu zweifeln. Sie fallen durch die fehlende Lösungsmotivation in die erlernte Hilflosigkeit und fühlen sich dümmer, frustrierter und gestresster. Die typische Lektion ist das Kurzkehrt, die Pirouetten oder das Reiten von Distanzen. Sie werden mit jeder Reitstunde hilfloser und verfallen der Resignation, es eh nicht hinzubekommen.

Reiter müssen Erfolgserlebnisse sammeln! Es gibt nichts Wichtigeres beim Reiten.

Reiter müssen Erfolgserlebnisse sammeln! Es gibt nichts Wichtigeres beim Reiten. Wir müssen immer wieder die Erfahrung machen, die Aufgabenstellung oder auch schwierige Situationen lösen zu können. Unser Gehirn braucht das Erlebnis, es geschafft zu haben. Dann feuert das Limbische System Belohnungsemotionen und speichert die Lösung und unsere Handlungsfähig-

keit ab. Wir brauchen es, um den Mut und das Durchhaltevermögen für die Herausforderungen des Reitens zu erhalten.
Suchen wir eigenständig nach einer Lösung, verstehen wir die Erkenntnisse und das Gehirn speichert sie. Um gespeichert zu werden, muss eine Information unser Limbisches System aktivieren. Aktiviert eine Information unsere emotionalen Zentren nicht, drehen wir uns beim Reiten im Kreis und kein Wissen der Welt macht uns zu besseren Reitern.

Pferd ist im State 2 (Fight) oder 3 (Flight), Reiter im State 4 (Freeze)

Diese Kombination ist für Pferd und Reiter gleichermaßen gefährlich. Ist der Reiter unbeweglich und starr vor Angst, kann er weder reagieren noch angemessen agieren oder der vom Pferd produzierten Situation entgehen. Du musst zwingend lernen, dich zu beruhigen. Trenne dich optional von deinem Pferd, weil ihr beide eine tickende Nervensystembombe seid und unter diesen Umständen keiner keinem guttut – auch nicht unter Zwang oder verletzten Moralvorstellungen. Keine Partnerschaft muss vertraglich auf Dauer sein. Ganz im Gegenteil. Es gibt kein Gesetz auf der ganzen Welt, das besagt, sich nicht trennen zu dürfen. Es ist kein Zeichen von Schwäche, sich von einem Pferd zu trennen, sondern ein Zeichen von Stärke, zu erkennen, wenn das Pferd für die Regulation seines Nervensystems einen anderen Reiter braucht. Partnerschaft ist die Unterstützung des eigenen Weges für die Dauer des gemeinsamen Weges. Sieht das Pferd für sich einen anderen Weg vor, darf es sich einen anderen Reiter wünschen. Frage dich stets: Ist das Pferd wirklich das Richtige, um deine Bedürfnisse zu erfüllen? Im biopsychischen und biophysischen Interesse der neurobiologischen Nervensystemreaktionen ist es okay, sich zu trennen oder alternative Wege zu gehen!

Es gibt kein Gesetz auf der ganzen Welt, das besagt, sich nicht trennen zu dürfen.

Pferd ist im State 4 (Freeze), Reiter im State 1 (Reguliert)

Grundsätzlich können Pferde durch ein Entwicklungstrauma oder Schockerlebnisse in die Freeze Response gehen. Liegt ein Trauma vor, gehört das Pferd in pferdepsychologisch versierte Begleitung. Die Aktivierung kann bestenfalls über Spiel, Gegenkonditionierung und spielerische Triggerentmachtung erfolgen. Ist das Pferd durch schlechte Erfahrungen in der Freeze, können diese leichter als ein Trauma durch positive Erfahrungen neuronal umprogrammiert werden, meistens mit Bodenarbeit, spielerisch im Gelände, in Reiterspielen. Bei letzterem kommt auch der Reiter aus der Freeze. Jede motivierende Beschäftigung, die das Belohnungszentrum aktiviert, ist geeignet, um Pferde aus der Freeze zu bekommen.
Ich möchte an dieser Stelle auf eine Absonderlichkeit eingehen, die vielen Reitern nicht auffällt. Pferde in der Freeze zeigen plötzlich nicht mehr das Nervenkostüm, das sie in gewohnter Um-

gebung haben. Es verhält sich bei ihnen genau andersherum zu jenen Pferden, die auf dem Turnier oder in neuer Umgebung nervös und unsicher werden oder zur Flucht neigen, zu Hause jedoch alles relaxt mitmachen. Pferde im Freeze frieren in einer neuen Umgebung ein. Zum ersten Mal erlebt der Reiter das Gefühl, das Pferd wisse, »es käme nun darauf an und es müsse jetzt brav sein und abliefern«. Das ist natürlich Quatsch und nur ein menschliches Gedankenkonstrukt. Die Wahrheit ist, diese Pferde sind eingefroren. Sind sie zu Hause eher hochreguliert und hektisch, zeigen sie sich in neuer und fremder Umgebung wie ein Verlasspferd. Sie lassen sich besser handeln und auch das Reitgefühl ist besser als daheim. Kaum sind sie wieder zu Hause, reguliert sich der Vagusnerv und die alten Probleme kommen wieder.

Wir schauen uns noch die erlernte Hilflosigkeit an. Dieser State kann wie die Freeze auch auf alten Erfahrungen oder Traumata basieren. Das Pferd hat gelernt, durch zu viel Druck, Stress, Überforderung einzufrieren. Wollte es sich aktivieren, hat auch gelernt, dass es machtlos gegenüber dem Reiter ist. Deshalb schaltet sein Nervensystem in den Shutdown und friert ein. Viele Pferde reagieren nicht mehr oder nur noch wenig. Das bedeutet keinesfalls, dass sie den Reiter oder die Hilfe endlich akzeptieren, sondern dass sie aufgegeben haben. Im Verständnis von Selbstwirksamkeit muss das Pferd neu lernen, sich selbst zu regulieren, und profitiert von dem regulierten und ruhigen Reiter, der über State 2 (normale Sympathikusaktivierung im Stresstoleranzfenster) dem Pferd, genauer gesagt seinem Nervensystem, neue Verhaltenslösungen beibringen kann. Auch das freie Laufen, die Wiese und andere Pferde können den State durch Co-Regulation, also Aktivierung des Vagusnervs, ändern. Gleich bei welcher Arbeit: Das Pferd muss neue Verhaltensweisen erlernen, um sein Nervensystem neu und positiv zu programmieren.

Das Pferd muss neue Verhaltensweisen erlernen, um sein Nervensystem neu und positiv zu programmieren.

Pferd ist im State 4 (Freeze), Reiter im State 4 (Freeze)

In diesem Zustand brauchen beide – Pferd und Reiter – Hilfe von außen, die zunächst das Pferd aus dem erstarrten State herausbringt und den Reiter durch entsprechend aktivierende Übungen vom Boden spielerisch mit und ohne Pferd wieder leistungsfähig macht. Beide müssten sich im State 1 wieder annähern.

Pferde im State 4 (Freeze) – ohne Reiter

Es gibt das Lernen unerwünschten Verhaltens und es gibt Stereotypien wie Koppen, Weben, Boxenlaufen oder die Selbstverletzung. Das sind (zwanghafte) Verhaltensstörungen basierend auf einem Anpassungsmechanismus, wenn die Bedürfnisse des Pferdes nach Bewegung, ständiger

Nahrungsaufnahme, Sozialkontakt nicht erfüllt wurden (Gabor, 2021). Ähnlich wie bei der erlernten Hilflosigkeit kann das Pferd seine Bedürfnisse nicht mehr selbstwirksam befriedigen und eignet sich – anders als bei der erlernten Hilflosigkeit – eine Ersatzhandlung an, mit der das Nervensystem die Stresshormone abbauen kann. Zwingend müssen hier die Grundbedürfnisse des Pferdes (wieder) gesichert werden!

5. STATE 5 FAWN RESPONSE

Im Zustand der Fawn Response entscheidet das Pferd, dass es sich schützen oder für seine eigenen Bedürfnisse einstehen muss, und wählt dazu Überanpassung, Unterwürfigkeit oder Vereinnahmung. Oft halten diese Pferde keine Distanz zum Reiter und kommen immer wieder in ihren »Individualdistanzbereich« hinein (Gabor, 2021, S. 94f). Sie zeigen charmant aufdringliches Verhalten oder indikative (auf etwas zeigen) wie nicht indikative (Nicken oder Kopf schütteln) Gesten (Schütz, 2020).

Pferd ist im State 5 (Fawn)

Ist das Pferd in der Unterwürfigkeit/Überanpassung (Fawn), reagiert es zum Selbstschutz oft schmeichelnd, höflich, kooperativ und engagiert. Viele Pferde drängen sich mit dem Kopf in den Bereich des Reiters, um vermeidlich Aufmerksamkeit zu kriegen oder gestreichelt zu werden, obwohl sie im Trainingssetting sind, aber das tun sie nicht aus einem in Sicherheit befindlichen Nervensystem, sondern aus dem Part, der sich nicht sicher fühlt oder zur eigenen Bedürfnisbefriedigung. Wir haben das Gefühl, sie wollen auf den Schoß und suchen unsere Nähe. Endlich ist das Pferd, wie wir es uns wünschen. Brav, artig, zugewandt, gehorsam, aufmerksam mit anständigem (vermenschlichtem) Benehmen.

Pferde im Fawn versuchen, durch ihr unterwürfiges Verhalten aktiv dem Kontrollverlust zu entgehen, während Pferde, die in der Freeze Response sind, einen Kontrollverlust bereits erlitten haben und das Nervensystem die Reaktivität auf das Überlebensnotwenige reduziert.

Es ist in der Fawn Response keine Zuneigung, wenn das Pferd durch Körperkontakt ungefragt die Distanz des Individualbereichs unterschreitet.

Es ist in der Fawn Response keine Zuneigung, wenn das Pferd durch Körperkontakt ungefragt die Distanz des Individualbereichs unterschreitet. In der Pferdewelt würde ein rangniedrigeres Pferd nicht ungebeten in den Individualbereich eines ranghöheren Pferdes eindringen (Gabor, 2021). Tut es das doch, betrachtet das Pferd uns nicht als Leader. Ich persönlich betrachte die Beziehung zwischen Mensch und Pferd eher als bilaterale, kontextspezifische und stets veränderbare Interaktion fernab der historisch begründeten Konzepte menschlicher Dominanz-Herrschaft über die Tiere. In meiner Anschauung ist das Gehirn des Pferdes nicht zu

Führungs- oder Dominanzkonzepten fähig, da ihm das Gehirnareal fehlt. An seiner Stelle treten die besonderen Fähigkeiten des Hippocampus, der das bedeutsame Lernverhalten des Pferdes hervorhebt, sich tagtäglich in der Welt des Menschen zurechtzufinden und sich unfassbar flexibel den Stimmungen des Menschen anzupassen und zuweilen dazu die Fawn Response als Selbstschutz zu nutzen.

Interessant ist, dass die Fawn Response der Fähigkeit gleichkommt, den Menschen durch visuelle, auditive und taktile Signale für sich und seine Bedürfnisse einzunehmen. Pferde passen dazu ihre Kommunikation auf den Menschen an und senden Signale, wenn sie zum Beispiel vor einer für sie unlösbaren Aufgabe stehen (Ringhofer & Yamamoto, 2016). Das Pferd nutzt bestimmte Gesten, um die Aufmerksamkeit des Menschen zu beeinflussen und sogar zwischen aufmerksamen und unaufmerksamen Menschen zu unterscheiden (Proops & McComb, 2010). Studien zeigen, dass Pferde durch Blicke kommunizieren und die unterschiedlichen Aufmerksamkeitszustände der Menschen verstehen, um den Menschen aktiv um Hilfe zu bitten, wenn sie zum Beispiel nicht ohne menschliche Hilfe an bestimmtes Futter herankommen (Malavasi & Huber, 2016). Pferde können ihr Verhalten an den Wissensstand eines Menschen anpassen. Klartext: Sie wissen erstens, wie sie mit welchem Menschen umgehen müssen und zweitens besitzen sie ein überragendes Lernverhalten. Sie wollen in der Pferd-Mensch-Beziehung weder Status noch Führungsrollen (Hartmann, Christensen & McGreevy, 2017). Die will der Mensch.

Das Pferd nutzt bestimmte Gesten, um die Aufmerksamkeit des Menschen zu beeinflussen und sogar zwischen aufmerksamen und unaufmerksamen Menschen zu unterscheiden.

FAZIT

Fazit: Probleme beim Reiten haben immer etwas mit dem Gesamtorganismus Pferd zu tun. Tritt unerwünschtes Verhalten wiederholt auf, fand Lernen statt. Die Nervensystem-Response fand einmalig autonom statt und führte zu einem positiven Ergebnis aus Sicht des Nervensystems. Auch Bocken und Steigen ist ursprünglich eine natürliche Nervensystemreaktion, die allerdings erstmalig zu Drucknachlass führte und für das Nervensystem als Lösung abgespeichert ist. Um als Energiesparwesen im Fight State gegen den Menschen zu reagieren, muss das Pferd vom Menschen in eine Drucksituation gebracht worden sein. Natürlich können wir erlerntes, unerwünschtes Verhalten einer operanten oder klassischen Konditionierung nicht mit positiver Verstärkung, Gesprächskreisen oder Co-Regulation allein umprogrammieren. Dazu bedarf es der fachlichen Gegenkonditionierung aus und in einen regulierten State, indem das Pferd lernt, unserem Druck im richtigen Timing und bei der richtigen Reizintensität zu weichen/nachzugeben. Beim Steigen ist es andersherum. Das Pferd hat uns konditioniert, seinem Druck zu weichen/nachzugeben.

Die Kenntnis über die unterschiedlichen Kombinationsmöglichkeiten der Nervensystem-Responses macht es uns leichter und verständlicher, sich selbst zu erforschen und zu reflektieren, was der eigenen State mit dem des Pferdes zu tun hat und umgekehrt. Natürlich ist es für uns unerlässlich, bei der Arbeit mit Pferden wachsam auf reale Gefahren zu sein. In gewisser Weise machen wir täglich eine Gratwanderung zwischen reguliertem Vagusnerv und den States des Sympathikus. Wollen wir aber eine harmonische Verbindung zu und eine Sinnfindung mit unserem Pferd, müssen wir vertrauen lernen und uns auf das Pferd einlassen. Im Fight, im Flight oder im Freeze ist das schier unmöglich!

Wir haben die Verantwortung, herauszufinden, wie wir und unser Pferd sich alleine und wie wir uns gemeinsam sicher fühlen. Dazu bedarf es der Bewusstheit, ob wir selbst registriert haben, mit der eigenen Reaktion dem Pferd unbewusst zu signalisieren, dass es jetzt mit uns gefährlich, zumindest nicht mehr belanglos werden wird. Uns darf klar sein, dass eine mangelhafte Selbstregulation nur durch eine Co-Regulation (wieder) erlernt werden kann. Zur Erinnerung: Jedes Nervensystem braucht 2 Jahre Co-Regulation, um die Selbstregulation zu lernen.

Jedes Nervensystem braucht 2 Jahre Co-Regulation, um die Selbstregulation zu lernen.

Ein Nervensystem, das um Sicherheit und Überleben kämpft, kann sich nicht an das Gestern erinnern, weil nichts wichtiger ist als das Überleben. In diesem Zustand ist Lernen unmöglich. Wenn wiederum Gelerntes dem Pferd im regelmäßigen Trainingssetting nicht mehr zur Verfügung steht, dann nur, weil es in einer der möglichen Stressresponses ist. Diese Pferde sind dann auf Überleben fokussiert und nicht auf das Abrufen von gelernter Leistung oder das Lernen neuer Dinge. Die einzige Aufgabe des Menschen besteht dann darin, dem Pferd die Zeit zu geben, die es braucht, gestärkt und reguliert für sich selbst, die Erfahrung im Gehirn abzuspeichern: Ich bin sicher.

Ein Nervensystem, das um Sicherheit und Überleben kämpft, kann sich nicht an das Gestern erinnern.

Übung. Experimentiere

Wann fühle ich mich sicher, wann mein Pferd, wann wir gemeinsam? Jeder hat ein anderes Nervensystem. Experimentiere, was für euch gut und richtig ist! Es geht nicht um Kontrolle der Pferde, sondern darum, das Pferd zu lehren, sich selbst zu kontrollieren. Es geht darum, wie beide Nervensysteme die gemeinsame Zeit mit Spaß und Freude in State 1 verbringen, denn dort wartet eure Potenzialbombe, um zu lernen und zu wachsen.

Neurotransmitter

Unser biologischer Cocktail aus Biochemie, Physiologie und Psychologie bestimmt unser Reiten. Ein Ungleichgewicht der Nervenzellenbotenstoffe hat massive Folgen für Motivation, Kognition, Emotion, Motorik, Energie, Leistungsfähigkeit und Psyche. Die Zusammensetzung des Cocktails entscheidet über unsere Lernfähigkeit beim Reiten oder ob wir die Technik umsetzen können oder ob wir uns selbst im Weg stehen oder wie wir mit Stress und Überforderung umgehen. Es schadet also nie, sich Gedanken über seinen Neurotransmitterhaushalt zu machen.

Neurotransmitter sind anregende und/oder hemmende Botenstoffe im Gehirn. Sie haben in ihrer jeweiligen Funktion Einfluss darauf, wie wir uns fühlen. Beispielsweise unter Dopamin freuen wir uns und unter Adrenalin spüren wir Stress. Nicht ausschließlich, aber sie haben einen Einfluss auf Angstzustände. Neurotransmitter kommunizieren zwischen den Nervenzellen über elektrische und chemische Signale, die den Reiz am synaptischen Spalt über Rezeptoren im Nervensystem weiterleiten. Lies mehr dazu bei studyfix.de.

Zu den stärksten Stresshormonen zählen Adrenalin, Noradrenalin, Testosteron und Cortisol. Empfinden wir eine Situation als unvorhersehbar, nicht lösbar, beängstigend oder macht sie uns Angst, steigt beispielsweise Cortisol deutlicher an. Bereiten wir uns auf Kampf vor, steigt Testosteron dicht gefolgt von Noradrenalin deutlicher an. Noradrenalin führt zur Verengung der Gefäße. Wir haben eine schlechte Durchblutung und einen schlechten Schlaf. Der Sympathikus ist aktiv. Die Atmung wird schlechter, wir bekommen Herzrasen und so weiter. Wir können nicht schlafen. Bereiten wir uns auf Flucht vor, haben wir einen erhöhten Adrenalinspiegel. Das Belohnungszentrum wird deaktiviert und Angst aktiviert. In beiden Fällen ist der Sympathikus durch die stimulierenden Neurotransmitter übererregt. Wir fühlen Angst- oder Stressakzentuierungen.

In Wahrheit aber fühlen wir nur unseren Gehirnstoffwechsel, die Aktivität der Neuronen, Rezeptoren, elektrischen Signale und Neurotransmitter, die biochemisch aktiv sind. Vielleicht spüren wir auch, dass dem Körper Neurotransmitter fehlen, um die 70 Billionen Zellen mit ausreichend Nährstoffen zu versorgen. Wenn dem Körper einer der 47 Bausteine aus Eiweiß, Fetten und Vitalstoffen fehlt, fühlen wir uns schneller gestresst und es kann leichter zu dysfunktionalen Angstgefühlen, Stress, Konzentrationsmangel und Angstgedanken führen. Dem Körper ist es dabei egal, wie er an die Nährstoffe rankommt.

Massive Mängel im Nährstoffbereich führen zu Einschränkungen der Kommunikation zwischen den Nervenzellen. Hier ein interessanter Einblick:

Angstgefühle und Angstzustände können beispielsweise durch fehlende Stoffe wie Vitamin D, Vitamin C, L-Arginin, L-Tryptophan, GABA, Serotonin und/oder einen zu hohen Blutzuckerspiegel infolge von Adrenalin angefeuert werden. Tipp bei Unterzuckerung: Immer Schokoriegel oder besser noch Traubenzucker im Spint haben.

Stress kann durch fehlende Stoffe wie Magnesium, Curcumin (Wirkstoff aus der Kurkuma-Wurzel), Vitamin D, Vitamin C, K2 ausgelöst werden. Anhaltender Stress kann ebenfalls den Blutzucker dauerhaft erhöhen, weil Adrenalin die Freisetzung von Insulin hemmt und die Freisetzung von Zucker ins Blut fördert.
Schlafprobleme können durch einen Mangel an Tryptophan, Serotonin, B6, B12, Melatonin forciert werden.
Konzentrationsprobleme werden durch einen Mangel an B6, Zink, L-Carnitin, L-Threonin, L-Tyrosin begünstigt.

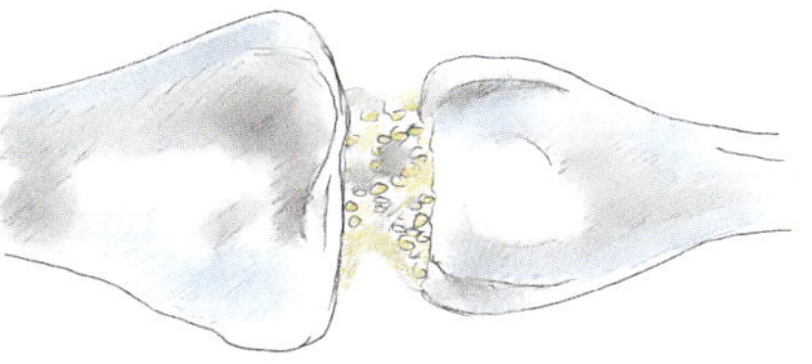

Neurotransmitter sind chemische Botenstoffe zur Weiterleitung von Reizen zwischen Nervenzellen am synaptischen Spalt.

Pferde riechen Stresshormone

Pferde riechen Stresshormone wie Adrenalin und Cortisol von anderen Pferden und vom Menschen (von Lewinski et al., 2013; Naber et al., 2019). Das bedeutet: Pferde riechen Angstgefühle, die mit den 4Fs einhergehen. Gleichzeitig spüren sie die höhere Schwingungsenergie der Emotion Angst über die veränderte HRV. Zusätzlich riechen sie unsere Unruhe über die aktiven Schweißdrüsen. Studien zeigen, dass sich die Herzfrequenzvariabilität bei Pferden verändert, die dem menschlichen Angstgeruch ausgesetzt sind und dass sich die menschlichen Stressgerüche auf das autonome Nervensystem des Pferdes auswirken (Lanata, et al., 2018).
Studien belegen, dass Pferde rein olfaktorisch, also mit dem Geruch, menschliche Emotionen erkennen können, da sie 1066 Gene für Geruchsrezeptoren haben (Sabiniewicz et al., 2020). Im Vergleich: Ein Mensch hat nur 396 Gene für Geruch (Matsui, Go & Niimura, 2010). Das heißt, im Laufe der Evolution sind die olfaktorischen Sinne beim Pferd deutlich stärker erhalten als beim Menschen. Diese Erkenntnisse sollten uns viel mehr sensibilisieren, dass Pferde (übrigens auch Menschen) über Chemosignale kommunizieren (Saslow, 2002; Krüger & Flauger, 2011). Diese Art der Kommunikation findet vorbewusst statt und ist daher für uns kognitive Wesen noch schwieriger, verstanden und erfasst zu werden.
Noch unverständlicher ist es für den Verstand, zu begreifen, dass Pferde keine Sehwesen sind. Ihre Augen können nicht annähernd so viele Farben sehen und sie kommen schwieriger mit wechselnden Lichtverhältnissen zurecht, was ihnen starke Probleme bereitet, wenn sie ständigen Lichtunterschieden ausgesetzt sind, wie es oft vorkommt, wenn wir vom Dunklen ins Helle laufen oder andersherum (Saslow, 2002).
Pferde können nicht mehr als 60 % ihres Sichtfeldes scharf sehen (Gabor, 2021). Störungen und Gefahren scheinen immer auf der rechten Hand zu kommen. Warum? Der Gefahrenscan und

der Angstabgleich finden neuronal mit dem linken Auge statt, das mit dem rechten Angstalarmzentrum (Amygdala) direkt verbunden ist und Stresssymptome auslöst (Proops et.al., 2018). Das rechte Auge ist mit der linken Amygdala verbunden und aktiviert prosoziales Verhalten und positive Emotionen (Schütz, 2020). Der Reiter konstruiert dann allerlei Geschichten, warum das Pferd rechtsherum schreckhafter ist, wo er doch schon 100 mal von der anderen Hand daran vorbeigegangen ist. Ja, weil die Information »ungefährlich« aus der einen Gehirnhälfte unterschiedlich auf der anderen Hirnhälfte verarbeitet wird. Das Pferdehirn muss also auf beiden Händen gehirngerecht trainiert werden. Sichtfeld und Informationsverarbeitung sollten pferdegerechter in das moderne Training einfließen.
Versetze dich in die Perspektive deines Pferdes! Wie kannst du dein Pferd reiten oder führen, damit es besser wahrnimmt über seine Stärken, dem Geruchssinn und dem Hörsinn, die beide über Distanzen von 1,5 Kilometern (Jones, 2022) bis zu vier Kilometern prächtig funktionieren (Gabor, 2021). Unverständlich für uns Menschen. Ist aber so.
Pferde meiden übrigens Reiter mit gestressten Gesichtsausdrücken (Wathan & McComb, 2014), erinnern sich an vorherige Gesichtsausdrücke, können »richtig« auf positive und negative Gesichter reagieren (Baba et al., 2019), können zwischen Emotionen wie Freude und Traurigkeit in der Stimme unterscheiden (Jardat et al., 2023) und sie sogar mit der Gesichtsmimik abstimmen. Sie reagieren auf Unauthentizität, wenn Gesicht und Emotionen nicht zusammenpassen und sie können sogar die eingespielte Stimme ihrem Reiter oder einem Fremden zuordnen (Nakamura et al., 2018).

Nahrungsergänzungsmittel für starke Nerven

Folgen wir der Annahme, dass Angst ein biochemischer Vorgang ist, der sich messbar neurochemisch und physiologisch abbilden lässt, könnten wir mit Nahrungsergänzungsmitteln die Auswirkung erhöhter Stresshormone mildern.

Supplements für starke Nerven wirken Wunder. Meine Empfehlung vorweg: Konsultiere vor der Einnahme von Nahrungsergänzungsmitteln im Falle von Schwangerschaft, Stillzeit, Unverträglichkeit, chronischen Darmentzündungen, Medikamenteneinnahme und Krankheit einen Arzt, Apotheker oder Heilpraktiker. Mache vor der Supplementierung einen Mikronährstofftest, aus dem deine Defizite ersichtlich werden.
Beachte, dass Nahrungsergänzungsmittel kein Ersatz für eine ausgewogene Ernährung sind. Beachte die Einnahmeempfehlung des Herstellers. Verzehre nur reine (ohne Zusatzstoffe), bioaktive Verbindungen, damit sie vom Körper ausgezeichnet absorbiert werden können und ihre Wirkung dir vollumfänglich zur Verfügung steht.

Meine Tipps beschränken sich auf die wirksamsten Nährstoffe, die mir selbst und meinen Reitern mit erstaunlicher Resonanz auf Stress, Angst und Nervosität geholfen haben.

Hole dir hier die Tipps: Supplement für starke Nerven

Anti-Stress-Mineral Magnesium

Magnesium (Mg) hat eine Wunderwirkung bei Angst und Stress (Boyle, Lawton & Dye, 2017). Daher widme ich diesem bedeutsamen Anti-Stress-Mineral ein eigenständiges Kapitel.

Ich habe mit Magnesium ganz erstaunliche Veränderungen beim Reiter mit Angst, Panik, Anspannung und Nervosität einleiten können, die sich in einem erheblich entspannteren Gehen des Pferdes widerspiegelten. Die Reiter waren deutlich weniger angespannt, gestresst und nervös in schwierigen Situationen, im Training und auf dem Turnier. (Bedenke bitte, dass nicht jede verminderte Leistungsfähigkeit auf einen Magnesiummangel zurückzuführen ist. Die Reittechnik musst du trotzdem lernen!)

Magnesium entspannt ebenfalls höchst effektiv das Nervensystem des Pferdes. Wichtig ist hierbei, dass du das richtige Produkt zu dem Problem deines Pferdes findest. Mg-citrat ist hervorragend geeignet für den Verdauungstrakt. Willst du aber, dass dein Pferd relaxter ist, macht Mg-citrat wenig Sinn. Viele Hersteller verwenden billiges und kaum verwertbares Mg-oxid. Fütterst du deinem Pferd Zucker oder ist Zucker in seinem Futter oder Zusatzfutter verarbeitet, hebt sich die Wirkung von Magnesium fünffach auf! Du müsstest also das Fünffache mehr füttern, damit Magnesium Auswirkung auf die Gelassenheit deines Pferdes hat. Auch an dieser Stelle noch einmal der Hinweis: Diese Tipps beziehen sich auf Reiter und Pferde ohne Krankheit, Trächtigkeit oder Krankheitsgefährdung und ersetzen nicht den Rat eines Mediziners und Tierarztes. Bei Unsicherheit der Verträglichkeit frag einen Arzt oder Tierarzt.

Magnesium ist nicht gleich Magnesium. Auf die Form und den von dir gewünschten Effekt kommt es an. Kennst du die Unterschiede noch nicht, dann pass jetzt gut auf. Da es viele Formen organischer und anorganischer Magnesiumsalze gibt, gehe ich hier nur auf die für Reitsportler mit Angstgefühlen und Nervosität oder Stress wirklich wirksamen Formen ein. Das sind meiner Erfahrung nach: Mg-bisglycinat und Mg-threonat. Zu Mg-oxid und Mg-tearat drücke ich meine Bedenken aus. Mg-citrat empfehle ich am Rande aufgrund der guten Studienlage zur Reduzierung der Migräneanfälle von über 41 % und bei Verdauungsproblemen (Mg-citrat-Effekte auf eine deutliche Stressreduzierung beim Pferd habe ich mit Mg-citrat bei keinem meiner Pferde erlebt).

WICHTIG: Cortisol verhindert die Aufnahme von Magnesium. Magnesium muss zwingend vor dem Stress zu sich genommen werden (oder dem Pferd verabreicht werden)!
Magnesium hemmt die Aufnahme von Eisen. Daher sollte Eisen in Verbindung mit Vitamin C zusätzlich eingenommen werden. Das ist vor allem für Schwangere wichtig, da für sie Eisen unerlässlich ist.

MAGNESIUM – DAS WUNDERMITTEL

1. Mein absoluter Geheimtipp: MAGNESIUMBISGLYCINAT.

Es gilt als besonders hochwertige Form von Magnesium. Glycin ist bekannt für seine beruhigende Wirkung. Die Bindung von Aminosäure Glycin an das Magnesiummolekül macht diese Form des Magnesiums im Vergleich zu anderen Magnesiumverbindungen im Körper hoch bioverfügbar und sehr gut absorbierbar. Es ist auch eine der Magnesiumformen, die am wenigsten Magen-Darm-Beschwerden und abführende Wirkungen verursacht. Magnesiumbisglycinat benötigt keine Magensäure zur Absorption, da es über den Aminosäuretransport in die Zelle gelangt.
Anwendung: Starke Angst, Stress, Aufregung, Konzentrationsprobleme, Schlaflosigkeit, verspannte Muskeln, chronische Schmerzen.

2. MAGNESIUMTHREONAT

bietet Vorteile und Unterstützung der Gehirngesundheit. Es kann einen positiven Einfluss auf die Kognition das Gedächtnis haben. Mg-threonat hilft, das Gehirn mit Energie zu versorgen. Es spielt eine entscheidende Rolle beim Lernen, bei der Stimmung und bei Gedächtnisleistungen. Es sorgt für eine Verbesserung des Kurz- und Langzeitgedächtnisses und kann zusammen mit Omega-3-Fettsäuren und Curcumin dazu beitragen, unsere mentale Aktivierung zu optimieren. Mg-threonat wird eine Schlüsselrolle bei der Neuroplastizität des Gehirns zugesprochen. Mg-threonat moduliert die GABA-Aktivität im Gehirn und kann somit eine signifikante Wirkung auf Angstzustände haben.

3. ACHTUNG bei MAGNESIUMOXID.

Es hat eine Bioverfügbarkeit von weniger als 5 % und ist von allen das schlechteste Magnesium für uns und unsere Pferde. Vorsicht bei Discountprodukten, in denen es kostengünstig verarbeitet ist.

4. ACHTUNG bei MAGNESIUMTEARAT (E572).

Es hat nur 4 % Magnesiumanteil. Es steht in der Kritik, das Nervensystem ab einer Einnahme von mehr als 5 % zu schädigen und Allergien auszulösen. Außerdem verhindert es die Aufnahme wichtiger Nähr- und Vitalstoffe. Dennoch ist es in 90 % der Nahrungsergänzungen vorhanden, weil die Industrie es als billiges Fließ- und Trennmittel nutzt, damit die Maschinen bei der Herstellung der Kapseln und Tabletten nicht verkleben und das Produkt keine Klumpen wirft. Kritiker betonen, die empfohlene Tagesdosierung Mg-tearat sei für den Menschen unbedenklich. In Studien ist das Thema umstritten.

5. MAGNESIUMCITRAT

kann bei Verdauungsproblemen und Migräne helfen. Anwendung: Migräne, Verdauungsprobleme, Verstopfung, PMS. Magnesiumcitrat macht nervöse Pferde nicht zwingend ruhiger. ACHTUNG: Wenn du ein Histamin-Problem hast, NICHT verwenden! 600 mg täglich können Migräneanfälle um 41,6 % reduzieren (Peikert, Wilimzig & Köhne-Volland, 1996). Tipp: Zusammen mit Q10 und B2 einnehmen. Mg-Citrate und Mg-Carbonate verursachen schnell Durchfall.

MAGNESIUM FÜR STARKE NERVEN

1. Magnesium ist an 720 Prozessen im Körper beteiligt. Es reguliert sehr viele biochemische Prozesse und trägt zelluläre Funktionen. Magnesium kann der Körper nicht selbst herstellen!
2. Entspannt die Muskeln und das Stress-Nervensystem, da es die Freisetzung der Neurotransmitter Adrenalin und Noradrenalin hemmt. Mit sinkendem Magnesiumspiegel steigt die Stressanfälligkeit.
3. Bei Sportlern, Leistung, Stress und starkem Schwitzen fällt der Bedarf an Magnesium vielfach höher aus. Teste deinen Bedarf. Anmerkung: Je mehr Zucker du isst, desto mehr Magnesium brauchst du, da der Zucker die Wirkung von Magnesium 5-fach schwächt. Übrigens: Eine Überdosierung auch bei Pferden um das 3- bis 4-fache führt zu keinen Nachteilen (Coenen & Vervuert, 2020).
4. Magnesium hat einen positiven Effekt auf Schlafstörungen. Nimm es ausreichend vor dem Schlafengehen oder wenn du Tage vor dem Turnier bereits Stress hast.
5. Lindert Angstgefühle, Aufregung, Nervosität massiv!
6. Steigert bedeutsam die Konzentration.
7. Meine klare Empfehlung: Magnesiumbisgylcinat, dicht gefolgt von Magnesiumthreonat.

Mit Kohärenz raus aus dem Angstmodus

Kohärenz ist die eigenständige physiologische und emotionale Regulierung von Stresszuständen und die Herstellung der harmonischen Zusammenarbeit von Atmung, Herz und Hirn. Ohne Kohärenz kämpfen Limbisches System und Präfrontaler Kortex um dieselben Ressourcen, nämlich unser Nervensystem. Fährt eine Emotion hoch, fährt der Verstand ohne Kohärenzregulation runter.

Kohärenz kann durch bewusste, langsame wie gleichmäßige Atmung (zum Beispiel 5 Takte einatmen und 5 Takte ausatmen) hergestellt werden. Wir sprechen dann von der Herzkohärenzatmung, die immer gleichmäßig ist. Über den aktivierten Vagusnerv beruhigt sich die Amygdala und damit verbunden das emotionale Stresslevel und der Präfrontale Kortex ist zu besserer kognitiver Leistung fähig (Critchley et al., 2025). Wir besitzen mehr geistige Klarheit und können bessere Entscheidungen treffen durch die Senkung des Cortisolspiegels (McCraty et al., 1998) und die Senkung des Bluthochdrucks (McCraty et al., 2003).

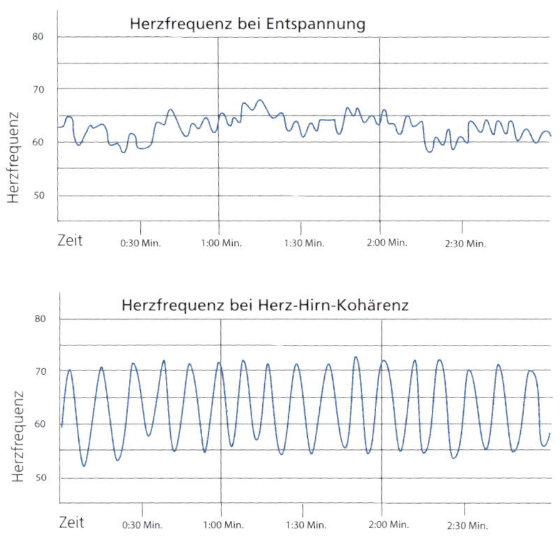

oben: Herzratenvariabilität (HRV) bei Entspannung und normaler Atmung.
unten: Herzratenvariabilität während einer bewussten Herzkohärenzatmung.

Kurzum: Die kognitiven Vorteile (Lloyd, Brett, Wesnes., 2010) der Kohärenz für das Reiten sind die allgemeine Verbesserung der kognitiven Leistung, ein besseres Kurz- und Langzeitgedächtnis, besserer Fokus, höhere Konzentration, bessere Performance (Li et al., 2013).

Mit Kohärenz lernen wir, Reiten mehr zu fühlen, statt kognitiv und emotional kein gutes Haar an uns zu lassen. Mit Kohärenz bekommen wir einen deutlich besseren Zugang zu unserem Gefühl, weil es keinen Anstieg des Stresslevels gibt und wir emotional ruhig bleiben. Außerdem kommen wesentliche Informationen aus dem Herzhirn über den Körper ans Gehirn. Zum Beispiel kann das Herz deinen Angstalarm aus der Amygdala über die HRV regulieren und Ängste überwinden. Sicherheit ist also immer in dir, in der Herz-Hirn-Kohärenz. Die Amygdala registriert deine Herzsignale. Ist durch die Kohärenz deine HRV regelmäßig, synchronisiert sich dein Angstzentrum und signalisiert durch die dreifach stärkeren Nervenfasern des Vagusnervs nach oben ans Gehirn Sicherheit. Durch diese Synchronität beruhigt sich auch dein Verstand und du bist wieder Chef im Sattel.

Kohärenz verändert also auch das körperliche System und hat einen positiven Einfluss auf den Trainingseffekt. Studien belegen beispielsweise, dass durch Kohärenzübungen geringere Werte von innerer Unruhe vorliegen (Deschodt-Arsac et al., 2018). Das bedeutet, bei Ängsten und Ko-

härenzübungen werden wir nicht aus unserer emotional-psychischen Balance herausgerissen, weil die Aktivierung der Herz-Hirnachse regenerative Prozesse einleitet.
Wenn du Angst hast, musst du aktiv bleiben. Tu was. Du darfst nicht starr werden. Wenn du aus deiner Mitte gerissen wirst, mach die Kohärenzübungen. Sie wirken blitzschnell, es bedarf keiner Übung, es ist keine Meditation und du benötigst nur 2 Minuten! Du kannst sie in jeder Situation anwenden. Es muss kein ruhiger Ort gewählt werden.

Übung Herzfokussierte Atmung

Zur Prävention. Sie bringt dich aus der Angst. Stell dir vor, als sei dein Herz die Lunge. Atme gleichmäßig fünf Takte ein und fünf Takte aus. Stell dir eine Situation vor, in der du Dankbarkeit, Stolz, Entspannung oder Ehrfurcht gefühlt hast. Verdopple diese Gefühle und atme sie in dein Herz. Verstärke mit jeder Einatmung in deine Herzgegend die Herzeigenschaften Liebe, Wertschätzung und Mitfreude.

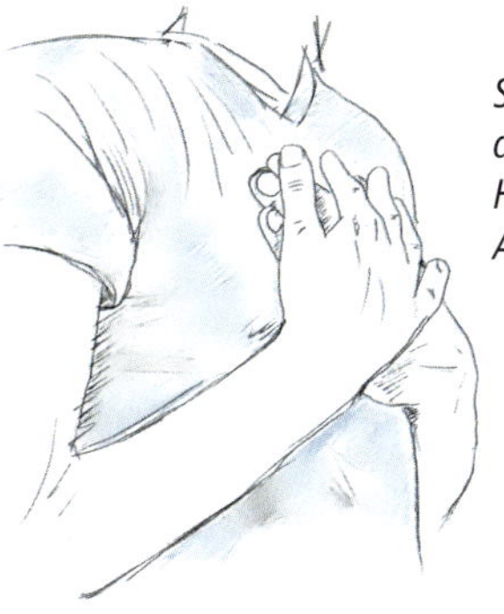

So intensivierst du die Übung Herzfokussierte Atmung.

Biofeedback-Training Herzratenvariabilität
(HRV-Messungen bei Reitern)

Die Herzratenvariabilität (HRV) gilt als zuverlässiger Parameter zur Bestimmung der Stress- und Emotionsregulationsfähigkeit (Koval et al., 2013; Reynard et al., 2011). Sie hat parasympathische Aussagekraft, wie gut es dem Präfrontalen Kortex gelingt, das Limbische System und das Angstzentrum zu beruhigen. Das Regulieren des Nervensystems funktioniert auf zwei Wegen: 1. vom Gehirn zum Herzen und 2. vom Herzen zum Gehirn. Die Frequenz und der Rhythmus des Herzens beeinflussen die Aktivität des Präfrontalen Kortex dreifach stärker, da die Nervenfasern vom Herzen zum Gehirn breiter sind (Mather & Thayer, 2018; Park & Thayer, 2014). Je höher die HRV, desto besser die Emotionsregulation Bottom-up (vom Herz zum Hirn). Die Stresswelle wird flacher.
80 % der Nervenfasern des Vagusnervs verlaufen vom Körper zum Hirn (Bottom-up) und nur 20 % vom Gehirn zum Körper (Top-down) (Howland, 2014). Das Herz sendet also mehr Informationen über den Vagusnerv zum Gehirn als andersherum. Das können wir uns im Reiten zunutze machen und gezielt den parasympathischen Zweig des Vagusnervs ansteuern, um 80 % mehr Gelassenheit in unser Reiten zu bringen. Der Vagusnerv übernimmt für uns über die HRV die Emotionsregulation und die Nervensystem-Response. Dazu müssen wir nur die Herzkohärenzübung trainieren.

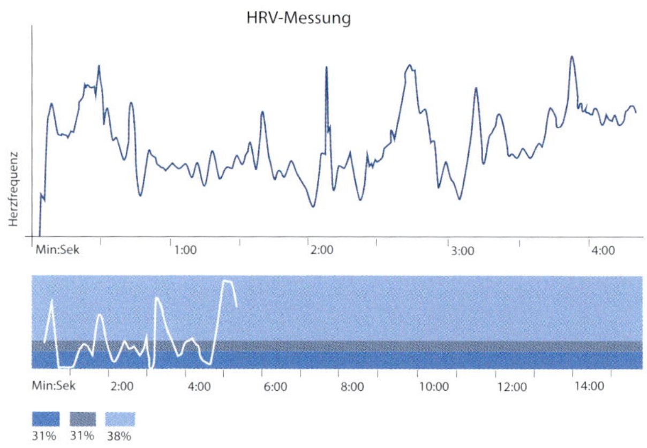

HRV-Messung mit Darstellung der unbewussten Prozesse beim Reiten anhand des messbar abgebildeten Biofeedbacks zum Aufdecken unbewusster Blockaden.

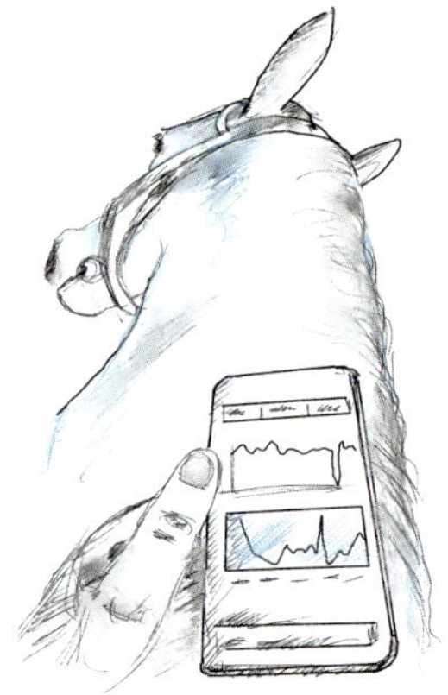

Messung des Biofeedbacks bei Reitern.

Ich führe an dieser Stelle hochinteressante Erfahrungen meines Biofeedbacktrainings für Reiter an. Die gesamten Prozesse von Pferd und Reiter lassen sich anhand der Herzratenvariabilität durch die HRV-Biofeedback-Analyse messbar darstellen. Auch etwaige Synchronisierungen in den Stresszuständen lassen sich darstellen. Hochinteressant und ein wahrer Gamechanger ist, wenn man schwarz auf weiß sieht, was seine Angstgefühle im Nervensystem des Pferdes ausrichten – oder andersherum. Pferde synchronisieren ihre Herzratenvariabilität mit der ihres Reiters (Naber et al., 2019). Je stärker die Interaktion mit einem vertrauten Pferd, desto stärker ist das Synchronisationsmuster. Bist du aufgeregt, ist es dein Pferd auch. Ist es das nicht, hat es selbst gelernt, sich in seinem State zu regulieren, oder es ist bereits in der Freeze Response.

Sind wir in einer Angstspirale, bringen wir unser Herz aus der Kohärenzbalance. Jede Emotion hinterlässt im Herzrhythmus ein spezifisches Muster und beeinflusst maßgeblich das Stressempfinden oder Glücksempfinden.
Beispiel: Hast du Angst, ist die HRV chaotisch und zeigt ein inkohärentes Schlagmuster. Deshalb fühlt sich Angst unangenehm an. Sympathikus und Parasympathikus sind in einem Chaos. Das hat Auswirkungen auf deine Atmung, Herzfrequenz, Blutdruck, Energie, Verdauung und Körperspannung. Interessant daran ist, der Puls erscheint nach außen gleich, aber die Herzratenvariabilität zeigt deutliche Unterschiede zwischen Emotionen.

Über die HRV lässt sich durch physiologische Aktivierung mit gezielten, rhythmischen Atemübungen der Präfrontale Kortex wieder aktivieren und die Angstgefühle minimieren. Wir lernen, uns emotional so zu regulieren, dass wir das, was wir zu tun haben, auch bestmöglich tun können.

Die HRV kann den Fokus, die Aufmerksamkeit, die Konzentration, den Überblick steigern und Lernen verbessern. Wir zeigen verbesserte kognitive Funktionen, eine Verringerung von Angst und Panik und können einen Zustand tiefer Entspannung durch Selbstregulation hervorrufen.

Aber der beste Effekt ist: Wir können den Stress senken und damit unsere stressbedingten Körpergerüche reduzieren. Zur Erinnerung: Menschliche Gerüche können beim Pferd sympathische und parasympathische Veränderungen im Nervensystem herbeiführen und Pferde emotional beeinflussen. Pferde reagieren dabei sowohl auf die ständig wechselnden internalen Zustände als auch auf den Geruch der Stresshormone des Reiters. Frage dich also, was das unerwartete Verhalten deines Pferdes mit deinen eigenen physiopsychologischen Zuständen zu tun hat.

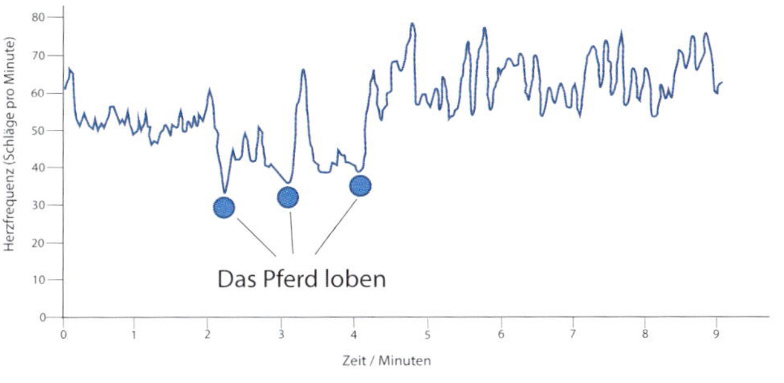

HRV-Messung eines Pferdes während des Reitens. Lob und Berührungen haben einen unmittelbaren Einfluss auf die Regulation des Stresslevels des Pferdes. Heartmath Newsxletter, Vol.5 Nr.1, 2006, S.4.

Top 5 der erfolgversprechendsten neurobiologischen Übungen zur Regulation des Nervensystems

Tapping

Tapping ist eine bifokale Klopftechnik Methode zur taktilen, multisensorischen Aktivierung der Emotionsregulation, mit der Angstgefühle, Angstgedanken, Nervosität, Ängste und Stress durch Klopfen unterschiedlicher Körperareale, insbesondere Kopf und Oberkörper, aufgelöst werden können. Studien konnten bereits mehrfach die Wirkung von Klopftechniken nachweisen. Tapping erhöht die Deltawellen im Frontallappen, aktiviert den Verstand und reguliert dysfunktionale Emotionen runter (Harper, 2012).

Andersherum lassen sich durch Tapping auch stärkende Emotionen im Körper ankern.

Eine Anleitung zu den einzelnen, unfassbar einfachen und hochwirksamen Techniken wie MET, EFT, PEP findest du im Internet oder direkt bei mir im Online-Einzelcoaching.

Mit Tapping kann der affektive Einfluss des Erlebten durch eine Reaktivierung des belastenden Themas und gleichzeitigem Klopfen parasympathischer Körper- und Meridianpunkte emotional neutralisiert werden. MET aktiviert durch Klopfen der Meridiane den Parasympathikus und macht zeitgleich den Limbischen Bereich des Gehirns zugänglich, was wiederum eine viel schnellere Verarbeitung der im emotionalen Gedächtnis abgespeicherten emotionalen Erinnerungen möglich macht. Während der Angsterinnerung, die wie ein echter Zustand plötzlich wach wird, schließt der Reiter seine offene Schleife (Integration der psychisch-emotionalen Abspaltungen), sieht das Erlebte in einem neuen Licht und kann zeitgleich in der aktivierten Angstreaktion sein Nervensystem regulieren. Dadurch springt der Präfrontale Kortex wieder an und er kann neue Lösungen für sein Problem finden, die vormals nicht sichtbar waren. Tapping zeigt, wie wir selbstwirksam unsere Emotionen und die erlebte Erfahrung unter Kontrolle bekommen.

Schon 1- bis 5-minütiges Tapping führt zu einer erheblichen Erleichterung bei akuten Angstzuständen, da es ein hochreguliertes Nervensystem oder Angstgefühle und Nervosität sogar innerhalb weniger Minuten bis zu 100 % regulieren und beruhigen kann.

Tapping steht nicht in Konkurrenz mit anderen Coachingformen, sondern in sensorischer Ergänzung zu ihnen. Beim Tapping geht es um ein zusätzliches Tool, Emotionen steuern zu lernen. So bist du deinen Emotionen nie wieder hilflos ausgeliefert.

Übung Tappen

Positives Selbstgespräch. Klopfe die Nierenpunkte unterhalb der Schlüsselbeine (alternativ tappe mit EFT, soweit dir die Technik bekannt ist). Sprich zeitgleich und laut folgende Sätze: Ich wähle, positiv zu mir selbst zu sprechen. Ich habe es verdient, mich selbst freundlich zu behandeln. Ich bin ein fähiger Reiter. Egal bei was ich gerade struggel oder in der Vergangenheit gestruggelt bin, ich bin fähig, große Dinge zu erreichen. Ich wähle, an mich zu glauben. Ich wähle, nur noch positive Selbstgespräche in meinen Kopf fließen zu lassen. Ich wähle, freundlich mit mir zu sprechen und positive Energie in meinen Körper fließen zu lassen. Ich kann tief einatmen und den Stress ausatmen. Ich wähle, positiv zu mir selbst zu sein und mich zu unterstützen.

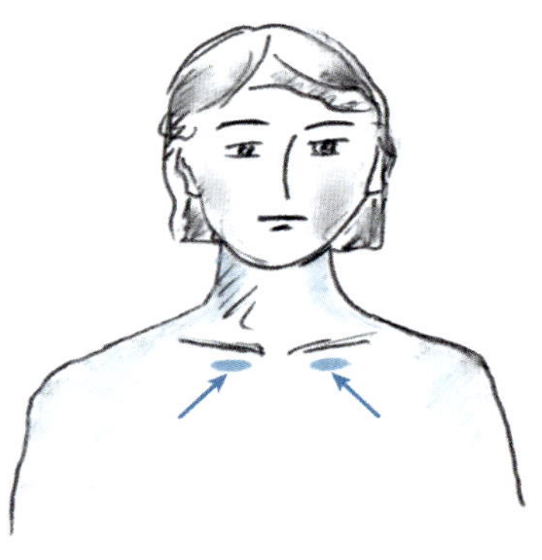

Position der Nierenpunkte unterhalb der Schlüsselbeine zum Tapping von Stress und Angst.

Übung Abklopfen

Dauer: 30 Sekunden. Diese Übung dient der Aktivierung. Einen wunderbaren Effekt hat sie, wenn du zur Erstarrung neigst, sobald es in die Prüfung geht. Klopfe deinen gesamten Körper mit deinen Handflächen und beginne bei deinen Armen. Klopfe Außenseiten, Innenseiten, Oberseiten, Unterseiten, Rückseiten aller Körperteile schnell und zügig mit einem aktivierenden Druck. Vergiss die Fußsohlen nicht, es sei denn, du hast Stiefel an. Reihenfolge: Linker Arm, rechter Arm, Hals, Kopf, Gesicht, Ohren, Nacken, Schultern, Oberkörper, Becken, Gesäß, rechtes Bein, linkes Bein. Schüttle dich aus. Wiederhole die Übung auf dem Pferd kurz vor deinem Einritt. Lasse dein Pferd unbedingt festhalten und klopfe blitzschnell nur die Körperteile, die problemlos erreichbar sind.

Visuell-Vestibuläre Angst

Je präziser visuelle Informationen wahrgenommen und verarbeitet werden, desto mehr helfen wir unserem Gehirn, die Anlässe für eine Angstauslösung zu relativieren. Dazu sollten wir das visuelle System schneller machen. So erkennen wir schneller, ob und welche Handlung für mehr Sicherheit sorgt.

Was bedeutet das im Klartext? Wenn du früher merkst, dass du fliegst, kannst du dich früher orientieren.

Das visuelle System macht Mustererkennung und löst sofort Reflexe aus. Es vergleicht gemachte Erfahrungen mit aktuellen Daten, die vorliegen und das Gehirn macht dann Vorhersagen über die Zukunft. Es empfängt Input, interpretiert ihn auf Gefahr oder Sicherheit und produziert dann

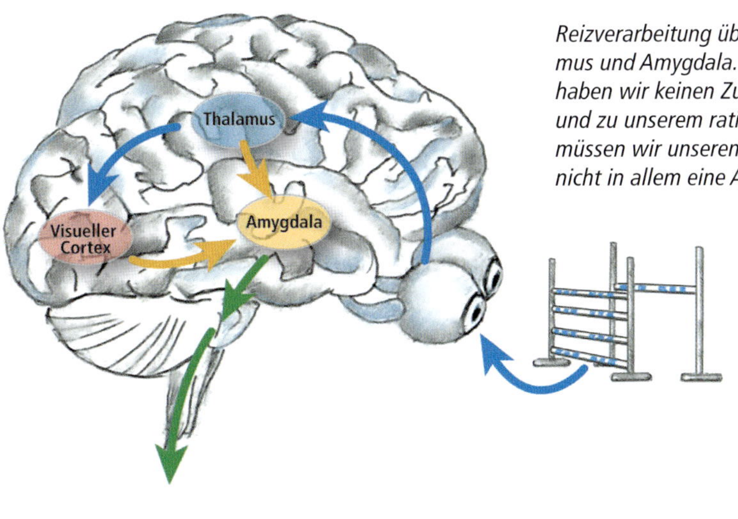

Reizverarbeitung über den schnellsten Weg Thalamus und Amygdala. Interpretieren sie eine Gefahr, haben wir keinen Zugang mehr zum Lernzentrum und zu unserem rationalen Verstand. Daher müssen wir unseren Sehnerv trainieren, damit wir nicht in allem eine Angst auslösen.

einen Output, um Sicherheit zu erhalten. Nur leider können wir uns oft nicht darauf verlassen, was wir wahrnehmen, da der Thalamus entscheidet, was wir bewusst wahrnehmen und was unbewusst direkt über die Amygdala oder über das Visuell-vestibuläre-System in Kopplung mit der Amygdala eine Angst auslöst.

- Trainieren wir die Schnelligkeit im Scharfstellen der Augen durch Nah-fern-Blicksprünge, trainieren wir gleichzeitig, schneller Entscheidungen treffen zu können, weil unsere Augen klarere und schärfere Informationen ans Gehirn senden. Suche dir auf dem Pferd einen nahen und einen fernen Blickpunkt. Stelle sie abwechselnd scharf. Springe nun, während du reitest von einem Blickpunkt zum anderen und stelle scharf.

- Trainieren wir Augenbewegungen nach rechts und links oder im und entgegen dem Uhrzeigersinn, aktivieren wir den parasympathischen Vagusnerv und werden ruhiger und gelassener. Auch diese Übung kannst du auf dem Pferd umsetzen. Beachte, dass du deine Augen, nicht deinen Kopf bewegen sollst! Übe zuerst im Stand, dann im Schritt, später auch im Trab und Galopp. Suche dir einen Feedbackgeber, der dich ertappt, wenn du den Kopf statt deiner Augen bewegst. Lerne, beides zu entkoppeln.

- Trainieren wir die Blickverfolgung, kann sie uns zu mehr Stabilität im Sattel verhelfen, weil wir unsere Balance schärfen. Gleichzeitig können damit auch dysfunktionale Emotionen gelöst werden, die im mittleren limbischen System (Angstzentrum) gespeichert sind.

- Trainieren wir, den Körper in alle Richtungen zu mobilisieren und zu kräftigen, verändern wir den Input unserer Augen und unseres Gleichgewichtssystems und generieren einen anderen Output. Diese Übungen sollen dem Körper (ohne Pferd) an extreme Positionen gewöhnen, damit unser Angstschalter wegen Balanceproblemen länger aus bleibt.

- Trainieren wir bilaterale Augenbewegungen, wie sie beim EMDR (Eye Movement Desensitization and Reprocessing (Desensibilisierung und Verarbeitung durch Augenbewegungen)) angewandt werden, können wir Angstzustände neuronal lösen, indem die Verarbeitung und Integration traumatischer Erfahrungen neu aktiviert, neu verarbeitet, gelöst und ihre offene Schlaufe im Körper geschlossen wird. Die Wirkung der Emotionen lässt durch die Blickverfolgung nach und die Angstgefühle lösen sich auf. EMDR ist als therapeutische Methode anerkannt. Allerdings zeigen neuste Studien (Harper, 2012), dass es zur Regulation der emotionalen Stresszustände nicht zwingend einer Blickverfolgung bedarf. Eine Blickfixierung im Winkel des stärksten Stressempfindens und das zeitgleiche innere Erleben der Stressbilder führen gleicher-

maßen zum regulierenden Erfolg. Wird zusätzlich und gleichzeitig das wechselseitige Tappen über Kreuz auf den Schultern angewendet, verdoppelt sich der regulierende Effekt.
Informiere dich über die Übungen bei deinem nächstgelegenen Neuroathletiktrainer. In den nächsten Kapiteln erläutere ich zwei Techniken, die in meinen Kursen von bedeutsamen Erfolg sind.

Übung Blick nach vorne

Reite mit deinem Blick nach vorne-oben in der Neigung wie ein Flugzeug, das gerade abhebt. Nur mit den Augen, nicht mit dem Kopf. Lasse deine Augen in der oberen Hälfte deines Gesichtsfeldes umherziehen. Lass dich nicht runterziehen! Das Starren auf den Hals des Pferdes erzeugt (unbewusst) eine deprimierte Grundhaltung, mit der zu schneller verzweifelst! Der Blick nach oben-vorne stärkt deine Positivität und Rumpfstabilität.

Technik Peripheres Sehen

Kennst du die Reiter, die unentwegt auf den Hals ihres Pferdes starren? Sie haben einen totalen Fokus. Leider blenden sie durch einen zu engen Fokus wichtige Informationen aus der Umwelt und der Pferdesprache aus. Nicht das gesamte Pferd ist in ihrem Fokus, sondern der hilflose Versuch, die Hals- und Genickposition zu kontrollieren. Zur Erinnerung: Anlehnung bekommen wir durch Gefühl, nicht durch Kontrolle.
Peripheres Sehen ist die Wahrnehmung in deinem unscharfen Gesichtsfeld. Kurzgesagt ist es die Wahrnehmung der Bandenprofis, ohne sie zu fokussieren, aber genau zu wissen, wo wer wie steht. Fokussierst du etwas, ist es dein scharfes Gesichtsfeld. Während du fokussierst, eröffnet sich umliegend dein peripheres Sichtfeld, mit dem du all die Dinge um dich herum wahrnehmen kannst, die das Pferd längst erfasst hat. Starren wir auf den Hals, sorgen wir aktiv dafür, dass unsere Reaktionsschnelligkeit und Auffassungsgabe zurückgebildet werden und wir gleichzeitig keine schnellen Entscheidungen treffen können, weil wir dem Gehirn viele Informationen über Raum, Zeit und Bewegung entsagen. Wir sind nicht optimal handlungsfähig in unerwarteten Situationen.
Unser peripheres Sehen ist besonders dann von Vorteil, wenn wir glauben, Situationen seien ganz plötzlich und unvorhergesehen »einfach so passiert«, während unser Pferd sie lange vorher angekündigt hat, wir sie nur schlicht nicht wahrgenommen hast.
Je größer der Radius deines peripheren Sehfeldes, desto mehr Neuronen feuern und machen dich schneller handlungsfähig. Gleichzeitig lernst du, ein Gefühl für die muskulären Nuancen deines Pferdes zu bekommen, sobald etwas in seinem Sichtfeld, Hörfeld oder Geruchsfeld ist. Sensibilisiere dich auf einen maximalen Radius durch das Setzen eines flexiblen Fokus. Challenge

dich. Halte deinen Blickpunkt in der Halle und erkenne umliegende Dinge, ohne hinzuschauen. Tipp: Fokussierst du dich zu sehr auf einen Bedrohungspunkt, kann dir das periphere Sehen Erleichterung geben. Schaue weg und entschärfe die Bedrohung durch die unscharfe Wahrnehmung.

Zweiter Tipp: Wenn du Probleme hast, Distanzen zu erkennen, ändere deinen Fokus. Versuche einmal, aus dem peripheren Sehen anzureiten. Dazu musst du zwingend dem Pferd die Aufgabe überlassen, dass es selbst einschätzen kann, wie sein Körper unverletzt zum und über den Sprung kommt. Das nennt sich Aufgabenverteilung im Rahmen einer funktionierenden Partnerschaft.

Übung Peripheres Sehen

Suche dir einen festen Punkt, den du mit deinen Augen fixieren kannst. Schaue ihn während der gesamten Übung an. Steure nun deine Aufmerksamkeit auf dein Sichtfeld oben rechts, ohne deine Augen von dem zentralen Punkt zu entfernen. Nimm wahr, was du erkennen kannst. Vielleicht siehst du Farben und Formen, vielleicht erkennst du Umrisse. Steure nun deine Aufmerksamkeit nacheinander auf dein Sichtfeld unten rechts, unten links, oben links. Nimm wahr, was du siehst, ohne hinzuschauen. Je mehr du diese Übung trainierst, wird sich dein peripheres Umfeld massiv erweitern. Beginne mit der Übung neben dem Pferd auf der Stallgasse, bevor du sie auf dem Pferd im Halten, später im Schritt, Trab und Galopp trainierst.

Tipp: Suche dir als Fixpunkt stets einen Punkt, mit dem deine Augen geradeaus blicken und dein Kopf aufrecht ist (kein Starren auf den Hals des Pferdes beim Reiten). So verbesserst du gleichzeitig, die korrekte Anlehnung peripher wahrzunehmen und mehr mit Gefühl zu reiten.

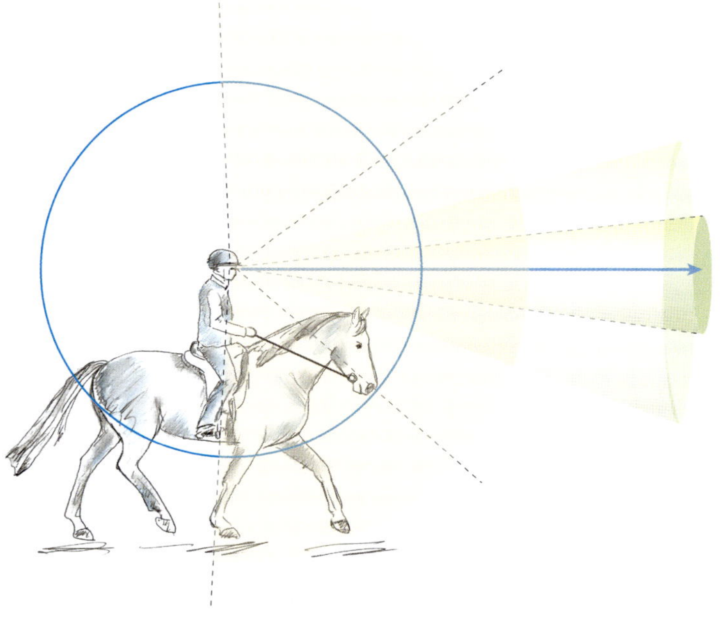

Farbbrillen

Das visuelle System kannst du auch mit Farbbrillen trainieren oder verändern. Die Wirkung von Farben auf die sportliche Leistung und in der Therapie auf Schmerzempfinden und Verspannungen ist mit beeindruckenden Ergebnissen wissenschaftlich erforscht. Manche Farben hemmen, andere aktivieren uns. Je nach Farbe verändern sie die Stimulation in unseren Hirnstrukturen. Setze Farblichtbrillen zur Steuerung des neuronalen Erregungsniveaus zur gezielten Kontrolle der Neurotransmitter und der Aktivierung des Gehirns sowie des Nervensystems. Farbbrillen erzeugen durch die unterschiedlichen Wellenlängen Afferenzen im Frontallappen und im Mittelhirn und können die maximale Leistung deutlich erhöhen. Die Erfahrungswerte sind Steigerungen zwischen 40 % und 70 %. Die Effekte können je nach Anwender variieren! Ich berichte hier ausdrücklich nur über meine Erfahrungswerte mit meinen Klienten und gebe Empfehlungen für Einsatzbereiche.

Erzielt die Farbbrille bei dir nicht den gewünschten Effekt, setze sie ab!

1. Grün

Wenig Gehirnaktivierung durch Reduktion kortikaler Aktivität, Angst hemmend, entspannend, Flow stärkend. Zu starke Hilfen werden dezenter, Affekte in Emotion und Wahrnehmung werden neutralisiert, beruhigend, ausgleichend bei nervlicher und muskulärer Anspannung, stärkt Vertrauen und Geduld. (Hilft bei Kopfkino; Katastrophendenken; Angst, Erwartungsangst, Angst vor Tempo; Regulation von Pferden beim Galopp, im Wald, auf dem Feld; ideal zum Ausreiten; mehr auf sein Gefühl hören; mehr Losgelassenheit; leichteres Auswendiglernen von Turnieraufgaben. Geeignet nach Verletzungen (auch Gehirnerschütterungen) und zur emotionalen Selbstregulation (auch bei Stress, Kopfschmerzen und Migräne I). Geeignet bei gestressten oder schwer zu regulierenden Pferden. Nicht geeignet für Reiter mit Trauma.)

2. Rot

Aktivierend, anregend, starke Reizwirkung durch Energieankurbelung für schnelle Reaktionsfähigkeit, sofortige Kraftsteigerung zum Beispiel bei starken Pferden, motivierend, aufmunternd, kann unvorsichtig machen, antreibend, stabilisiert den Sitz. (Gut geeignet bei passiven Reitern mit runterreguliertem Nervensystem oder bei triebigen Pferden. Hilfreich bei hypermobilen Reitern ohne Grundspannung. Nicht geeignet bei nervösen oder sensiblen Pferden! Keine Anwendung bei aggressiven und grobmotorischen Reitern! Keine Nutzung bei Pferden mit Angst!)

3. Blau

Parasympathisch aktivierend, Nervensystem und Atmung beruhigend, entspannend auf Muskeltonus, Angst reduzierend, schmerzlindernd, Anti-Stress. (Hilft gut bei Reitern, die hektisch und schnell atmen oder Schnappatmung bekommen; reduziert Aufregung; hektische oder zu starke Hilfengebung wird feiner; unruhige Anlehnung wird stabiler; minimiert Angst, Panik und Nervosität; kann Blackouts vorbeugen; ruhiges Anreiten von Sprüngen; gelasseneres Reiten von Lektionen wie KKW, Serienwechsel. (Geeignet für den Abreitplatz, für sensible, unruhige und ängstliche Pferde und Reiter. Gut nach Stürzen. Zur Linderung von Migräne II. Nicht geeignet bei Reitern mit Vermeidungsverhalten.)

4. Gelb

Sensorisch und motorisch aktivierend, mehr Grundspannung, erhöhtes Kontrastsehen, gesteigerte Konzentration und Auffassungsgabe; fördert Zufriedenheit, klare Zielvorstellung, kann mutiger machen, aktiviert das Nervensystem, macht wach, hebt die Stimmung. (Nicht bei hochreguliertem Stress nutzen! Keine Anwendung bei Übelkeit oder Schwindel. Eventuell nicht bei Angst vor der Höhe oder bei genereller Angst vor Sprüngen aufsetzen, da die Hindernisse schärfer und mächtiger wahrgenommen werden. Zur Verbesserung des Anreitens jedoch schon. Hilft bei Konzentrationsproblemen und zur effizienteren Feinabstimmung der Hilfen; kann den Verstand klarer machen, Leistung steigern; durchdachteres Reiten; der Reiter wird vorausschauender; stärkt Kognition und Übersicht. Verbessert deutlich das Reiten von Pirouetten. Geeignet für sensible, ängstliche oder nervöse Pferde. Hilfreich bei erhöhter Selbstabwertung.)

5. Orange

Hilft 1–2 Stunden vor dem Schlafengehen, die Melatonin-Ausschüttung zu aktivieren durch die Filterung von blauem Licht.

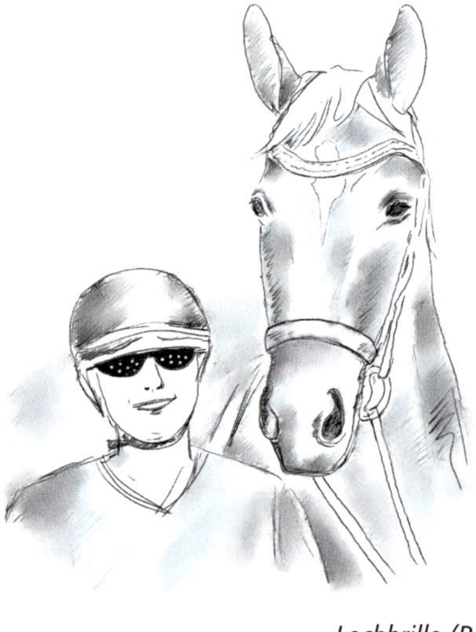

Special Tipp:
Lochbrille nach Gehirnerschütterungen

Nach Gehirnerschütterungen ist das vestibuläre System erschüttert und der Reiter reagiert oft licht- und/oder lärmempfindlich. Trage beim Reiten eine Lochbrille (auch Rasterbrille genannt). Sie reduziert die Lichtwellen um 80 %, hemmt die Nerven und reduziert das Datenvolumen auf dein Gehirn.

Mich interessiert deine Meinung sehr. Schreibe mir sehr gern an info@michaela-kronenberger.de, welche Erfahrungen du mit den Farbbrillen gemacht hast und wobei sie dir geholfen haben.

Lochbrille (Rasterbrille) zur Minimierung von Sehnervreizen.

Atemübungen

Obwohl jeder Reiter die wichtigste Ressource bei Angstgefühlen in sich trägt, lernt kein Reiter, gezielt zu atmen und sich und sein Pferd über die Atmung bei Angst und Stress selber zu regulieren. Klingt auch viel zu einfach, oder? Ist es auch. Es funktioniert, egal ob du daran glaubst oder nicht. Atmen ist nicht so kompliziert wie reiten! Wir haben unsere Atmung jederzeit bei uns und wenige Sekunden bewusst gesteuerte Atmung können alles verändern.

Neuste Studien aus der Neurowissenschaft belegen, dass die Atmung die neuronale Aktivität in der gesamten Großhirnrinde und auch im Limbischen System synchronisiert (Heck, 2019). Das bedeutet, die Atmung hat einen erheblichen Einfluss auf die Regulation von Angstgefühlen und auf die Steigerung der kognitiven Fähigkeiten. Besonders die Nasenatmung aktiviert durch die gekoppelte Bauchatmung den Parasympathikus, da der Luftwiderstand größer ist, und es dauert länger, bis die Luft entweicht. Der CO_2-Gehalt wird stabiler gehalten. Beim Ausatmen wird ein O_2-Mangel erzeugt, der sich positiv auf viele verschiedene Körperprozesse auswirkt, insbesondere die der parasympathischen Regulation. Gleichzeitig fährt der Präfrontale Kortex hoch und hemmt die Angstgedanken. Das Ergebnis: Ein atemrhythmisch reguliertes Nervensystem schürt kein Angstfeuer.

Nutze deine Atmung für dein Reiten, für deine Gelassenheit, für alle Übergänge in die niedrigere Gangart, zur Beruhigung deines Pferdes, zur Co-Regulation, zum Abschnauben, zum eigenen Wohlbefinden und um deinem Pferd zu signalisieren, dass keine Gefahr droht.

Achte ab sofort bewusster darauf, was deine Atmung mit deinem Pferd macht, denn sein Gehörsinn beginnt bei der Lautstärke der normalen menschlichen Atmung (Jones, 2022), die wir nicht einmal hören, erst dann, wenn der Mensch Schnappatmung hat oder bereits hyperventiliert. Die menschliche Atmung ist für ein Pferd ein Marker für Sicherheit oder Unsicherheit. Pferde kommunizieren über Atmung! Achte ab sofort auf sie wie auf einen Schatz!
Die richtige Atmung entscheidet auch über eine locker schwingende Mittelpositur oder ein festes Becken; über hochgezogene oder feste Schultern; über Erschöpfung, Blackouts und Konzentrationsmangel. Nacken- und Rückenverspannungen sind oft eine Folge von Hochatmung oder Flachatmung. Wer falsch atmet, hat keine stabile Sitzgrundlage, verliert oft den Takt oder sitzt gegen die Bewegung und ist froh, wenn der Mitteltrab oder der Starke Trab vorbei ist. Diese Reiter können mangels losgelassener Körpersprache nicht in eine stressfreie Kommunikation mit dem Pferd treten. Jegliche Art von Anspannung im Körper führt zu einer ungenauen Hilfengebung, sowohl vom Boden als auch im Sattel. Das Pferd muss raten, was gemeint ist und wird für das Falschgeratene womöglich noch zurechtgewiesen.

Glaubst du, du hast gar nichts gemacht, wenn dein Pferd Angst zeigt? Achte mal bewusst auf deine Atmung, was du deinem Pferd weit vorher signalisierst.
Challenge dich. Werde Atmungsdetektiv. Sobald du merkst, dein Pferd verspannt oder du verkrampfst, atme bewusster. Konzentriere dich für die nächsten Sekunden nur noch auf eine von dir ausgewählte Atemtechnik. Das effektivste Atemmuster ist die Zwerchfellatmung mit Nasenatmung. Langsam, sanft und ruhig, 10 bis 16 Atemzüge pro Minute. Atme in das Zwerchfell. So ist der Parasympathikus aktiviert und du gehst von einem zum nächsten Atemzug. Du bist präsent im Hier und Jetzt.

Trainiere ruhige, gleichmäßige Atemzüge in jeder freien Minute, in jeder Wartezeit, im Einkaufsladen an der Kasse, beim Putzen, beim Schrittreiten, in Übergängen, beim Spazierengehen, einfach bei jeder Gelegenheit, damit sie bei der nächsten Angst, Nervosität oder Panik zur Verfügung stehen. Atmung ist ein sicherer Garant für parasympathische Entspannung und Co-Regulation auf dein Pferd. Atmung macht dich zu einem Leader. Trainiere sie, wann immer du Schritt reitest oder Leerlauf hast, damit sie dir in Trab und Galopp und besonders in Lektionen oder in Angstsituationen bewusst zur Verfügung steht. Auch 2 Minuten haben bereits einen Effekt. Auch 30 Sekunden helfen dir. Aber tu es! Setzt du die Atmung bewusst ein, bist du nie wieder hilflos oder ohnmächtig vor Angst und Aufregung. Außerdem fühlst du dich sicherer, weil du weißt, dass du dieses Wunderpotenzial immer bei dir trägst.

Übrigens: Wenn du bewusst atmest, kannst du zeitgleich nicht grübeln. Trainiere vor jedem Ritt oder vor jeder schwierigen Lektion dein parasympathisches Nervensystem mit 1 bis 2 Atemübungen.

Übung Variation Atemtechnik

1. Atme zwei Mal kurz durch die Nase ein, halte die Luft kurz an, atme dann langsam und hörbar durch den Mund aus. Wiederhole es. Dauer: 5 Minuten. Das ist die effektive Übung, um ruhiger zu werden, weil sie im Grunde wie jede andere Atemübung auch überall kurzweilig trainiert werden kann.
2. Atme zwei Mal tief durch die Nase ein. Halte die Luft kurz an, halten und lange und langsam durch den Mund ausatmen und erneut halten. Spüre die Leerphasen im Oberkörper. Spüre, wie du deine autonomen Funktionen steuern konntest. Wird der Lufthunger zu groß, atme tief ein, langsam und noch langsamer wieder aus. Mache dir deine Entspannung bewusst, damit du sie später leichter abrufen kannst.

Übung Lieblingsatmung

Lege eine Handfläche auf deinen Bauch oberhalb des Bauchnabels am Sitz des Zwerchfells, die andere auf deine Brust in Höhe deines Herzens. Atme durch die Nase in den Brustraum ein und nimm die Bewegung gegen deine Hand wahr. Deine Brust weitet sich und mit der Ausatmung durch die Nase geht deine Hand zurück. Verlagere deine Aufmerksamkeit mit der nächsten Einatmung auf dein Zwerchfell und spüre, wie du deine Hand wegatmest. Entspanne dich in die Ausatmung hinein. Wiederhole die Übung 5-mal und lasse alle Anspannung los. Entspanne. Mit jedem Einatmen spüre, wie kraftvoll du deine Handflächen wegdehnen kannst. Erlaube dem Einatmen, zurückzukommen ohne etwas dafür aktiv tun zu müssen.

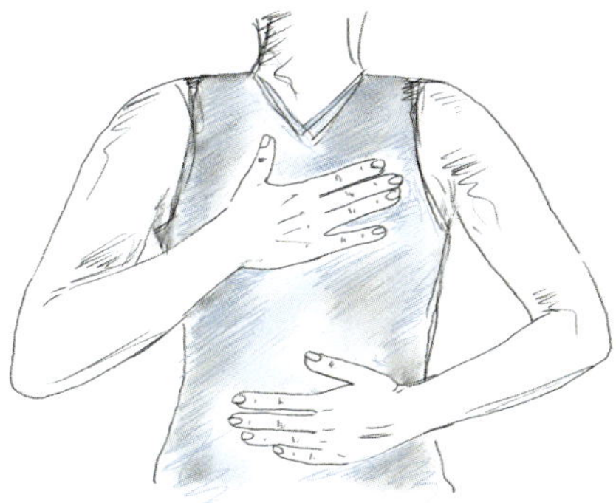

Brust-Bauchatmung

Übung Resonanzatmung zur besseren Konzentration

Atme durch die Nase 4 Takte mit der Bauchatmung ein und lege deine Zungenspitze dabei oben an den Gaumen/Schneidezähne. Atme durch den Mund sechs Takte aus, lasse die Zunge locker. Wiederhole die Übung auf und neben dem Pferd mehrfach, mindestens so lange, wie du eine Entspannung und einen besseren Fokus spürst.

Übung Kohärenzatmung

Atme vier Takte ein und vier Takte aus. Sanft und weich. Deine Einatmung ist genauso lang wie deine Ausatmung. Ein und wieder aus. Entspanne deinen Körper. Dein Geist wird immer klarer und wacher. Durch die Nase ein und wieder aus. Atme im nächsten Schritt fünf Takte ein und fünf Takte aus. Mache beliebig weiter.

Übung Atmung beobachten

Beobachte nur deine Atmung ohne einen bestimmten Rhythmus. Schon die reine Beobachtung reguliert bereits das Stressnetzwerk runter und aktiviert den Präfrontalen Kortex (Doll et al., 2016).

Übung Sa-ta-na-ma Atmung

Drücke deinen Zeigefinger auf deinen Daumen und sprich die erste Silbe aus: »Sa«. Drücke deinen Mittelfinger auf deinen Daumen und sprich die Silbe »Ta«. Drücke weiter hintereinander pro Silbe deine restlichen Finger auf den Daumen. Reihenfolge: Zeigefinger, Mittelfinger, Ringfinger, kleiner Finger. »Sa-ta-na-ma.« Beginne von vorne. Bis du ruhiger wirst.

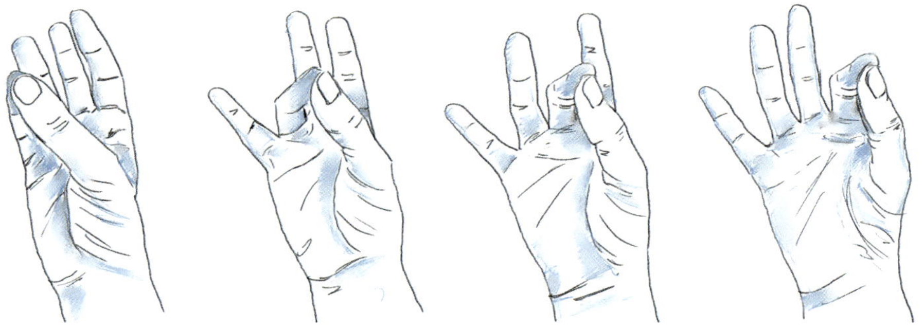

Energiegebende Worte in den Fingern ankern wie bei der Sa-ta-na-ma-Übung. Die Silben kannst du natürlich auch mit deinen persönlichen energiegebenden Worten belegen wie: Hier-Heute-Jetzt-Fokus.

Übung Boxatmung

Durch die Nase vier Sekunden einatmen. Vier Sekunden die Luft anhalten. Durch den Mund vier Sekunden ausatmen. Vier Sekunden die Luft erneut anhalten, dann erst wieder für vier Sekunden durch die Nase einatmen. Wiederhole die Übung vier Mal und steigere das. Sie kann auch auf dem Pferd angewandt werden. Führe sie so oft aus, bis du die wunderbare Wirkung auf dein Pferd wahrnimmst.

Übung Zwerchfellatmung

Der Zwerchfellmuskel hat eine wichtige Funktion bei der Atmung. Atmen wir mit einem trainierten Zwerchfell, verbessert sich unmittelbar unsere Körperhaltung auf dem Pferd. Wir sitzen gestreckter und können über das Becken feinere Gewichtshilfen geben. Unsere Halswirbelsäule wird aufrechter und Hals und Kiefer sind entspannter.

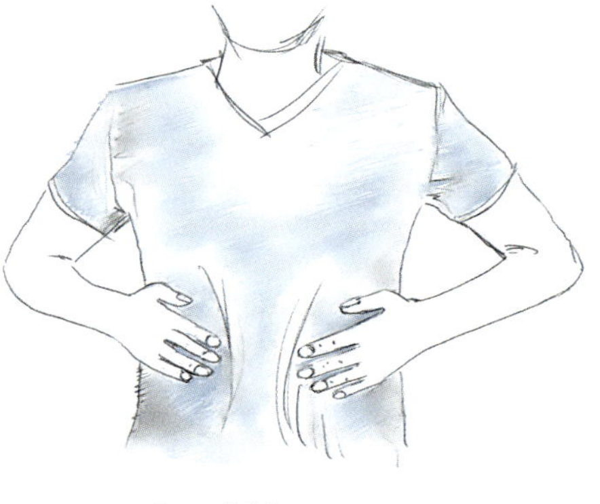

Zwerchfellatmung

Übung Pranayama-Atmung

Verbinde beide Gehirnhälften mit der parasympathischen Stimulation. Fixiere deinen Mittelfinger der rechten Hand in der Mitte der Stirn auf Höhe der Augenbrauen. Dein Daumen kann den rechten Nasenflügel zu drücken und deine Ringfinger kann den linken Nasenflügel zuhalten. Drücke den Mittelfinger mit angenehmen Druck. Halte nun einen Nasenflügel zu, atme durch die andere Seite ein und aus, wechsele dann. Halte die andere Nase zu und atme durch den anderen Nasenflügel ein und wieder aus. Mache das 3-mal täglich oder nach Bedarf für zwei Minuten. Gern auch länger.

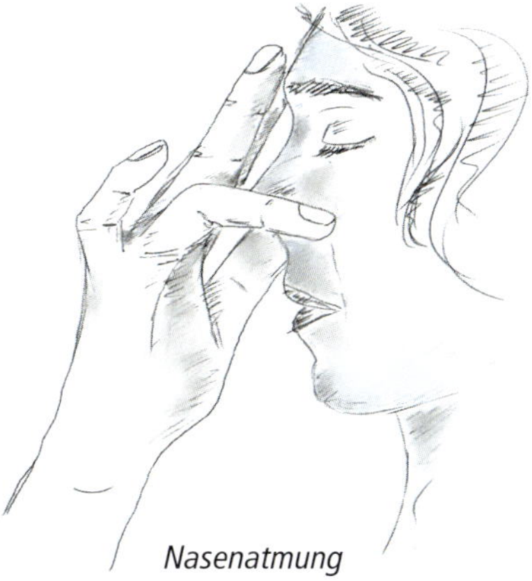

Nasenatmung

Vagusnerv

Der Vagusnerv ist der einzige Nerv, der parasympathisch ist. Er ist der zehnte Kranialnerv (von 12 Hirnnerven), braucht kein Adrenalin und ist nur aktiv, wenn der Sympathikus aus ist. Er ist für die Art, wie Reiter mit ihren Ängsten umgehen, in welchem kognitiven Zustand sie sind, in welcher Stimmung sie sind, von zentraler Bedeutung.

Wenn die Angst kommt, suchen die Reiter oft das Problem im Kopf. Die Lösung findet er aber nicht dort, sondern im Körper, genau genommen in der Stimulation des Vagusnervs. Verbinde dich mit deinem Körper, um die gestaute Energie der Angst wieder zu verteilen. Übe, wie man den Vagusnerv aktiviert, damit du es bei Stress abrufen kannst. Mit dem Vagusnerv kannst du dein Stresslevel bestenfalls um 67 % senken! (Howland, 2014).

ÜBUNG VAGUS-STIMULATION

1. Gesichtsyoga. Lege deine Handflächen mit leichtem Druck auf die Augen. Schnaube wie ein Pferd ab. Klopfe nun mit deinen Fingern dein ganzes Gesicht ab. Bewege jetzt deinen Hals nach rechts und links. Zeitgleich bewege deine Zunge in deinem Mund und außerhalb deines Mundes in alle Richtungen. Ziehe seitlich am Auge mit den Handflächen die Augenseite hoch und halte sie für einige Sekunden oben.
2. Nimm deine Hände in den Nacken und massiere ihn von oben nach unten. Atme in deine Verspannungen hinein und streiche sie aus. Lege deine Zunge an den Gaumen und schlucke

dabei. Lasse die Zunge am Gaumen liegen und atme ruhig weiter. So stimulierst du die Nerven im Kehlkopf.

3. Massiere hinter deinen Ohren mit leichtem Druck.
4. Tappe über Kreuz außen an den Schultern und unter deinen Schlüsselbeinen.
5. Drücke deine Zungenspitze gegen den Gaumen. Atme dabei ein. Lasse die Zunge los, wenn du durch den leicht geöffneten Mund langsam ausatmest.
6. Streiche deine linke Halsseite von oben nach unten mehrfach hintereinander mit angenehmem Druck aus.

Führe alle Übungen so lange aus, bis du ruhiger wirst.

Düfte gegen Nervosität und Angstgefühle

Jetzt kommt ein Gamechanger! Gerüche wirken direkt im somatischen Nervensystem und im Limbischen System (Hatt, 2019), also auch direkt in deinem Angstzentrum, der Amygdala, und über die Nase und über die Lungen Alveolen in der Blutbahn und können unmittelbar Signale der Entwarnung und Regulation an das Nervensystem senden! Sie beeinflussen somit ohne Beteiligung des Verstandes positiv unsere Koordination, Balance, Motorik und Bewegung im Sattel. Besonders hervorzuheben ist der Geruch von Zitrone. Tupfe dir Zitronenöl mehrmals auf deine Handgelenke und rieche zur Steigerung deiner Leistungsfähigkeit und Konzentration immer wieder daran. Tue dasselbe mit Bergamotte, wenn du etwas angstlösendes und Cortisol reduzierendes bevorzugst.

Weltweit werden aktuell Zusammenhänge von Gerüchen, Psyche, Emotionen und Körper durch ätherische Öle in Aromatherapien erforscht (Hatt, 2019). Für uns sind gerade neurowissenschaftliche Erkenntnisse spannend, insoweit wir unsere Ängste durch ätherische Öle erheblich regulierend beeinflussen können, weil der Geruchssinn direkt über den Thalamus mit der Amygdala verknüpft ist (Hatt, 2019).

QUICK-TIPPS DÜFTE

1. Die GABA-Aktivierung im Gehirn steigt bei **Limonengras** oder **Lavendel**. (GABA ist einer der wichtigsten hemmenden Neurotransmitter des Nervensystems mit beruhigender Wirkung bei Unruhe, Anspannung, Angst.)

2. **Lavendelöl** wirkt wie ein Antidepressivum und kann auch Angstzustände reduzieren und Nerven stärken.

3. Bei **Rosmarin** steigt die Dopaminaktivierung (Neurotransmitter für positive Gefühlserlebnisse, Glücksempfinden; aktiviert unser Belohnungszentrum).

4. Gerüche wie **Lavendel, Zitronenmelisse** und **Zitrusfrüchte (Orangen, Zitronen, Bergamotte)** machen mutiger und der Körper produziert weniger Cortisol. Sie wirken auf Angstgefühle und Stress signifikant reduzierend und verringern die Reizbarkeit. Besonders Bergamotte ist für ihre angstlösende, psychisch ausgleichende und antidepressive Wirkung bekannt.

5. Besserer Schlaf kann bei **Lavendel** und **Bergamotte** zusammen erwirkt werden.

6. **Pfefferminze, Rosmarin** können Gedächtnis und Kognition fördernd sein.

7. **Kamille** reduziert übermäßiges Denken, reduziert Reizbarkeit und beruhigt.

KAPITEL 2

Angstgefühle

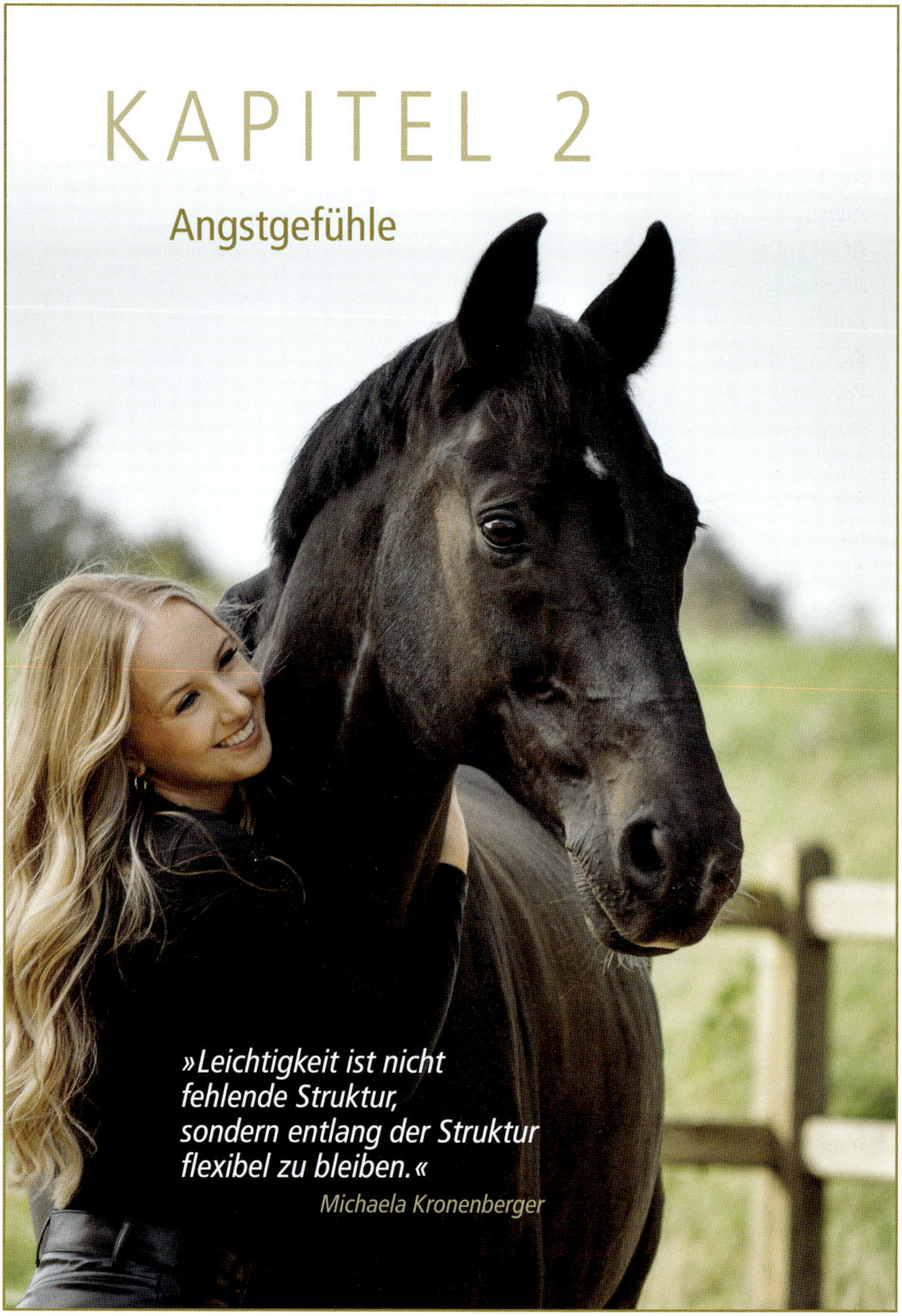

»Leichtigkeit ist nicht fehlende Struktur, sondern entlang der Struktur flexibel zu bleiben.«

Michaela Kronenberger

Typische Reiterängste

Lass uns eine Bestandsaufnahme machen. Bei welchen Themen kreiseln deine Angstgefühle?

- [ ] Angst, Fehler zu machen.
- [ ] Ausreden, nicht aufsteigen zu müssen.
- [ ] Angst, was kaputt zu machen.
- [ ] Angst vor der Höhe.
- [ ] Angst vor Unbekanntem.
- [ ] Auf dem Abreiteplatz perfekt sein und in der Prüfung versagen.
- [ ] Was, wenn ich was falsch mache?
- [ ] Was, wenn wieder was passiert?
- [ ] Was, wenn mein Pferd durchstartet?
- [ ] Sich nicht raustrauen aus Angst, dass sich das Pferd losreißt oder plötzlich losschießt.
- [ ] Sich nicht trauen, aufzusteigen, weil du vorher schon nervös bist.
- [ ] Im Gelände klappt gar nichts. Angst vor dem Ausritt.
- [ ] Angst zu versagen.
- [ ] Angst vor Kontrollverlust.
- [ ] Angst vor bestimmten Lektionen.
- [ ] Das Pferd ist angespannt, obwohl du versuchst, so entspannt wie möglich zu sein.
- [ ] Nervös werden beim Spazierengehen.
- [ ] Pferd lässt sich von anderen anstecken und sieht Gespenster. Das macht dich nervös.
- [ ] Unsicherheit, wenn es klappert, windet, laut ist.
- [ ] Pferd klebt an seinen Kumpel und beim Wegführen spielen sie sich gegenseitig auf.
- [ ] Nicht alleine von der Herde wegbekommen.
- [ ] Unter Zeitdruck ist der Reiter plötzlich blockiert.
- [ ] Angst, wenn ein Auto extrem schnell entgegenkommt.
- [ ] Sich nicht durchsetzen können und das Pferd wird immer »frecher«.
- [ ] Angst, nicht helfen zu können.
- [ ] Angst ums Pferd
- [ ] Angst vor Tempo/Galopp/Geschwindigkeit
- [ ] Angst vor Ablehnung/Bewertung
- [ ] Prüfungsangst
- [ ] Nervosität
- [ ] Angst, nicht abliefern zu können/nicht gut genug zu sein

Deine Energie formt dein Pferd mehr, als du glaubst, denn es wird sich irgendwann so verhalten, wie du über es denkst. Was dein Pferd mit seinem Potenzial tut, hängt entscheidend von dir ab. Gibst du ihm keinen Raum für seine Selbstverwirklichung, wird es ihm immer an Selbstwirksamkeit mangeln. Ohne Selbstwirksamkeit hat es kaum eine Chance, sich selbst beizubringen, seine Ängste gegen Mut zu tauschen.

Was stimmt nicht mit mir?

Alle Ängste haben einen gemeinsamen Nenner: Wir wollen sie nicht haben. Sie dürfen nicht sein. Wir sind überzeugt, sie sind eine Schwäche und sie haben im Reitsport nichts zu suchen. Zumindest ist das der gesellschaftliche Tenor zur Erziehung eines jungen Reiters, der erstens keine Angst zu haben hat und zweitens sie niemals auf sein Pferd übertragen darf, sollte er dennoch Ängste haben. Der Wunsch nach Angstfreiheit ist geboren.
Fortan verdrängen wir unsere Angstgefühle, reden sie klein, heißen sie nicht willkommen oder überlagern sie mit allerlei anderen Emotionen, die gesellschaftlich anerkannter sind, wie Sorgen statt Angst oder Ärger auf sich selbst, statt Angst zu versagen. Wir beginnen, einen Teil, der zu uns gehört, rigoros abzulehnen, statt zu schauen, wie wir ihn integrieren können.

Jede Angst wird mächtiger, je länger wir sie ablehnen. Angst will gehört werden. Sie gehört zu unserem menschlichen System dazu. Meistens hilft es schon, die Angst nicht abzulehnen, sondern sie anzunehmen: »Es ist, wie es ist.«, »Ja, ich habe gerade Angst.«, »Es ist nicht, was ich mir vorgestellt habe, aber auch die Angst darf sein.« Mit diesem simplen Trick wirst du spüren, dass die Angst an Macht über dich verliert, weil du sie akzeptiert hast.

Jede Angst wird mächtiger, je länger wir sie ablehnen. Angst will gehört werden.

Angst erfasst unser ganzes Wesen. Sie steuert unser Denken, unser Verhalten, unsere Körperreaktionen. Wir reagieren mit einem hochregulierten Nervensystem und verhalten uns nach den 4Fs: Fight, Flight, Freeze, Fawn (Kämpfen, Flüchten, Erstarren, Unterwerfen), die du in Kapitel 1 kennengelernt hast. Zur Erinnerung: Befinden wir uns in einer Angstspirale und haben Angstgefühle, sind nervös, gestresst oder unsicher, haben wir keinen Zugang mehr zu unserer Kognition. Angst und Panik sorgen sogar dafür, dass wir keine Entscheidungen mehr treffen können. Mit gesunder Vorsicht statt Angst bleiben wir handlungsfähig und stärken unsere Selbstsicherheit.

Je älter wir werden, desto mehr (negative) Erfahrungen haben wir gemacht. Dysfunktionale Emotionen nehmen den Platz der Neugier, des Muts, des Staunens, der Begeisterung ein. Je älter wir werden, desto mehr Varianten zum Nachdenken hat das Gehirn. Die gefundenen Lö-

sungen müssen nicht positiv sein, sie haben aber in irgendeiner Situation zum Erfolg geführt oder unser Leben gesichert und sind im Gehirn abgespeichert.
Weise Reiter haben einen großen Erfahrungsschatz, an dem sie wachsen konnten. Sie haben eine herausgebildete Problemlösekompetenz. Nur wenige Reiter lernen, wie sie wirklich selbst und wirksam eine Lösungskompetenz im Reiten herstellen können. Die meiste Zeit warten sie, bis ihnen der Trainer sagt, was sie tun und was sie nicht tun sollen. Sie werden ein Reiterleben lang glauben, ohne Trainer geht es nicht. Nur kommst du mit diesem Glaubenssatz nicht aus deiner Angstspirale raus. Sich Tipps und Anregungen, Unterstützung und Feedback zu holen, macht dich zweifelsohne klüger. Diese Tipps jedoch nicht eigenständig anwenden zu können, bringt dich nicht weiter.
Sammle Probleme, um deine Lösungskompetenz upzugraden. Mit dir stimmt alles, nur dein Gehirn ist an irgendeiner Station deiner Reitreise am Bahnsteig zurückgeblieben. Du solltest anfangen, es aufzufüttern und wieder mitzunehmen.

Ursachenforschung

Wir stellen sehr viele Regeln auf, die den Fluss einer Pferdepartnerschaft unbewusst stören. Das klingt dann in etwa so:

- ☐ Ich liebe dich, aber wenn du nicht mitmachst, stört mich das.
- ☐ ch liebe dich, aber nicht, wenn du schon wieder scheust.
- ☐ Ich liebe dich, aber sorge dafür, dass du mich nie enttäuschst.
- ☐ Ich liebe dich, aber jetzt ist es wirklich mal an der Zeit, dass du mir was zurückgibst.
- ☐ Ich liebe dich, aber jetzt musst du endlich funktionieren.
- ☐ Ich liebe dich, aber so wie du bist, bist du nicht gut genug.
- ☐ Ich liebe dich, aber streng dich an, um mir weiterhin zu gefallen.
- ☐ Ich liebe dich, aber bitte verändere dich ja nicht, denn damit kann ich nicht umgehen.
- ☐ Ich liebe dich, aber distanziere dich von deinen Weidekollegen, denn wenn du nicht mit mir mitkommst, bin ich enttäuscht.
- ☐ Ich liebe dich, aber du musst mich auch lieben.
- ☐ Ich liebe dich, aber das ändert sich, wenn ich die Kontrolle verliere.
- ☐ Ich liebe dich, solange du meine Erwartungen erfüllst.
- ☐ Ich liebe dich, solange du dich so verhältst, wie ich das will.

So wird Reiten nicht funktionieren. Wo Liebe ist, wirst du auch verletzt werden, weil es Verhaltensmuster bei deinem Pferd geben wird, die dir nicht gefallen oder ein Risiko für dich bedeuten.

Du wirst Situationen begegnen, die du so nicht erwartet hast. Angst ist kein guter Berater für eine funktionierende Partnerschaft. Liebe auch nicht, sobald du sie an Bedingungen knüpfst. Nimm dir selbst Druck raus: Ich habe dich lieb, so wie du bist – ganz ohne Bedingungen. Ob mit Angst oder ohne Angst.

Welche absurden Regeln stellst du für deine Beziehung zu deinem Pferd auf? Beobachte, welche Energie du neuronal aussendest.
Mache dir bewusst, dass dein Pferd dir gar nichts schuldig ist. Liebe ist, zu geben, ohne etwas zu fordern. Woher kommt es, dass wir allzu oft dem Pferd klar machen wollen, wir hätten es lieber, wenn es mehr hiervon oder davon wäre. Gerade bei Nervosität und Angstgefühlen haben wir schnell den nonverbalen, unbewussten Vorwurf: Du wärst liebenswerter, wenn du anders wärst, als du gerade bist. Sind unsere unbewussten Regeln die Basis unserer Ängste infolge der Enttäuschungen unserer eigenen Regeln, die das Pferd gar nicht kennt, sie also auch nicht erfüllen kann? Schon komisch, wie für uns Partnerschaft funktionieren soll. Nur, wo liegt die Ursache?

Mache dir bewusst, dass dein Pferd dir gar nichts schuldig ist.

Wir tragen diese Regeln von Kindheit an in uns. Sie entstehen, wenn Eltern denken, ihr Kind habe ein Problem im Vergleich zu anderen Kindern oder in Bezug zu ihren eigenen Erwartungen. Eltern haben uns zu fühlen gegeben: Ich hätte dich mehr lieb, wenn du mehr leisten würdest, dich benehmen würdest; machtest, was wir dir sagen; besser wärst, mit guten Noten oder einem goldenen Pokal nach Hause kämst. Es prägt sich im Gehirn ein: Wir müssen uns erst verändern, damit wir voll und ganz geliebt werden. Diese Urverletzung tragen wir zum Pferd. Wir spiegeln sie. Das Pferd darf nicht einfach nur sein. Nein, es muss unsere Erwartungen erfüllen. Im Vergleich zu anderen sind wir nicht gut genug oder nicht die Beste. Der Nährboden für allerlei Ängste ist ausgelegt. Zeitgleich spiegelt das (Problem) Pferd unsere Urverletzung: Du bist noch nicht gut genug! Ich lehne dich ab. Und unsere Trainer oder Richter spiegeln: Leiste erst, um dazuzugehören. Genaugenommen spiegeln Pferde deine Biopsyche, deine innere Haltung über dich selbst, die du messbar abbildest anhand deiner Herzratenvariabilität.
Reiter werden bewertet, wie gut sie funktionieren. Perfekt funktionieren wird erstrebenswert. Selbiges fordert Reiter auch von seinem Pferd. Fehler werden als Funktionsfehler geahndet. Ziel: Ausmerzen. Mittel: Gehorsam und Benehmen. Genau das, was wir in der Kindheit verinnerlicht haben.

Manch ein Trainer fordert, die Angst nicht übermäßig zu thematisieren, sie nicht zu diskutieren. Die Folge ist, wir sehen uns unbewusst bestätigt, so wie wir sind, sind wir nicht richtig als Reiter.

Warum haben wir denn so viele Angstreiter? Sie sind überlastet, überfordert oder trauen sich nicht, es anzusprechen. Entweder versuchen sie, fortan so zu tun, als ob sie selbstbewusst sind, oder sie reagieren hypersensibel auf angstmachende Situationen. Dieser Umstand macht es ihnen noch schwerer, Angstgefühle auszuhalten.

Kinder werden so, wie Eltern sie sehen. Reiter werden so, wie Trainer sie sehen. Als Reiter stellen wir (fast) nie infrage, ob die Sicht des Trainers auf uns der Wahrheit entspricht. Kommen wir an einen Trainer, der uns mehr zutraut, wird die Begeisterung für uns und den Reitsport zu einer Superkraft, die zu lösungsorientiertem Reiten führt. Wir wachsen über uns hinaus und werden zu angesehenen Reitsportpersönlichkeiten. Alle positiven Attribute des Sports strahlen wir aus. Kommen wir an einen Trainer, der kein gutes Haar an uns lässt, mit Druck, Zwang, Abwertung und mangelndem Zutrauen unterrichtet, reifen wir zu einem Häufchen Elend auf dem Rücken unseres geliebten Pferdes heran.

Reiter benötigen für die eigene Autonomie emotionale Sicherheit und Verbundenheit im Trainingssetting, um eigenes Vertrauen herstellen zu können. Mehr Vertrauen ist eine Schlüsselrolle. Wir können diesen Schlüssel nutzen, indem wir uns von Müssen und Mühe befreien und uns hin zu Begeisterung und Vertrauen in uns selbst entwickeln. Dazu dürfen Trainer Selbstwirksamkeit lehren.
Angst kann nicht von allen, schon gar nicht von Trainern, die selbst noch nie diese Gefühle hatten, nachvollzogen werden. Angst ist hochindividuell. Weil viele Reiter mit ihrer Angst nicht ernst genommen werden, spielen sie ihren Leidensdruck herunter. Das führt zu Scham. Sie fühlen sich inkompetent. Merke dir: Angst sagt nichts über dich aus, höchstens etwas zu dir. Sie ist ein Signal, den Rand deines Stresstoleranzfensters zu erkennen. Auf der anderen Seite wird aber die Wachstumszone sichtbar!

Angst kann nicht von allen nachvollzogen werden. Angst ist hochindividuell.

»Uns hat es doch auch nicht geschadet!« Vielleicht hat es ja doch geschadet ... Wenn wir im Reitsport immer mehr Angstreiter, Aggressionsreiter, Reiter mit Mindsetproblemen oder Emotionsproblemen hervorbringen, dann liegt der Gedanke nahe, dass wir den falschen Wert oder die falsche Form von Ideologie kultivieren. Wenn ein Pferd nicht mitmacht, dann versuchen wir, das Pferd mit allen Regeln der Kunst zu verbiegen. Wir versuchen nicht, die eigene Psyche zu hinterfragen. Ganz so, wie die alten Generationen mit dem transgenerationalen Erbe es uns beigebracht haben: Ändere dich, damit du mir gefällst. Gleichzeitig gefallen wir uns mit Angst selbst nicht und ärgern uns, dass wir es hätten besser machen können.

Wir stoßen Angstgefühle ab. Wir müssten sie nur integrieren in unser Reiten, sie ansprechen, darüber sprechen, sie beim Namen nennen und ihnen das Drama nehmen. Alles Neue ist erst mal ungewohnt, bis es gewohnt wird! Stattdessen verlangen Trainer, den Fokus von der Angst wegzulenken. Das ist Quatsch. Wir sollten lieber lernen, wie wir richtig mit der Angst, mit unseren Emotionen im Allgemeinen umgehen. Trainer sollten lieber lernen, nicht mit Ablehnung, (unbewusster) Bestärkung oder Überheblichkeit zu reagieren, wenn Reiter Angstgefühle zeigen.

Das Gehirn muss bei Angst vor eine Wahl gestellt werden: Mit Angst neue Erfahrungen machen oder mit Angst alte Erfahrungen machen. Doch diese Wahlfreiheit muss der Reiter aus seinem rationalen Verstand treffen, nicht aus einer Emotion heraus. Die Wahl kann kein Trainer abnehmen, indem er die Angst herunterspielt, sie übergeht, das Pferd manipuliert oder Druck ausübt. Andernfalls wird der Reiter nie oder viel mühsamer als benötigt selbstwirksam. Leider lernen wir den neuropsychologischen Umgang mit Angstakzentuierungen weder in der Schule noch im Reiten noch in der Trainer- oder Pferdewirtausbildung.
Fülle die Energiereserven. Geduld und Ausdauer. Sammle Erfahrungen, dich im Reiten zurechtzufinden. Zeige Anstrengung ohne Mühen. Lerne spielerisch. Dann wirst du die leichtesten und schnellsten Lernerfolge haben. Begeistere dein Pferd von dir, niemanden sonst.

Ist es deine Angst?

Ist es dein Stress oder überträgt er sich von einem anderen Reiter oder Pferd auf dich?
Manchmal übertragen sich Glaubenssätze, Werte, Moral, nonverbale Verhaltensweisen, Gewohnheiten, stressende Emotionen, körperliches Stresserleben und Mimik (Mikroexpressionen) unbewusst auf uns. Das Gehirn lernt kognitiv durch Imitation. Durch die Spiegeleffekte reagiert unser Gehirn auf Beobachtung und Erfahrungen anderer, als ob wir es selbst erleben. Wir ziehen Konsequenzen daraus. Auch Gefühle anderer Menschen empfinden wir nach und ziehen emotionale Schlussfolgerungen. Das bedeutet, dem Gehirn genügt, einen Sturz nur zu sehen, um eine Sturzangst zu entwickeln und ein überängstliches Verhalten zu zeigen.
Stell dir vor, du stürzt und blickst am Boden liegend in das schmerzverzerrte, angstvolle, panische und geschockte Gesicht der Person, die zu dir eilt. Plötzlich steigt gespiegelte Angst in dir hoch, die gar nicht deine ist. Stell dir vor, dein Pferd hat Angst vor dem Sprung, dem Baumstamm, der Pfütze. Du spürst diese Angst und spiegelst sie. Sie wird zu deiner eigenen Angst. Stell dir vor, der Trainer glaubt, du schaffst das nicht oder du bist noch nicht gut genug. Ohne zu reflektieren entsteht in dir Versagensangst. Stell dir vor, jemand in deinem Umfeld hat ständig Angst, dass dir etwas passiert. Sein Verhalten spiegelt sich auf dich und du spiegelst es auf das Pferd. Du lebst fortan in der ständigen Sorge, es könnte etwas Schlimmes passieren.

Zahlreiche Studien belegen, dass auch Zeugenaussagen nicht den Tatsachen entsprechen, da das Gehirn Erinnerungen hinzufügt oder weglässt. Selbiges passiert auch bei Erfahrungen. Erfahrungen sind wie Erinnerungen ein Gehirnkonstrukt. Es gibt keine originalgetreue Erinnerung (Damasio, 2011). Hören wir beispielsweise einen Reiter über sein Sturzerlebnis berichten oder sehen die Folgen eines Sturzes auf den verstörenden Bildern in den sozialen Medien, wird in unserem Gehirn der somatische Marker aktiv: »Mir könnte das auch passieren.« Die Spiegelneuronensysteme feuern. Wir fühlen mit. Je schlimmer wir das Gesehene oder Gehörte mitempfinden, umso tiefer verankert sich diese Emotion in unserem emotionalen Gedächtnis. Die Bilder werden zu unseren eigenen inneren Bildern, der Schmerz landet in unserem Schmerzgedächtnis. Dem Gehirn ist es egal, ob wir die Erfahrung selbst gemacht oder sie nur gehört haben. Zur Erinnerung: Es kann nicht zwischen Fiktion und Realität unterscheiden. Es verarbeitet nüchtern die gefilterten Informationen. Erst deine Gefühle und Bewertungen machen sie speicherungswürdig. Hören wir beispielsweise von allen Seiten, dass wir beim Reiten bloß aufpassen sollen, läuft derselbe Prozess ab.

Die Befürchtung eines anderen hat neuronale Auswirkungen auf unser Gehirn.

Die Erfahrung oder Befürchtung eines anderen haben neuronale Auswirkungen auf unser Gehirn und gleichzeitig unser Nervensystem. Verrückt? Ist aber so.
Also, ist es wirklich deine Angst? Oder kannst du sie einfach dem Sender zurückgeben?

Kann man lernen, mit seinen Gefühlen umzugehen?

Ja. Es ist nicht schwierig, es ist nur neu. In sieben Tagen kann das Gehirn sich bereits nachhaltig verändern. Das Nervensystem verändert sich sogar blitzschnell. Reiten ist keine Quantenphysik! Entscheidend ist, glaubst du, dass du Emotionen beeinflussen kannst oder dass du ihnen ausgeliefert bist?
Wenn du sagst, du kannst nichts ändern, dann wird sich nichts ändern, weil du darauf wartest, dass sich das Reiten ändert, statt dass du dich in deinem Nervensystem und deinen Emotionen änderst. Wenn du glaubst, Emotionen beeinflussen zu können, gratuliere ich dir zu deiner eigenen neurobiologischen Potenzialbombe! Niemand ist seinen eigenen Emotionen ausgeliefert. Aktiviere deine Potenzialbombe, wie du es in Kapitel 1 bereits erforscht hast.

Liebe dein Reiten, dann brauchst du nicht einmal ein starkes »Warum«, deine Angst loszulassen. Solange du gegen dich bist, kannst du nicht erwarten, dass dein Pferd für dich ist und sich 100 % auf dich einlässt. Es wird auf dich mit Vorsicht reagieren oder dir maximal eine Bindung vortäuschen, weil es nie sicher sein kann, ob du meinst, was du sagst. Mit Unsicherheit gibt es keine Harmonie. **Harmonie kann nicht willentlich hergestellt, nur vorgetäuscht werden.** Das Pferd wird deinen Worten keinen Glauben schenken, weil dein Körper etwas anderes ausstrahlt. Dein Pferd durchschaut dich. Zeigst du dich äußerlich mit einem Fake-Profil, wird dein Pferd trotzdem auf deine innere Haltung und Gefühle reagieren.

Ohne Angst wären wir schon lange alle ausgestorben.

Ohne Angst wären wir schon lange alle ausgestorben, behaupten die Angstforscher. Angst hat demnach auch etwas Gutes. Sie schützt uns vor gefährlichen Situationen. Die erlernte Angst hingegen sei eine irrationale Angst und daher problematisch, sagen Psychologen. Gemeint sind Ängste, die aufgrund unserer Gedankenmonster entstehen. In etwa so: »Ich bin nicht gut genug für mein Pferd«, »Ach, da bin ich nicht der Typ für«, »Das ist nichts für mich«, »Meiner mag das nicht«, »Der findet das blöd«, »Der guckt so komisch«, »Der will heute lieber nichts Anstrengendes machen«. Gehen wir in die Vermeidung, halten wir die Angst aufrecht und sorgen für noch mehr Angst. Zusätzlich lernt unser Gehirn, was es täglich tut zu seiner Komfortzone zu machen. Unsere Angst bekommt dadurch eine Luxussuite in unserer Komfortzone und wir fühlen uns oft als Opfer der eigenen Emotionen, obwohl wir es nicht sind. Emotionen sind wie Gedanken keine Beweise. Sie fühlen sich nur leichter, je öfter wir sie produzieren.

Das Denken und Handeln sind am einfachsten zu ändern im Vergleich zu Gefühlen. Bei denen haben wir oft das Gefühl, sie nicht aushalten zu können. »Ich lerne es nie« oder »Ich kann das nicht«, sind typische Beispiele für irrationale Gedanken mit unachtsamer Wortwahl. Die Wahrheit ist, dass wir mit diesen Sätzen bereits ein Eigentor schießen. Vorbewusst liefert unser Gehirn jene psychophysiologischen neuronalen Autobahnen, die eine Niederlage gleich einer selbsterfüllenden Prophezeiung möglich machen und ihren Ausdruck in schlechter Körpersprache, Kommunikation und Timing findet. Dieser Vorgang aktiviert sich auch bei Angstgefühlen. Nenne deine Angst daher ab sofort lieber »Erregung«. Dann ist es Aktionspotenzial und macht dein Gehirn leistungsbereit.

An sich ist nichts richtig und falsch, es hat nur unterschiedliche Konsequenzen.

Veränderung macht Reitern Angst. Warum? Weil wir in Richtig- und Falsch-Schubladen denken. Entweder ein Reiter ist gut oder schlecht. Folgern wir, er ist schlecht, kann er niemals gut sein. Schublade zu. Mit dieser Moral wird es schwierig, dich oder den anderen zu unterstützen, wie er ist. Jede Veränderung bedeutet, wir würden auch Gefahr laufen, in einer Falsch-Schublade zu landen. Ein Denkfehler. An sich ist nichts richtig und falsch, es hat nur unterschiedliche Konsequenzen. Alles Neue beginnt stets fehlerhaft, bis es leicht wird. Leider vernebelt unsere Angst diese kluge Sicht darauf: Es muss nur zwei Möglichkeiten geben, nicht

drei oder multiviele. Wie verrückt wäre allein die Vorstellung, dass Reiten bunt sein darf und jeder seinen Platz finden darf? (Statt alle gleich zu machen).
Du musst an dich glauben. Erst dann kannst du an Möglichkeiten glauben. Höre auf, vorherzusehen, was alles passieren kann. Erst dann gibt dein Körper nicht schon vorher auf, weil er nicht mehr auf dein Hellsehen oder Wahrsagen neuronal mit einem der 4Fs feuern muss. Erkenne, dass deine dysfunktionalen Emotionen ein Cocktail aus Neurotransmitterchemikalien sind, nach dem dein Körper süchtig ist. Dein Reiten bestätigt nur deine Suchtemotion. Welche ist es bei dir?

QUICK-TIPPS BEI ANGSTGEFÜHLEN:

1. Ich erkenne ab sofort an, dass ich ein Angstthema habe. Ich springe nicht mehr auf die Angst an. In dem Moment, wo ich das Gefühl benenne, ist es nicht mehr so unendlich groß.
2. Ich darf meine Kontrollverhalten der Angst gegenüber loslassen. Ich analysiere, wann die Angst begründet ist und wann unbegründet.
3. Ich darf Hilfe einfordern. Mut bedeutet Zumuten.
4. Ich verurteile mich nicht für mein eigenes neurobiologisches System. Ich kann nichts für meine Angst. Ich lasse neue oder korrigierende Erfahrungen zu. Spüre ich meine emotionalen Wallungen im Körper und bewerte sie, klebe ich dadurch ein Gefühlsetikett drauf. Ich bin aber nicht die Emotion. Ich habe nur den Körper, in dem das biochemische Aktionspotenzial stattfindet.
5. Gib dich nicht auf. Mache deinen Überwindungsprozess zum Reiterwerden-Prozess. Auch die besten Reiter sind ohne Reitstiefel aus dem Geburtskanal geschlüpft!
6. Steh für dich ein. Sei es dir wert. Überwinde dich selbst. Lass dein altes ICH los. Niemand zwingt dich, so zu sein, wie du bist. Oder doch? Tu es trotzdem. TT heißt bei dir ab sofort: Trotzdem Tun!

Übung Nein-danke-heute-nicht

Rede indiskutabel zu deiner Angst: »Nein, danke. Heute nicht.« »Nein, danke, in den nächsten 5 Minuten nicht.«

Übung bei Angst im Körper

Mache dir eine Liste für deine Bewusstheit. Angstsituation erkennen –> Welche Körperreaktion zeigst du? –> Welche Gedanken hast du? –>Wie reagiert dein Pferd?

Übung bei Angst im Verhalten

Wie reagierst du bei Angst? Fight – Flight – Freeze – Fawn. Notiere dir dein F. Ist es nicht eindeutig, notiere dir die prozentuale Verteilung. Ordne jedes Verhalten deiner Nervensystem-Response zu.

Warum ist es schwer, Gefühle auszuhalten?

Es gibt bis heute kein eindeutiges physiologisches Muster für Emotionen. Uns fehlt die multimodal dynamische Gebrauchsanleitung, um Gefühle einfach mal auszuhalten oder nicht höchst affektiv auf sie zu reagieren.
Angst fühlt sich nicht gut an. Wir alle kennen Situationen mit dem Pferd, wo wir blitzschnell Angst bekommen. Angst sagt uns, wir sind von Natur aus fehlbar und fehlerhaft. Vielfach zeigt sich die Angst in Sorgen, Stress, Anspannungen oder auch in irrationalen Dingen, die objektiv gar nicht gefährlich sind wie Richtertische, Stühle in der Ecke, Büsche, Decken über der Bande. Angst gibt es beim Reiten gratis dazu. Sie gehört zu unserem reiterlichen Dasein – genauso wie zum Leben. Sie ist Teil des Spektrums emotionalen Erlebens.

Sind Angstgefühle und Schockmomente im Nervensystem gespeichert, haben sie den parasympathischen Prozess nicht erreicht. Auch dieser Zustand fühlt sich unerträglich an. Wir fangen an, jede mögliche Situation vorherzusehen, ob was passiert oder nicht. Wir sehen Gefahren, wo keine sind. Der Körper befindet sich noch immer in einem Gefühl einer lebensbedrohlichen Situation. Die Nervensystem-Response ist eingefroren und wir können die Schmerzerfahrung nicht verarbeiten. Wir entwickeln eine Angstkultur. Unser überempfindliches Nervensystem muss in einer Generalüberholung neu lernen, was wirkliche Gefahr ist und was nicht. Bis dahin ist es für uns kaum erträglich, Gefühle auszuhalten, Angstgefühle abzustellen, unbefangen zu reiten.

Angst im Kopf lösen zu wollen, funktioniert nicht, weil dein Emotionschaos kein Kopfthema, sondern ein Körperthema ist.

Angstgefühle sind deutlich stärker als der Plan des Verstandes. Kein Gedankenplan kann gegen unser Immunsystem, unser Hormonsystem, unser autonomes Nervensystem, unsere Physiologie und Neurobiologie ankämpfen. Emotionen sind immer mächtiger. Angst im Kopf lösen zu wollen, ist folgerichtig falsch, weil dein Emotionschaos kein Kopfthema, sondern ein Körperthema ist. Angstgefühle sind keine mentalen Probleme. Sie sind neuropsychologische Probleme. Daher musst du mit dem Körper arbeiten. Du kannst die Angst so oft du willst in einem Turm einsperren – es funktioniert nicht. Sie will nicht eingesperrt bleiben. Du wirst weiterhin Gefahren sehen, wo keine sind, weil der Körper Alarm schlägt, wenn du dich nicht sicher fühlst. Der Körper geht in eine autonome Schutzreaktion mit dem einzigen Ziel, sich selbst und unser Überleben zu schützen. Bevor uns klar wird, dass eine Gefahr besteht oder bestand, hat der Körper sich schon auf eine Gefahr vorbereitet und bringt sich in Sicherheit. Angst geht also mit biologischen Veränderungen einher und ist keine eingebildete oder abgetane Befindlichkeit oder etwas, was wir vertuschen müssten. Starke Angst und Panik lassen sich übrigens auch nicht mehr vertuschen. Sie haben eine höhere Vernetzung der Nervenbahnen und Hirnstrukturen. Reiter mit starker Angst haben eine höhere Empfindsamkeit als andere Reiter. Das Angstnetzwerk springt leichter an, weil es trainierter ist. Sie sind überempfindlich. Da hilft auch keine Anweisung wie »Stell dich nicht so an«, »Beruhige dich doch mal«, »Da musst du jetzt durch«. Das wird leider nicht funktionieren, denn das ganze System muss sich erst herunterfahren.

Angst geht mit biologischen Veränderungen einher und ist keine eingebildete Befindlichkeit.

Aktiviert sich unser Angstzentrum, befinden wir uns in einer Abwärtsspirale. Jeder Stressor triggert dann den (unbewussten) Überlebenskampf. Denn **am Ende jeder Angstspirale steht Todesangst. Deshalb ist es so schwer, Gefühle auszuhalten. Für den Körper und das Nervensystem sind sie ein somatischer Marker, ob das eigene Leben bedroht ist. Fernab des Verstandes treffen dann Angstgefühle die Entscheidung: Reiten ist gefährlich. Diese Ansicht festigt sich, wenn unser Balancesystem rück meldet, Reiten ist wirklich gefährlich, wir könnten stürzen.** Instinktiv sichert ein Teil unseres Gehirns unser Überleben durch Schutzstrategien und Vermeidungsstrategien. Jedoch merke dir: Angst lässt dich nicht tot umfallen. Dein Überlebenswille sollte im wahrsten Sinne des Wortes die Zügel in die Hand nehmen, wenn es um Leben und Tod geht, nicht die Angst.

Durch reiterliche Kompetenz- und positive Sicherheitserfahrungen können wir unser Sicherheitsnetzwerk trainieren.

Durch reiterliche Kompetenz- und positive Sicherheitserfahrungen können wir unser Sicherheitsnetzwerk trainieren, nicht bei jeder Situation auf Todesangst zu plädieren und die Flucht-, Kampf-, Freeze- oder Fawn-Response auszulösen. Dann schwächen wir unser Angstnetzwerk und unser Nervensystem beruhigt sich. Das ist das ganze Geheimnis.

Ein reguliertes Nervensystem ist zwar kein Garant für ständige Sicherheit und Ruhe (die gibt es im Reitsport nicht, denn wir müssen stets achtsam und vorausschauend auf der Hut sein), dennoch hilft es uns, klar und präsent zu sein. Wir können echte von unechter Gefahr unterscheiden. Ein gesundes Nervensystem hat dann die Fähigkeit zur Selbstregulierung.

Nur Menschen können sich in Stress hineindenken. Jeder lebt mit oder in irgendeiner Angst. Menschen gibt es nicht ohne Angst. Angst ist ein Teil von uns. Mit diesem Anteil zu kämpfen oder ihn zu verdrängen, ist genauso blöd, wie sich selbst abzuwerten oder klein zu machen. Pferden ist das völlig fremd. Zur Erinnerung: Im Zustand der Angst und der Selbstabwertung schütten wir Stresshormone aus, die uns auf Kampf, Flucht, Erstarrung oder Anpassung vorbereiten. Adrenalin hemmt zum Beispiel die Körpermotorik, die wichtig ist für das Feingefühl beim Reiten. Unser Körper bereitet sich aufs Überleben vor, schaltet unser Immunsystem aus und unser Alarmsystem an. Zeitgleich will unser Herz Reiten erleben. Wir stecken in der Zwickmühle. Angst hemmt uns und macht uns empfänglich für die selbsterfüllende Prophezeiung, die der Kopf vorhersieht. Es tritt ein, was wir befürchten und das Herz leidet. Wir fühlen uns schlecht und schlechter. Unsere Erwartungen produzieren dysfunktionale Angst. Pferde haben keine Erwartungen. Sie leben im Moment.

Jeder Reiter wird Entscheidungen treffen, die ihn weiterbringen oder blockieren. Hat er Angst und glaubt, keine Entscheidung treffen zu können, muss er auf seine Wahlfreiheit hingewiesen werden. Wir müssen selber entscheiden, durch eine Angst durchzugehen. Auch wenn die Anforderung an die gestellte Aufgabe gesenkt wird, wird es die Angst nicht verstummen lassen. Trauen wir uns nicht über den L-Oxer, werden wir vielleicht ohne Bedenken über den zurückgebauten A-Oxer springen. Das schlechte Gefühl wird trotzdem bleiben und wiederkommen, sobald wir wieder über den L-Oxer sollen. Schließlich ist die Angst neuronal für den L-Oxer hinterlegt, nicht für den A-Oxer. Das Gehirn braucht also eine Lösung oder eine Erfolgserfahrung beim L-Oxer, nicht bei der niedrigeren Anforderung, wo gar keine Probleme sind!

Ist unser Ziel stärker als die Angst, werden wir lernen, Angst auszuhalten und sie wird an Macht und Einfluss verlieren. Gleichzeitig entstehen mit den neu gemachten Erfahrungen neue Gehirnstrukturen und erst dann findet Lernen statt. Nun liegt für uns eine abrufbare Nervenbahn vor, die wir durch häufige Nutzung ausbauen können. Es obliegt alleine uns, mit welchen Emotionen wir diese Autobahn bereisen wollen. Koppeln wir Erfolgserlebnisse an die Nervenbahn, stehen uns Mut, Zuversicht und Selbstvertrauen zukünftig zur Verfügung.

Mache dein Ziel wichtig, damit du Angstgefühle aushalten lernst. Wofür lohnt es sich, durch die Angst zu gehen? Steh zu dir: »Ich habe gerade Angst. Aber wir schaffen das.«

Mache dein Ziel wichtig, damit du Angstgefühle aushalten lernst.

Ja, es kann zu Sturzerfahrungen beim Reiten kommen, das weiß jeder Reiter. Liegt dem Gehirn aber keine Lösung für ein Verhalten in oder vor Sturzsituationen vor, kann ein Reiter nicht sicher werden. Unsere Aufgabe ist es, dem Gehirn so viele Informationen zu geben, die es braucht, um uns zu einem sicheren und ausbalancierten Reiter zu machen. Dazu ist es unerlässlich, unser somatisches Nervensystem zu stärken, das für unsere Balance, unsere Wahrnehmung, unsere Körperteile und Bewegungen zuständig ist. Dein somatisches Nervensystem braucht Vielfalt und eine vielseitige Grundausbildung, um sich den ultravielen Bewegungen des Pferdes anpassen zu können. Gibt es im Gehirn keine oder unzureichende Information über das Verhalten bei unkoordinierten Bewegungen wie beim Sturz, Steigen, Bocken, Scheuen, Runterfallen, Überspringen, Verweigern, wird schneller ein Gefahrenalarm über den Weg der Amygdala ausgelöst.

Dein somatisches Nervensystem braucht Vielfalt und eine vielseitige Grundausbildung, um sich den ultravielen Bewegungen des Pferdes anpassen zu können.

Trainiere viele verschiedene Situationen und Anforderungen und mach dein Nervensystem fit, den Herausforderungen des Reitens gewappnet zu sein, statt scharf wie ein Wachhund ständig Alarm zu schlagen. Trainiere in Mini-Schritten Erlebnisse, für die dein Gehirn zwar Probleme, aber noch keine Lösungen hat. Gefühle auszuhalten, ist das Erlernen eines Stresstoleranzfensters. Stärke deines!

Angstgefühle

Hinter Angst stehen immer verletzte Bedürfnisse nach Selbstwerterhöhung, Sicherheit oder Kontrolle, Nähe oder Bindung, Autonomie und Selbstwirksamkeit, Lustgewinn und Unlustvermeidung.

Schauen wir uns das verletzte Bedürfnis nach Sicherheit an als Auslöser der Angstgefühle. Unser Limbisches System empfindet eine Bedrohung, aktiviert die Angst und der Körper reagiert mit Vermeidung (für Reiter ist das jede Form von Zweifel und Unsicherheit, die eine Flucht auslöst, um das Bedürfnis nach Sicherheit zu erfüllen) oder Angriff (für Reiter ist das beispielsweise die Perfektion, mit der sie sich gründlich vorbereiten, um sich sicher zu fühlen. Für andere Reiter ist das der Griff zu unfairen Mitteln, um Sicherheit und Kontrolle zu erlangen oder wiederherzustellen). Die Angst gibt also Handlungsenergie. Übererregt oder untererregt sie das Nervensystem, ist die Angst dysfunktional und unsere Bedürfnisse erfüllen sich nicht.

Sage der Angst: Du bist nur Vorsicht in Form von Aufregung. Schon schwächst du ihre Energie. Dysfunktionale Emotionen sind Emotionen, die uns Probleme machen. Die, die uns keine Probleme machen, sind die funktionalen Emotionen. Dysfunktionale Emotionen blockieren das Nervensystem (Freeze, Fawn) oder übersteuern es (Fight, Flight). Lernen, Leistung oder Gelassenheit sind nicht mehr möglich. Oft münden diese States in Panik, Angstdrama, Blackout oder Handlungsunfähigkeit oder Aggressivität.

Angst hat viele Gesichter und kommt in kreativen Verkleidungen daher. Einige sind: Stress, Druck, Sorgen, Perfektionismus, Überehrgeiz, Selbstzweifel, Anspannung, Nervosität, Ausreden, Unsicherheit. Die Ausprägung der Angstgefühle ist individuell. Jeder empfindet seine emotionalen Zustände mal mehr, mal weniger oder gar nicht als eine Angst. Viele empfinden Ängste eher als Gemütsbewegungen, Stimmungen, Grübeleien oder Emotionsflexibilität. Die meisten glauben, Angst hat man nur, wenn man ein Angsthase ist. Das will keiner sein, denn vielleicht hat es was mit einem Entwicklungstrauma aus der Kindheit zu tun … und das gibt kein Reiter gern zu.

Ertappe deine Angstverkleidung und notiere dir, ob die Angst eine Aktivierung (im Rahmen des Stresstoleranzfensters), eine Blockierung oder Übersteuerung auslöst. Schreibe zusätzlich auf, ob es eine festsitzende Emotion ist aus einer früheren Stresserfahrung:

- ☐ Schon die Vorstellung, dass ich Angst entwickeln könnte, macht mir Angst.
- ☐ Meine Angst diktiert mir, wohin ich reite und wohin ich nicht mehr reite.
- ☐ Ich habe Angst zu reiten, wenn viele/andere Reiter zuschauen
- ☐ Ich bin nur aufgeregt, ich habe keine Angst.
- ☐ Ich habe viel Angst im Vergleich zu anderen Reitern.
- ☐ Die Angst bestimmt oft meine Gedanken.
- ☐ Ich will alles perfekt machen und ärgere mich sehr, wenn es nicht läuft/ich nicht abliefere.
- ☐ Die Angst steht bei meinen Reitentscheidungen und meinem Verhalten oft im Vordergrund.
- ☐ Ich habe auch dann Angst, obwohl ich weiß, dass es ungefährlich ist.
- ☐ Ich mache nur das beim Reiten, was die Angst zulässt und nicht das, was ich eigentlich möchte.
- ☐ Eigentlich weiß ich ja, dass ich es anders machen müsste, aber ich falle immer wieder in alte Muster zurück.
- ☐ Ich kann an meine alte Leistung nicht mehr anknüpfen, weil ich unentwegt an die alten Erlebnisse denken muss.
- ☐ Ich habe oft Angst, dass ich die falschen Entscheidungen treffe.
- ☐ Ich hätte nur halb so viel Angst, wenn ich wüsste, wie es ausgeht.
- ☐ Ich will meinen Eltern/dem Trainer etwas beweisen.
- ☐ Ich spüre Druck, dass ich es können muss/sofort können muss/endlich können muss.
- ☐ Ich bin zu alt dafür. Ich lerne das nicht mehr.
- ☐ So gut wie mein Trainer werde ich nie.
- ☐ Meine Angst stammt vom Hörensagen, was anderen passiert ist oder was alles passieren kann.
- ☐ Mich schüchtert mein Pferd ein. Ich kann es schlecht einschätzen. Sein Verhalten,

sein Wesen machen mich unsicher.

- ☐ Meine Eltern trauen mir nichts zu und lassen mich am Stall nicht allein. Sie kontrollieren alles.
- ☐ Meine Eltern sind selbst ängstlich, haben Angst vor dem Pferd.
- ☐ Ich habe Selbstzweifel, sobald ich nicht weiterkomme wie erwartet.
- ☐ Angst, es nicht zu schaffen, sich zu blamieren, ausgelacht zu werden, bewertet zu werden.
- ☐ Ich bin minderwertig, ich habe kein eigenes Pferd und mir gibt niemand sein Pferd.

Oftmals lehnen wir die Angst so stark ab, dass wir ihr eine andere Emotion vorlagern wie Ärger über sich selbst, statt klar zu sein, dass wir Angst haben, zu versagen oder keine Anerkennung zu bekommen. Ärger auf sich selbst ist reitsportlich hoch angesehen, da der Ärger über sich selbst wie ein Prädikat wirkt, niemals die Schuld beim Pferd zu suchen. Was Quatsch ist. Es geht nicht um Schuld. Es geht in einer Partnerschaft um Verantwortung und auch das Pferd trägt zum Gelingen oder Misslingen einer Partnerschaft bei. Wenn es »Nein« zu all deinen Interventionen sagt, sagt und meint es »Nein«. Auch Traurigkeit ist eine vorgestellte Emotion als Schutzstrategie, um Angst nicht zu spüren. Dahinter stehen die Erwartungsangst und die Angst vor Enttäuschungen.

Oftmals lehnen wir die Angst so stark ab, dass wir ihr eine andere Emotion vorlagern wie Ärger über sich selbst.

Im Pferdesport begegnen wir nahezu täglich der realen Angst vor Sturz, Verletzungen, Tod, Schmerz, Steigen, Bocken, Verweigerungen, Durchgehen, Kontrollverlust. Hier geht es allein entscheidend darum, wie du deine Sicherheit herstellst. Was kannst du technisch, mental, emotional tun, damit du dich sicher fühlst? Erstelle dir eine Tabelle mit den wichtigsten Erkenntnissen, die du anwenden willst.

Mache dir bewusst, dass es den Reitsport nicht ohne diese reale Angst gibt und du dich aus Liebe zum Pferd – nicht aus Angst – für diesen wunderbaren Sport entschieden hast. Es ist, wie es ist. Wir alle wissen um die besondere Gefahr, die von einem Pferd ausgehen kann – aber nicht muss. Wir alle eignen uns im Laufe unseres Reiterlebens so viel Wissen wie möglich an, um Unfälle zu vermeiden und die Sicherheit zu gewährleisten. Allerdings muss dir auch klar sein, dass es im gesamten Pferdesport nur eine einzige Sicherheit gibt: die der Unsicherheit. Es gibt nirgends im Leben eine Sicherheitsgarantie! Umso wichtiger ist es, dass du dich stetig fortbildest und dein Gehirn, dein Nervensystem, dein Balancesystem und deine Psyche im Griff hast, indem du so viele Lösungen wie nur möglich in unsicheren Situationen trainierst. Sicherheit bekommt dein Gehirn nur, wenn es für jedes Problem eine selbstwirksame Lösung abgespeichert hat. Sicherheit bekommt es nicht, indem du ihm durch Vermeidung Lösungen verwehrst.

Wir können uns im Reitsport nicht vor eigenen Erfahrungen schützen. Weder vor den Guten noch vor den Schlechten. Auch ein Trainer kann uns nicht abnehmen, dass wir Reiten nur durch Reiten fühlen lernen, nicht durch Reiten wissen. Unsicher werden wir, wenn wir uns selbst (!), dem Pferd oder dem Umfeld nicht vertrauen. Ohne Vertrauen keine Sicherheit. Ohne Sicherheit kein Vertrauen. Wir stecken wieder im Hamsterrad fest. Der Mangel an Vertrauen stimmt uns grundängstlich. Tausche diese Ängstlichkeit einfach gegen gesunde Vorsicht. Setze konsequent eine Sache mit einem stärkenden Gedanken um. Wiederhole es, bis es für dein Gehirn neuronal mühelos wird.

Nervosität

Welche Emotion ist deine Nervosität? Vorfreude? Lampenfieber? Angst? Oder ist es nur das Adrenalin, das dein Körper für sein Aktionspotenzial braucht? Zur Erinnerung: Emotionen machen dich handlungsbereit. Kein Grund zur Aufregung! Schicke die übermäßige Nervosität zu jemandem anderen. Du kannst sie gerade nicht gebrauchen. Spüre eine leichte Auf-Regung (eine physische Regung, dich aufzumachen (aktiv zu werden)) in dir und lasse dich nicht von Emotionen einschüchtern. Emotionen gehen vorbei. Sie haben ein Verfallsdatum. Nervosität geht ebenfalls vorbei, sobald an ihrer Stelle dein aktives Reiten tritt.

Nervosität ist dein Funktionsmodus. Sie hilft dir, zu funktionieren, wach zu sein als Reiter. Klopfe dir selber auf die Schulter und lobe dein Nervensystem, dass es so gut funktioniert. Nervosität ist nicht schädlich, maximal unangenehm. Du fällst nicht tot um und dein Herz schlägt auch weiter. Glaube der Angst keinen einzigen Gedanken mehr.

Sind wir übermäßig aufgeregt, ist unsere Amygdala übersteuert und riecht in allem eine potenzielle Gefahr. Indem wir der Amygdala klug und weise sagen, dass wir alles im Griff haben und ihr das jetzt auch durch unser vorausschauendes und gelassenes Reiten zeigen, fährt sie wieder runter. Durch kognitive Aufgaben, die du deinem Gehirn gibst, wirst du noch schneller Herr oder Frau der Lage (Fitzgibbon et al., 2004).

Merke dir: Du bist nicht die Nervosität. Du hast nur Besuch von ihr. Beobachte sie. Du entscheidest, wie lange der Besuch bleiben soll. Es ist auch nicht wichtig, woher die Angst oder Nervosität kommen. Entscheidend ist, dass sie jetzt da sind und dazugehören wollen. Nimm deine Nervosität an und akzeptiere sie. »Ja, ich bin nervös.« Du wirst bemerken, dass sie erstaunlich schnell nachlässt. Bitte sie dann, wieder zu gehen. Diese Strategie funktioniert auch bei innerer Unruhe, wenn du Tage vorher nur an die aufregende Situation denkst oder am Abend vorher Angst bekommst oder kurz vor dem Start nervös wirst. Alles ist noch gar nicht eingetreten und du hast jetzt schon ein Unwohlsein. Du verbringst Zeit mit Dingen, die noch gar nicht eingetreten sind.

Angst und Nervosität sind durch die reine Vorstellungskraft auslösbar. Je bildhafter wir uns etwas ausmalen, desto mehr Kraft haben unsere Gedanken, um im Körper Reaktionen auszulösen. Der Glaubenssatz »Ich will gut sein« löst Nervosität und emotionale Versagensängste aus. Ist die Aufregung nur innerhalb des Stresstoleranzfensters aktiv, haben wir Zugang zu unserer Leistung. Oberhalb oder unterhalb des Fensters schwingen alte Erfahrungen mit, die Befürchtungen in uns auslösen. Haben wir uns vor geraumer Zeit blamiert, wächst die Angst und die Anspannung ist nur schwer regulierbar. Wir wissen nicht, was auf uns zukommt. »Hoffentlich springt er nicht weg, ist nicht nervös«, »Wie kommt das Pferd mit allem klar?«, »Wie wird er im Viereck zu reiten sein?« Der innere Leistungsdruck steigt. Die Kunst ist jetzt, das innere Stresslevel auch bei sehr hoher Anspannung regulieren zu können. Setze dich selbst in den Regiestuhl und ändere das Drehbuch. Du bestimmst das Ende, nicht der Regisseur namens Nervosität. Geschichten der spiegelneuronalen Angst (Spiegelung auf das Pferd) gehen für einen von beiden immer ungut aus. Wie würde ein Film mit der Reitfreude, dem Mut oder der Neugier in den Hauptrollen ausgehen?

Notfalltipp bei starker Nervosität: Stell dir vor, die Nervosität ist ein Zug. Sie rast in deinen Bahnhof ein, hält, du steigst nicht ein, sie rast weiter und verschwindet am Horizont. Sie ist weg.

Hol dir hier 15 Quick-Tipps und Übungen gegen Nervosität

Prüfungsangst

Haben wir Prüfungsangst, haben wir einen Konflikt zwischen diesen drei Erwartungen, die uns das Reiterleben schwer machen:

1. Von allen respektiert werden zu wollen (Angst vor Ablehnung/Ausgrenzung)
2. Perfekt sein zu wollen (Angst vor Fehlern)
3. Alles kontrollieren zu wollen (Angst vor Autonomieverlust)

Eigentlich sind nicht wir oder die Prüfungsangst das Problem, sondern die Erwartungen an uns – gleich von wem sie kommen. Wir erwarten zu viel von uns selbst. Wir erwarten von uns, viel weiter zu sein, oder dass es uns auch mal leichtfällt, oder dass wir auch mal Glück haben. Manchmal erwarten wir auch vom Pferd Ergebnisse, die es (noch) gar nicht liefern kann. Wir (er)warten und (er)warten und verbringen diese Wartezeit mit dem Verschmelzen unserer Gedanken zu einem »Anspuchserwartungsklumpen«. Wir kleben förmlich an unseren Erwartungen und nehmen unsere Gedanken nicht mehr bewusst wahr. Wir erfinden »Ich muss es perfekt machen« Geschichten oder »Ich habe Angst was falsch zu machen« Geschichten. Nun kommt die Prüfungsangst wie gerufen, denn wenn es schiefgeht, haben wir einen Schuldigen: die Prüfungsangst.

Die Wahrheit ist: Im Grunde geht es nur um die Angst, nicht zu bekommen, was man darstellen will, und die Angst davor, eine schlechte Erfahrung zu machen, die wir nicht verheimlichen können. Aber auch die Prüfungsangst kann uns nicht vor Enttäuschungen schützen.
Enttäuschung ist das Ende einer Täuschung. Erwartungen und Ansprüche werden enttäuscht, mehr nicht. Dabei kann sich nur jeder selbst von der Täuschung befreien, denn eine Täuschung kann nur stattfinden, wenn es die eigenen Erwartungen betrifft, die nicht erfüllt worden sind.
Kurzum: Nimm dir den Stress, jemanden anderen zu enttäuschen. Das geht nicht. Entspann mal. Lediglich der andere müsste reflektieren, dass er sich etwas anderes vorgestellt oder gewünscht hat. Das darf er auch. Aber er hat nicht das Recht, dass du seine Erwartungen erfüllen musst. »Jetzt erwarten das aber alle von mir …« Nein, das System erwartet die Vergleichbarkeit. Deine Leistung muss auf einen vergleichbaren Maßstab gebracht werden. Deine Leistung muss messbar sein. Es handelt sich um Erwartungshorizonte, wann was erreicht ist und welche Note es gibt. Du wirst hineingepresst in ein Schema. Deine Prüfungsangst ist, wenn überhaupt, das zarte Aufbegehren deines Unterbewusstseins, nicht in deiner Individualität zurechtgestutzt zu werden, erst leisten zu müssen, um sein zu dürfen und anerkannt zu werden. Aus dieser Angst heraus ist es nie genug oder gut genug. Manch einer erwartet dann zu viel.

Enttäuschung ist das Ende einer Täuschung. Erwartungen und Ansprüche werden enttäuscht, mehr nicht.

Das Problem befindet sich nicht mehr zwischen den Ohren, sondern in der Psyche und dem Körper: Angst, ausgeliefert zu sein, Angst vor Ablehnung, Angst ausgestoßen zu werden, Angst, nicht anerkannt zu werden, Angst, nicht perfekt genug zu sein, Angst vor Kontrollverlust, Angst vor Hilflosigkeit, Angst vor dem Fallen, Angst vor der Höhe, Angst vor dem Trainer, Angst vor Kontrollverlust, Angst ums Pferd, Angst vor einer schlechten Bewertung, Angst, kein guter Reiter zu sein, Angst nicht abliefern zu können und noch viel mehr.

Hab keine Angst, in der Prüfung zu enttäuschen. Solange du Bestleistung im Rahmen deines Möglichen zeigst, gibt es keinen Grund, enttäuscht zu sein oder Prüfungsangst zu haben. Bestehe in den Prüfungen kleine persönliche Miniabenteuer, dann wächst dein Selbstvertrauen mini – aber stetig.

Wähle dringend, deine Selbstakzeptanz mit den Ressourcen Dankbarkeit und Stolz zu stärken. Sie sind mächtig genug, um dich aus dem Mangel in die Fülle zu katapultieren, damit dein Nervensystem zwischen Reiten erleben oder Reiten überleben entscheiden kann.

COACHE DICH SELBST:

Wenn du an die Situation denkst, was denkst du da über dich selbst? »Ich schaffe die Prüfung nicht. Ich brauch gar nicht reinreiten.« Wie kommst du dir da vor? »Ich bin ausgeliefert, ich kann nicht abliefern, ich kann nicht zeigen, was ich gelernt habe.« Welches Bedürfnis ist dadurch verletzt? »Anerkennung bekommen.« Was denkst du von dir selbst? »Ich bin kein guter Reiter und alle sehen es.« (Negative Kognition, die generalisiert ist. Emotion: Scham, falsch zu sein. Output: Gehirn liefert die Erfahrung, ausgeliefert zu sein und zu versagen). Fühlst du dich wie ein Loser, liefert dir dein Gehirn auch nur die Bestätigung: du bist ein Loser. Wenn du dir im Kopf einredest, dass dein Ziel unerreichbar ist, wirst du auch nur Katastrophen bekommen. Du solltest ein Ziel formulieren und dann dein Verhalten danach ausrichten. »Ich will reiten« (alternativ: »Ich lerne reiten«) oder »Ich will weiter Angst haben.« Aktiviere die Ressource Stolz, wenn du dich für Ersteres entschieden hast.

QUICK-TIPPS BEI PRÜFUNGSANGST

1. Sei überzeugt von dir selbst! Werde Experte in deiner Prüfung. Bereite dich optimal vor, bis du das Gefühl hast, zufrieden zu sein. Hab Mut zur Lücke. Lücken sind Potenzialbomben der Zukunft.
2. Verändere deinen Atemrhythmus und die Intensität des Atmens. »Ich bin jetzt hier. Es ist okay. Ich konzentriere mich auf die Atmung, das ist okay.«
3. Verändere und hinterfrage Erwartungen und Situationen.
4. Steuere Augenbewegungen, die die Amygdala steuern und so das Nervensystem runterregulieren. Nutze bifokale Achtsamkeit, beispielsweise: Kreisende Bewegungen im und entgegen dem Uhrzeigersinn. Gleichzeitig summen für die Aktivierung des Vagusnervs oder mit den Lippen abschnauben.
5. Wenn du in Prüfungssituationen gestresst bist, nutze die Butterfly-Tehnik. Lege deine Hände über Kreuz auf die Brust und tappe wechselseitig. Kreuze dabei deine Daumen ineinander. Tue dies solange, bis es gut ist.

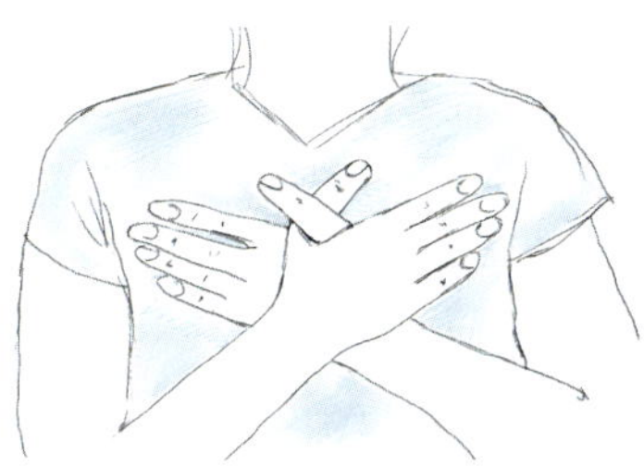

QUICK-TIPPS BEI PRÜFUNGSANGST

6. Stelle Erinnerungen in einen anderen Kontext, um Angstempfinden zu regulieren.
7. Nimm Einfluss auf das Dopaminsystem (Belohnungssystem) durch kleine Siege, Fortschritte, Kleinigkeiten, sich selbst loben.
8. Lerne, dich zu beobachten. »Es ist, wie es ist. Was kann ich jetzt auf Basis der Selbstakzeptanz tun?«
9. Trainiere, besser zwischen echter und unechter Bedrohung unterscheiden zu können.
10. Deine Bestleistung ist alles, was du geben kannst. Auch andere dürfen ihr Bestes geben, was auch mal besser sein kann als dein Bestes.

Übung Vogelperspektive

Mache innerlich einen Break und betrachte dich von außen, von oben, von weitem. Schau von oben, was du an deiner Situation verbessern kannst. Bleibe im gegenwärtigen Moment. Mache dir den Moment zum Freund – nicht zum Feind.

Übung Entkatastrophisieren

Was würde passieren, wenn sich deine Erwartungen nicht erfüllen? Warum ist das schlimm? Was würde dann passieren? Wie fühlst du dich dann? Entkatastrophisiere deine eigenen Erwartungen und komme deinen negativen Geschichten auf die Schliche.

Übung Wahrnehmung lenken: Stellst du deinem Gehirn die Frage, wo kann ich scheitern, wer denkt schlecht über mich, was kann ich noch nicht gut, wo bin ich nicht genug, wird es dir alles liefern, wo du scheitern könntest, wo Leute schlecht über dich reden … Stell dir bessere Fragen! Wofür bist du dankbar? Was hat geklappt? Worauf bist du stolz, wo hast du gelacht, wo fühlst du dich gut? Siehst du nur das Schlechte, siehst du nicht mehr das Positive, das zeitgleich existiert.

Übung bei Panik oder Prüfungsangst

Bleib bei dir und bring den Fokus auf deine Atmung. Schicke das Atmen in deinen Bauch. Atme ein und aus. Verlängere jedes Ausatmen. Nimm wahr, wie dein Körper reagiert. In die Nase, runter in den Bauch. Nimm jetzt deine Handflächen vor deine Nase und atme sanft in deine Hände aus und wieder ein. Spüre, was das Kohlendioxid mit dir macht.

Übung Sorgenliste

Plane dir eine Woche vor dem Turnier 10 Minuten tägliche Sorgenzeit ein und mache eine Sorgenliste, damit dich deine Gedanken nicht mehr den ganzen Tag terrorisieren. Auf deiner Liste notierst du alles, was dir Kopfzerbrechen macht. In die linke Spalte schreibst du, welche Sorgen du wie lösen kannst. In die rechte Spalte schreibst du Sorgen, die noch eine Lösung brauchen. Anmerkung: Streiche durch, was nicht in deiner Macht liegt, was du nicht verändern kannst oder worauf du keinen Einfluss hast. Passe dein Training nun so an, dass du dich optimal vorbereitet fühlst.

Übung Erwartungen loslassen

Ich erlaube mir, mich von jeglichen Erwartungen freizumachen. Ich lasse meine Erwartungen an mein Pferd los. Ich bin dankbar, alle Erwartungen an andere und an mein Pferd loszulassen. Ich bin dankbar für alles, was ich so nicht erwartet habe.

Übung Anerkennungssucht

Mit welchen Erwartungen gehst du durch dein Leben? Was erwartest du von deinem Pferd? Was erwartest du von dir selbst? Was erwartest du von anderen? Was erwartest du vom Reitsport? Was befürchtest du, wenn all diese Punkte nicht eintreten? Erkennst du deine Anerkennungssucht oder deine Angst vor Ablehnung? Erkenne, mit welchen Erwartungen du zum Turnier fährst. Sie legen den Grundstein für Enttäuschungen, Verletzungen, Zweifel, Versagen oder Erfolg. Wie innen (Introjektion), so außen (Projektion)! Mache deinen Selbstwert nicht von Erfolg oder Misserfolg abhängig! Reiten ist mehr als nur Erfolg oder Misserfolg. Reiten ist eine Reise zum Herzen deines Pferdes. Bestenfalls mit deinem eigenen Herzen, gefüllt mit Liebe, nicht mit einem Kopf voller Angst.

Übung Bereicherung

Ich habe keine Erwartung, was dabei herauskommt, ich möchte es einfach nur erleben. Wecke deine Neugier. Empfinde Reiten als bereichernd!

Angst vor Bewertung/Abwertung/Ablehnung

Alle sind toller, besser, schöner, haben die besseren Pferde und überhaupt läuft es bei den anderen immer besser. Das Wichtigste vorab: Pferde schließen niemanden aus. In ihrer Welt gehört alles, was existent ist, dazu. Ohne Bewertung, ohne richtig und falsch Denken. Es ist da und genau deshalb stellt sich nicht die Frage, ob es richtig oder falsch ist. Es ist. Es darf sein. Das ist alles, was es ist. Pferde sind Meister im Sowohl-als-auch. Ihre Strategie ist: Wie gehe ich damit um, was ist. Nur der Mensch ist die einzige Spezies, die ständig bewertet und abwertet. Hat er sich erst einmal ein Urteil gebildet, ist es unumstößlich. Neue Blickwinkel, dass alles ganz anders sein kann, bergen tiefe Identitätsgefahren und werden oftmals im Keim erstickt oder bekämpft, während gleichzeitig die Option bestünde, es dem Pferde gleich zu tun und beides, Sowohl-als-auch, nebeneinander existieren zu lassen. Wertfrei.

Wenn du reitest, reitest du. Wenn du reitest und zeitgleich in den Köpfen anderer bist, was sie wohl über dich denken, dann ist das einfach nicht clever. Du hast in den Köpfen anderer nichts zu suchen. Reiten bedeutet, ein Problem nach dem anderen zu lösen. Dazu musst du in deinem eigenen Kopf sein. Es sind nicht immer die anderen, die das Glück gepachtet haben. Auch sie haben Probleme. Sie gehen nur anders mit ihnen um.

Diffuse Ängste aus den Gedanken, was andere von uns denken könnten, aktivieren eine Stressresponse. Rational vergessen wir, dass wir so oder so Ablehnung für unser Reiten bekommen können. Ein Sieg ist keine Garantie, keine Ablehnung oder Kritik zu ernten. Wir könnten sie, gerade weil wir gewonnen haben, bekommen. Ablehnung, Abwertung, Bewertungen, Verurteilungen liegen nicht in unserer Hand. Auch ein Olympiasieg würde uns nicht davor schützen, dass genau dieser Sieg zu Ablehnung und Kritik führen kann. Es gibt immer solche und solche Ansichten von diesen und jenen Menschen. Blöde Kommentare kommen von blöden Menschen. Recht machen kannst du es nie jedem gleichermaßen. Gib dir selbst, was du brauchst: Lob, Anerkennung, Motivation, Liebe.

Diffuse Ängste aus den Gedanken, was andere von uns denken könnten, aktivieren eine Stressresponse.

»Schäm dich«, lernen wir in der Erziehung. Unser Fehlverhalten bedeutet einen gesellschaftlichen Ausschluss. Schamgefühle halten uns gesellschaftlich/reitsportlich kompatibel. Wir entwickeln eine Angst vor Beschämung im Maßstab der Bewertung, des Spots, der Häme, des Gemeckers eines anderen. Fortan mutmaßen wir über das schlechte Urteil, das andere über uns fällen könnten, wenn unser Pferd nach dem Starken Galopp ausfällt, am Oxer vorbeirennt, nicht durchs Wasser will, noch immer Probleme in den Fliegenden Wechseln hat. Du selbst bist dann derjenige, der sich ablehnt und stark kritisiert, damit keine schamerzeugenden Erlebnisse Wunden hinterlassen. Scham leitet deine Selbstkritik. Klar, Reiter bilden sich ein Urteil und bewerten andere. Trotzdem bist du der schärfste Kritiker. Auf der einen Seite bist du in der Opferrolle und auf der anderen Seite bombardierst du dich selbst wie ein Täter mit Schuldzuweisungen und Abwertung. Werde dir bewusst, was du über dich selbst glaubst. Finde deine verknüpften Gedanken. Es dreht sich nicht alles um dich. 99 % der Menschen nehmen dich nicht wahr, weil du ihnen nicht wichtig genug bist.

Deine Gedanken sorgen nicht dafür, dass du negativ auffällst. Es ist deine Angst, die dafür sorgt, negativ aufzufallen, weil dein Pferd spiegelt, was du am stärksten befürchtest.

- ☐ Angst, kritisch betrachtet zu werden
- ☐ Alle Augen sind auf dich gerichtet. Du hast Angst vor Beschämung oder Kritik.
- ☐ Alles ist falsch, unangemessen, peinlich.
- ☐ Jeder sieht, was für ein nervöser Versager du bist.
- ☐ Wie kommst du eigentlich darauf, in so einem starken Starterfeld mitreiten zu können?
- ☐ Im Grunde stehst du nicht gern im Mittelpunkt, obwohl sich das in der Sportart Reiten nicht vermeiden lässt.
- ☐ Du vermeidest Beurteilungssituationen, weil du befürchtest, für dumm, peinlich, ungeschickt gehalten zu werden.
- ☐ Du fühlst dich peinlich, unwert, nicht gut genug.

Stehe zu dir und komme trotz Angst ins Tun. Lasse Hate an dir abprallen. Das Leben deines Pferdes ist begrenzt, so wie deines. Es macht keinen Sinn, im Reiten permanent gegen sich selbst oder andere zu sein; sich aus Angst vor Ablehnung, nicht selbst zu verwirklichen. Bleib bei dir. Fokussiere dich auf dich. Bleibe realistisch und sei ehrlich zu dir auf deinem eigenen Weg.

COACHE DICH SELBST

- Ist deine Befürchtung wahr? Ja oder nein.
- Kannst du es mit absoluter Sicherheit sagen, dass es passiert? Ja oder nein.
- Wie reagierst du, wenn du davon ausgehst, dass du ausgelacht wirst?
- Wer wärst du, wenn du diesen Gedanken nicht hättest?
- Und wenn jemand lacht? Egal, mache es so gut wie du kannst.
- Was wäre, wenn du sagst, ich mache es so gut wie ich kann? So wirst du erwachsen.
- Ich werde nicht ausgelacht, sondern angelacht.

NÜTZLICHE AFFIRMATIONEN

1. Ich erlaube mir, andere Reiter so zu lassen, wie sie sind.
2. Ich akzeptiere, dass mein Pferd so ist, wie es ist.
3. Ab sofort kümmere ich mich um mich und meine Entwicklung und lasse andere, wie sie sind und was sie denken.
4. Ich erlaube mir ab sofort, mich zu entwickeln, sodass ich zufrieden reite und glücklich bin.
5. Ich lasse los, was nicht mehr zu mir passt.
6. Ich freue mich auf alles, was noch auf mich wartet und was mich erwartet.
7. Menschen und Reiter haben unterschiedliche Meinungen. Wir müssen niemanden von unserer eigenen Meinung überzeugen.

QUICK-TIPPS BEI ANGST VOR BEWERTUNG

1. Hab keine Angst vor der Meinung anderer. Du wächst in dein Reiten rein. Auch auf Social Media ist nicht alles Gold, was ein Reel ist.
2. Das Reiten kannst du lieben. Denke dir die Menschen drum herum weg.
3. Trainiere den Mutmuskel. Bleibe bei dir selbst. In welchem Tempo du weiterkommst, ist egal, wenn dein Pferd Mitspracherecht hat.
4. Du musst niemandem etwas beweisen, nur Spaß haben.
5. Fordere Respekt, wenn andere dich abwerten. Nicht an jedem Tag scheint die Sonne.
6. »Ich bin nicht talentiert genug.« 90 % der Zeit bist du nicht mehr oder weniger talentiert. Alles eine Frage deiner Gehirnmechanik und Neurobiologie.
7. Mache alles, was dich blamiert, dann kann es dir keine Angst mehr machen. Es ist raus aus deinem Energiesystem.

Angst, Fehler zu machen

Es gibt keine Fehler und Probleme, es gibt nur Situationen. Erst deine Bewertung, deine Erziehung oder der gesellschaftliche Tenor machen sie zu »Fehlern und Problemen«. Erlebnisse, die uns gleichgültig sind, haften nicht an uns. Erlebnisse, die wie Stroh im Schweif oder Matsche im Fell an uns kleben, nennen wir Probleme. Erlebnisse, die genauso sind, wie wir sie uns wünschen, nennen wir Zufall oder Glück …

Denkt unser Nervensystem von morgens bis abends, es muss alles perfekt machen, ist es im Dauerstress und sein Output ist Angst, Fehler zu machen. Vorab: Du wirst nie perfekt. Du kannst immer andere dagegenstellen. Auch als Olympiasieger wirst du eines Tages abgelöst oder kannst deine Leistung mit einem anderen Pferd nicht als Match optimieren. All die Schwächen, die uns nicht perfekt machen, aber zu uns gehören, wir sie aber nicht haben wollen, verstärken mit der Zeit den inneren Antreiber nach Perfektion. Fragt man uns, was alles schiefgelaufen ist, liefern wir eine Litanei Negatives. Fragt man uns nach Positivem, fällt uns meistens auf die Schnelle nichts ein. Stimmts?

Nenne mir nur einen einzigen Reiter, der Reiten gelernt hat, ohne Fehler zu machen.
Besonders Reitsportler sind geprägt auf Leistung, Tun, Schaffen. Und viele werden überwiegend verbessert, korrigiert, zurechtgewiesen, getadelt, missachtet, gestraft ... Und manch einer ist emotionalen Machtspielen oder psychischer Gewalt ausgesetzt. Viele fühlen sich unverstanden, überfordert, herabgewürdigt, manchmal auch bloßgestellt vor anderen. Sie empfinden sich als fehlerhaft und sind innerlich unglücklich. Die Basisinformation, die einige verinnerlichen, ist: Du bist nicht richtig, wie du bist und das, was du tust, ist auch nicht richtig. Kurzum: Du kannst nicht reiten. Ob du es jemals lernen wirst, ist zweifelhaft. Die Teufelsspirale »Angst vor Fehlern« und »Bloß kein Fehler sein« ist geboren.

Der Wert, den Fehler zuerst bei sich zu suchen, ist zweifelsfrei löblich, darf aber nicht in der Psyche der Reiter zu einer generalisierten Angst vor Fehlern führen!

Jedes Pferd bestimmt selbst, was bei ihm wirkt und was nicht.

Alle Reiter machen Fehler. Die Lehren der hiesigen Reitweisen basieren alle auf Versuch und Irrtum. Überliefert wurde lediglich, was einmal oder mehrmals zum Erfolg führte. Vieles aus diesen Lehren ist heute mehrfach wissenschaftlich widerlegt, hält sich dennoch hartnäckig in den Köpfen vieler. Warum eigentlich? Weil ein Fehler, der zum Erfolg führte, sich plötzlich relativiert. Er wird nicht mehr als »Fehler« gesehen. Gleichzeitig wird er weitergegeben mit dem Anspruch, er möge auch bei anderen wirken. Muss er aber nicht. Jedes Pferd bestimmt selbst, was bei ihm wirkt und was nicht. Verurteile dich also nicht voreilig. Sobald du dir die Möglichkeit nimmst, Outside the Box zu denken, bist du zu festgefahren in vorgegebenen Mustern.

Reiter werden sehr selbstkritisch, wenn ihnen ein Fehler passiert. Blitzschnell ist die innere Stimme aktiv und zieht uns noch mehr runter. Sie redet herablassend und verurteilend. Sie ist unfair, aber du bekommst es nicht mit. Gegen deine innere Stimme wirst du leise und machtlos. Das muss nicht sein. Lasse den Anteil in dir stark werden, den deine innere Stimme unterdrückt: dein verurteilter Anteil. Lasse ihn Sätze sagen wie »Ich erreiche meine Ziele schneller, wenn du freundlicher zu mir sprichst, nicht, indem du mich runtermachst.«

Ein Reiter mit einem stabilen Selbstwertgefühl verurteilt sich nicht für einen Fehler. Er kann sein SEIN von seinem VERHALTEN trennen. Ich habe ein Problem (Verhalten). Ich bin das Problem (Sein). Statt direkt zu glauben, er sei ein schlechter Reiter, reflektiert er ohne Bewertung das Verhalten, das zu einem Fehler geführt hat. Mehr nicht. Subjekt-Prädikat-Objekt. Versuchs mal. Wie hätte ich es besser machen sollen? Reflektieren, ohne gleich zu werten. Abhaken. Ärger auf sich selbst loslassen. Egal, um was es geht. Gehe lieber mit guter Laune durch den Tag.
Zur Selbstentwicklung gehört, Verantwortung für die eigenen Entscheidungen und Fehler zu übernehmen. Fehler sind Erfahrungen, die wir machen müssen, um bessere Entscheidungen zu treffen. Sich über sich selbst zu ärgern, weil man nicht perfekt war, ist der falsche Ansatz. Weder Ärger hilft noch die Schuld der fehlenden Perfektion geben hilft. Hilf deinem Pferd stattdessen liebevoll und pferdepsychologisch gerecht, aus Fehlern herauszukommen.
Selbstsicherheit ist nicht das Gegenteil von Selbstunsicherheit. Selbstunsicherheit äußert sich oft in Angst, Fehler zu machen oder falsche Entscheidungen zu treffen. Selbstsicher bedeutet, du kennst dich selbst. Deine Stärken und Schwächen. Nur dann kannst du deinen inneren Kritiker besänftigen, wenn er dir einreden will, dass du zu dumm bist. »Ich bin nicht dumm, nur gerade noch nicht gut genug im Fliegenden Wechsel.« »Ich frage nach besserer Hilfe.« So nimmst du deine Schwäche an, statt sie zu bekämpfen, und beschimpfst nicht dein SEIN. Es entstehen keine Selbstzweifel. Gleichzeitig wechselst du deinen Stress State.

Übung Verliebtheit

Stell dir vor, du bist verliebt in dein Reiten, du spürst die Schmetterlinge, Vorfreude, Lebendigkeit, weil dein Reiten voller Möglichkeiten ist. Stell dir vor, das ist genau jetzt.

QUICK-TIPPS BEI ANGST, FEHLER ZU MACHEN

1. Es ist nicht entscheidend, wie oft die Fehler passieren, sondern wie wir damit umgehen. Den besseren Reiter macht aus, dass er mit Fehlern positiv umgeht. Sein Gehirn aktiviert keinen Stress, was ihm wiederum ermöglicht, in einer ähnlichen Situation bessere Entscheidungen zu treffen.
2. Ein Streben nach Perfektion fördert einen Defizitfokus, bei dem du nur noch siehst, was misslingt oder nicht perfekt ist. Es ist o.k., nicht in allem ausgezeichnet zu sein. Es ist o.k., sagen zu dürfen, nicht perfekt zu sein. Denn das ist die Wahrheit. Ein Streben nach Perfektion fördert einen Defizitfokus, bei dem du nur noch siehst, was misslingt oder nicht perfekt ist. Leider erkennst du nicht, wann dein Pferd in die Freeze oder in die Fawn Response geht. Es ist o.k., nicht in allem ausgezeichnet zu sein. Es ist o.k., sagen zu dürfen, nicht perfekt zu sein. Denn das ist die Wahrheit. Du bist fehlbar. Perfekt unperfekt. Du darfst statt Perfektion Präzision anstreben.

QUICK-TIPPS BEI ANGST, FEHLER ZU MACHEN

3. »Ich finde meinen Weg. Es gibt keinen Schutz vor dem falschen Weg.«
   Mache dir bewusst, dass Wege geändert werden dürfen, so wie Meinungen und Entscheidungen sich ändern dürfen. Bist du auf einem ungünstigen Weg, wähle einen neuen Weg. Wege entstehen, indem du sie gehst!
4. Die einzigen Reiter, die keine Fehler machen, sind die, die nichts üben.
   Nutze Fehler zur Selbstoptimierung statt zur Selbstabwertung.
5. »Ab jetzt mache ich nur Fehler, wenn keiner zuschaut.« Gib dir dieses Versprechen, wenn dir Fehler immer nur in Anwesenheit anderer passieren.
6. »Wie hätte ich es besser machen sollen?« Reflektiere, ohne gleich zu werten. Abhaken. Ärger oder Enttäuschung loslassen. Egal, um was es geht. Gehe lieber mit guter Laune im Nervensystem durch den Tag.

Angst, die Aufgabe oder den Parcours zu vergessen

Die Aufgabe oder den Parcours zu vergessen, kann passieren. Es ist kein Weltuntergang. Wenn du Angst hast, dann nur, weil du die Geschichte nicht zu Ende denkst und dich in keiner schamerzeugenden Situation präsentieren willst. Was ist denn, wenn es einen Blackout gibt? Wir denken, wenn uns etwas Blödes passiert, bekommt es jeder mit und unsere Reitkarriere ist vorbei. Wir glauben, wir stehen im Mittelpunkt. Die Wahrheit ist: 8 Milliarden Menschen fällt gar nicht auf, dass dir etwas Blödes passiert ist. Okay, in der Prüfung ist es unübersehbar, aber in 10 Jahren oder weit weniger erinnert sich nur noch dein Ego daran. Wie wahrscheinlich ist es, dass dich wirklich alle auslachen werden?
Andere denken über sich, nicht über dich. Und wenn doch, dann nie so ausführlich wie du über dich selbst.

Abwertung findet im eigenen Kopf statt – schlimmer als eine andere Person uns im wahren Leben abwerten würde.

Abwertung findet im eigenen Kopf statt – schlimmer als eine andere Person uns im wahren Leben abwerten würde. Alles, was andere denken könnten, denken wir selbst von uns, sonst könnten wir es nicht anderen zuweisen, weil es schlicht nicht in unserem Gehirn neuronal hinterlegt wäre. Unsere gehirnmechanisch verzerrte Wahrnehmung (subjektive Fehlwahrnehmung) erschafft die fantasievollsten Probleme in unserem Kopf. Und weil wir es können, machen wir sie durch unseren Katastrophenfilm oder unsere Bewertung immer größer. Das ist der sogenannte Limelight (Rampenlicht)-Effekt. Du leuchtest dir selbst deine Abwertung von allen Seiten aus. Einige Gedanken denken sich schnell, was kein Beweis ist, dass sie wahr sind. Sie denken sich nur leichter.

Lege den Fokus auf das, was du haben willst, nicht auf andere oder darauf, was du vermeiden willst.

Lege den Fokus auf das, was du haben willst, nicht auf andere oder darauf, was du vermeiden willst.

Was ist denn am Prüfungsreiten so gefährlich? Stirbst du dann? Der Erwachsene wird nicht sterben, aber die innere Instanz des Schattenkindes denkt, wenn sie es nicht perfekt macht, verliert sie die Bindung zu Mama und Papa und wird aus dem System ausgeschlossen. Das ist für das Nervensystem wie Todesangst. Diese Angst überträgt der Reiter aus dem Antrieb des Schattenkindes unbewusst auf das System Reitsport. Es ist gefährlich, zu versagen, weil wir dann nicht dazugehören. Es lastet ein unheimlicher Druck auf der Psyche, die das Nervensystem lieber vorsorglich in Alarmbereitschaft versetzt. Der Körper schränkt die Kognition ebenfalls vorsorglich und sicherheitshalber ein. Sicher ist sicher. Vielleicht passiert gleich eine Katastrophe und er muss Energie für Kampf oder Flucht haben. Blöd, dass der Kopf nicht mehr so recht ansteuerbar ist. Wir bekommen Konzentrationsprobleme, unsere Atmung wird angestrengter, die Muskeln verspannen. Wir kommen nicht oder nur mühsam zum Sitzen und haben die Zeit im Nacken, das Abreiten mit unserem gestressten Pferd zu timen.

Bleibt uns die Luft weg, zieht der Körper die Notbremse. Die meisten Blackouts beruhen auf dem Luft Anhalte Syndrom. Bekommt der Körper keinen Sauerstoff, weil die Luft angehalten wird oder durch zu schnelle und flache Einatmung der CO2-Gehalt reduziert wird, der somit den Sauerstoff nicht mehr zu den Mitochondrien zur Energiegewinnung transportieren kann, damit der Körper leistungsfähig bleibt, schaltet der Körper vollautomatisch auf Notlage um und schränkt alle Funktion auf das Überlebenswichtige ein. Die kognitive Leistung und das Denken sind vorübergehend nicht erreichbar. Kein Anschluss unter dieser Nervenbahn. Wir können nicht mehr denken. Hier bedarf es automatisierter Übungen wie Rituale, Routinen, Visualisierungen, Anker setzen, mit denen du Punkt für Punkt mental und praktisch durch die Übungen gehst. Immer wieder. Sie müssen zur Routine werden. Die Regelmäßigkeit braucht das Gehirn.
Der Zugang zum Präfrontalen Kortex, dem Sitz deiner Dressuraufgabe oder deines Weges im Parcours, wird bei Angst gesperrt. Für das Überleben ist dieses Wissen schlicht nicht hilfreich, entscheidet das Limbische System. Nur noch die überlebenswichtigen Organe funktionieren. Dein Gehirn vermerkt sich die Randnotiz: Auf dem Turnier geht es um Leben und Tod. Und genau das spiegeln so unfassbar viele Gehirnbesitzer auf den Reitplätzen dieser Welt wider …

Unsere Orientierungsfähigkeit zählt zu den koordinativen Fähigkeiten. Auch sie ist blockiert, wenn die Angst das Sagen hat. Je besser wir die Koordination trainieren, desto besser werden Balance und Orientierung im Viereck oder im Parcours. Dazu können wir mittels Koordinationschart, wie es sie in der Neuroathletik gibt, unsere Konzentration steigern.
Baue Vertrauen in das eigene Nervensystem auf, dass es mit der Zeit neuronal schneller und kohärenter funktioniert und dadurch Blackouts der Vergangenheit angehören.

QUICK-TIPPS BEI BLACKOUTS

1. Trainiere deine Atmung. Eigne dir eine Atemtechnik an, die du bewusst abrufen kannst.
2. Trainiere deinen Sehnerv. Das visuelle System trägt maßgeblich zur räumlichen Orientierung, zur Körperhaltung, Wahrnehmung und Bewegung bei.
3. Trainiere deine Koordination, um deine Konzentration zu steigern.
4. Trainiere dein Mindset und löse dysfunktionale Emotionen auf.

Lade dir hier deine Koordinationsübung und Übungen für deinen Sehnerv herunter.

Angst, etwas kaputtzumachen

Mögen wir uns als Reiter oder konzentrieren wir uns darauf, was wir nicht gut finden, nicht richtig machen oder nicht richtig können? Ist dein Fokus auf dem, was dich stört, bist du nie mit dir zufrieden und nährst die Angst, dein Pferd nicht richtig zu bedienen. Die Angst, etwas kaputtzumachen, zeigt deine Unsicherheitsintoleranz. In dir ist Unsicherheit und Angst und du willst Sicherheit im Außen, nichts falsch zu machen, um zu verhindern, dass es kaputt geht. Dahinter versteckt sich die Angst, Schuld zu sein.

Wir machen uns selbst Vorwürfe und finden uns nicht gut genug. Vielleicht zweifeln wir auch stark an unseren Fähigkeiten. Sicherlich spielt auch der finanzielle Aspekt eine Rolle, Schaden vom Pferd fernzuhalten, da dieser mit erheblichen finanziellen Verlusten einhergeht. Auch unsere moralisch-ethische Verpflichtung zum Tierschutz übt unbewusst Druck auf uns aus, umsichtig, unfallvermeidend, pferdegerecht, fehlerfrei mit dem Pferd umzugehen. Auch hier geht es um die Schuldfrage. Ein gesellschaftlicher Ausschluss durch Fehlverhalten bedeutet Stress.

Die häufigste Ursache für die Angst, etwas kaputtzumachen, ist jedoch, irgendjemand hat uns als Kind gespiegelt, dass wir nicht gut genug sind. Von alleine wüssten wir das nicht. Keiner schlüpft aus dem Geburtskanal und denkt, er möchte in diesem Leben gerne die Erfahrung machen, wie es sich anfühlt, beim Pferd nicht gut genug zu sein, Angst zu haben, etwas kaputtzumachen. Irgendetwas muss zu irgendeiner Zeit in unserem Leben im Maßstab eines anderen nicht gut genug gewesen sein und wir haben die Ablehnungsgefühle adaptiert und wollen fortan alles dafür tun, endlich das Prädikat »gut genug« zu bekommen. Fremde und bekannte Leute sollen uns ihre Absolution erteilen. Das zieht sich wie ein roter Faden durch unser gesamtes Leben und macht auch keinen Halt vor dem Reitsport, der von fremden Prädikaten lebt. Wir werden je nach Leistung belohnt, anerkannt oder abgelehnt. Wir haben das Gefühl, erst ein »Upgrade« leisten zu müssen, um im Reitsport sein zu dürfen. Egal, wie viel man macht, es ist doch nicht (gut) genug. Willkommen im ewigen Kreislauf des (Reitsport-)Leistungsdrucks.

Viele zerbrechen unter diesem Druck und trauen sich bald kaum noch, aufs Turnier zu fahren, sich auf den sozialen Medien im Ist-Status (nicht im inszenierten Fake-Status) zu zeigen oder etwas mit ihrem eigenen Pferd zu üben, auszuprobieren, einfach nur zu sein.

Selbstzweifel kommen aus einem verzerrten Selbstbild. Sie reden uns glaubhaft ein, etwas nicht zu können.

Haben wir einen geringen Selbstwert, sind wir strenger zu uns selbst als zu anderen. Schließlich wollen wir unser eigenes Pferd nicht versauen. Besonders dann nicht, wenn wir ihm einen hohen emotionalen Wert beimessen oder der Trainer ein vermeintliches Problem gerichtet hat. Selbstzweifel kommen aus einem verzerrten Selbstbild. Sie reden uns glaubhaft ein, etwas nicht zu können. Jeder noch so kleine Fehler ist Zeugnis dafür.

Angst, nicht zu wissen, wie es geht, ist das Resultat einer fehlenden technischen Strategie oder eines geringen Erfahrungsschatzes. Wir sind nicht vorbereitet, wenn das Pferd seinen eigenen typisch tierischen Plan durchsetzt. Oft suchen wir uns dann Dritte, die das Problem für uns lösen, statt dem Gehirn das Wachstum neuer Nervenbahnen anzubieten, indem wir selber die Lösung erarbeiten.

Wir überschätzen das Risiko, mit dem die Gefahr des Kaputtmachens eintritt, gleichzeitig unterschätzen wir unsere Kompetenzen und Fähigkeiten, damit umzugehen. Es stellt sich ein konstantes Gefühl von bedrohlicher Gefahr bei gleichzeitigem Mangel an Selbstwirksamkeit ein.

Die Krux: Unser hochreguliertes Nervensystem lässt die Hüfte blockieren und wir kommen nicht zum Sitzen oder wir sitzen gegen die Bewegung. Wir verkrampfen äußerlich und innerlich und befeuern unsere Angst, nicht gut genug zu sein und dem Pferd zu schaden. Ein Teufelskreis. Es tritt ein, was wir befürchten.
Unser eigener Anspruch ist: Wir wollen es lieber richtig machen als genau falsch. Aus diesem Mantra heraus machen wir lieber gar nichts als zu viel oder nur ungefähr richtig. Ebenfalls mit fatalen Folgen für unser Pferd. Im Gehirn prägt sich ein, nichts können wir richtig machen. Selbst fürs Nichts-Tun sind wir nicht gut genug ... Unser Pferd wird uns immer weniger lesen lernen, weil wir unklarer und unsicherer werden. Irgendwann wird sich das Pferd sicher sein, sich nicht auf uns verlassen zu können. Es beginnt, sich selbst zu schützen und sich von uns als Last abzuwenden. Genau dann eskaliert es, da die Reaktion des Pferdes unser Sicherheitsbedürfnis triggert und die niedere Schwelle unserer Unsicherheitstoleranz Alarm auslöst. Die Kampf- oder Flucht Response des Pferdes kollidiert mit unserem Erstarren. Verflixte Situation. Wir wollen nur das Beste und machen durch Nichts-Tun alles schlimmer. Oder wir tun etwas, aber das Ungünstige, weil unsere Unwissenheit es (noch) nicht besser wusste. Für uns ist es schwer, anzunehmen, dass Pferdesport auf Versuch und Irrtum basiert.

Wir wollen nur das Beste und machen durch Nichts-Tun alles schlimmer.

Haben wir das Gefühl, den Dingen nicht gewachsen zu sein, sie nicht kontrollieren zu können, entsteht Frustration. Die Angst, etwas kaputtzumachen, blockiert unseren Mut. Wir merken, es klappt nicht, unser Wertekonflikt hält uns aber handlungsunfähig, etwas zu verändern. Wir wollen nicht schuld sein, wenn dem Pferd was passiert. Als Kinder lernten wir, wer Schuld hat, ist ein schlechter Mensch. Das gilt es, ein Leben lang zu vermeiden. Das Gefühl, beim eigenen Pferd Schuld zu sein, wird unerträglich. Wir verstecken unsere Angst vor dem Pferd. Wollen nicht, dass es durch die Angst verunsichert werden. Wir tun so, als ob wir selbstsicher sind. Das verunsichert Pferde noch mehr. Wir sind nicht authentisch und stehen nicht zu uns als unperfekte Wesen, die nicht fehlerfrei sind.

Unser Maß der Risikofreudigkeit kann erlernt werden. Wenn wir uns etwas nicht trauen, ist es ein Thema unserer Komfortzone. Wir dürfen uns Zeit geben. Wir dürfen auch mit der Angst reiten. Keiner von uns wird willentlich einem Pferd schaden wollen. Keiner von uns besitzt den heiligen Vertrag, dass keine Fehler passieren und keine passieren dürfen.
Halten wir zu unserer eigenen Bedürfnisbefriedigung ein Pferd, muss uns bewusst sein, dass wir es nutzen. Ja, es klingt hart. Es ist aber die Wahrheit. Beim Gebrauch entstehen Nutzungsspuren. Sie entstehen leider auch bei der Vermeidung eines Gebrauchs. Daher ist es deine Pflicht,

dich mit der Gebrauchsanweisung fachgerecht, pferdegerecht und pferdepsychologisch auseinanderzusetzen! Das Schlimmste, was du kaputtmachen kannst, ist das Herz deines Pferdes. Setze dich daher zwingend mit deiner eigenen Psyche und deinen emotionalen Baustellen auseinander. Ein Emotionscoaching hilft da schon Wunder. Der Körper heilt, aber wir alle hinterlassen in der Seele unserer Pferde Spuren. Auch Pferde wissen das. Trotzdem begegnen sie uns jeden Tag aufs Neue mit unfassbarem Vertrauen. Selbst dann, wenn wir »etwas kaputt gemacht haben«. Für ein Pferd macht es keinen Sinn, die Zeit mit uns in Angst, Wut, Verzagen oder Schuld zu verbringen. Es lässt sich auf uns ein, ohne Bedingung.

Vertrauen ist, das Risiko des Verletzt-Werdens einzugehen.

Vertrauen ist, das Risiko des Verletzt-Werdens einzugehen.

Angst, nicht zu wissen, was passiert

Es gibt niemanden auf der gesamten Welt, der weiß, was passieren wird. Warum solltest du die Ausnahme sein? Du lieferst Energie in einen Umstand, den du nicht beeinflussen kannst. Das ist nicht clever. Investiere deine Energie lieber in dein Vertrauenskonto.

Wir müssen Vorauszahlungen auf ein imaginäres Vertrauenskonto leisten, um Sicherheit zu bekommen. Insbesondere in Situationen, in denen wir nicht wissen, ob sie unseren Erwartungen entsprechen werden oder nicht. Wir müssen dem Pferd vertrauen, obwohl wir es vielleicht gerade nicht können. Das Reiten am langen Zügel im Schritt, bei dem wir neulich runtergefallen sind, weil das Pferd sich erschrocken hat, macht uns seither Probleme. Sätze wie »Reiten ist gefährlich und du musst immer auf der Hut sein« oder »Pass auf«, infiltrieren das Gehirn zusätzlich und erhöhen die Stresshormone.

Um Sicherheit zu bekommen, musst du zuerst Vertrauen lernen. Und zwar in dich selbst!

Du kannst weder das Reiten noch dein Pferd erpressen »Zeige mir, dass ich dir vertrauen kann, und dann gehe ich mit dir gemeinsam den Weg.« Du wirst erst das Risiko eingehen müssen, bevor dein Pferd mit dir geht. Du musst auf das Vertrauenskonto einzahlen, auch wenn du nicht weißt, welches Ergebnis auf dich wartet und ob du Erfolg haben wirst. So funktioniert Reitsport. Je mehr du dich auf dein Pferd einlässt, desto mehr verringert sich das Maß der Angst. Du hast es gemeistert. Wir vertrauen, was uns vertraut ist. Mach dir dein Pferd vertraut.

Um Sicherheit zu bekommen, musst du zuerst Vertrauen lernen. Und zwar in dich selbst!

Du kannst beim Reiten nicht erzwingen, dass du sicher und geschützt bist. Nimm vorab das Scheitern in Kauf, um die Angst, nicht zu wissen, was passiert zu entmachten. Vertrauen ist das erste Risiko, das

wir immer wieder jeden Tag aufs Neue eingehen müssen. Wir lassen uns oft nicht (mehr) auf unser Pferd ein, weil der erwartete Schmerz wehtut. In all der Zeit, in der keine Schmerzerfahrung vorliegt, haben wir nichts Besseres zu tun, als die Zeit beim Reiten in der Erwartungsangst eines Schmerzes zu verbringen? Wir haben schlechte Gefühle, Zweifel, Bedenken, Skepsis. Tut das nicht viel mehr weh? Ist das nicht unnütz? Wir sind auf der Suche nach Sicherheit oder Beweisen für die Rechtfertigung unseres Misstrauens und suchen, was passieren könnte. Wir erschaffen uns unsere Angst- und Stressgefühle. Unser Fokus erkennt nur noch Unsicherheit. Wir ziehen noch mehr Unsicherheit an. Sind wir oder unser Pferd in einer neuen oder unbekannten Situation, ängstigt uns die Ungewissheit, ob wir die Situation bewältigen können. Mit Angst sind wir nicht risikofreudig. Wir wollen lieber der Bedrohung entkommen und jedes Risiko vermeiden.
Mit Unsicherheit bekommst du niemals Sicherheit!
Wir fallen in eine Stagnation, weil wir nicht wissen, was wir tun sollen, weil wir nicht wissen, was passiert. Mit diesem Dilemma kämen wir zurecht, wir müssten nur ein bisschen wissen, was als Nächstes passiert, dann könnten wir uns besser vorbereiten auf die Angst, nicht zu wissen, was passiert ...

Ungewissheit löst im Gehirn einen Reizzustand aus. Das Gehirn wappnet sich, auf jede Situation vorbereitet zu sein. Das kostet Energie, die uns Kraft raubt für die Entscheidungen, die uns voranbringen. Bei der Angst, nicht zu wissen, was passiert, spürst du nur die Elektronenkaskaden in deinem Kopf. Stay cool. Nobody knows.

Übung Risiken eingehen

Gehe kleine Risiken ein, um Vertrauen zu lernen. Mache dir eine Liste, welche kleinen Risiken du mit oder bei deinem Pferd eingehen willst.

Angst vor Kontrollverlust

Menschen fühlen sich machtlos, wenn sie keine Kontrolle haben. Keiner darf uns Kontrolle nehmen. Sonst bekommen wir noch mehr Stress. Gleichzeitig gibt es einen Gehirnbereich, den ältesten Teil des Gehirns, der Angst hat, zu sterben. Lieber alles unter Kontrolle haben, als ausgeliefert zu sein und auszusterben, ist die nüchterne Erklärung deines Gehirns.
Für alles im Leben wollen wir eine Garantie und auf Nummer sichergehen. Gleichzeitig kämpfen wir um Freiheit und persönliche Entfaltung. Dem Pferd sprechen wir das ab. Entfaltung unter uns? Nein, danke. Außer, wir kontrollieren sie. »Es könnte ja gefährlich werden ...« Ja, das ist Fakt. Es gibt keine 100%ige Sicherheitsgarantie im Pferdesport. Aber wir haben die Wahl, ob

wir den Sport mit einem entspannten oder einem gestressten Nervensystem im Überlebensmodus ausüben wollen. Entscheide dich: Mit Misstrauen das Pferd kontrollieren oder im Vertrauen reiten. Im Misstrauen jedenfalls kannst du kein Vertrauen aufbauen!

ENTSTEHUNG VON KONTROLLVERLUSTANGST

- ☐ Erlebter Kontrollverlust ohne Konsequenzen beim Sturz, Fluchtverhalten oder Kampfverhalten des Pferdes
- ☐ Erlebter Kontrollverlust mit Konsequenzen wie Schmerzempfinden, Verletzungen, Verletzungen beim Pferd
- ☐ Eingebildete Angst durch innere Bilder, Erzählungen, gefühltes Miterleben, Kopfkino
- ☐ Unfall, körperliche Beschränkungen
- ☐ Veränderte Lebenssituation, Geburt des Kindes, soziale Stellung, soziales Umfeld, Schwangerschaft, veränderte Ziele, Krankheit

Wir glauben, je besser wir die Dinge kontrollieren können, desto weniger Schlimmes kann passieren, desto sicherer sind wir. Das ist ein völliger Trugschluss. Wir können gar nicht alles kontrollieren. Das, was beim Pferd wirklich passiert, ist selten das, was wir geplant haben. Die Kunst besteht beim Reiten darin, ohne Kontrolle zu führen. Erst wenn du den Kontrollanspruch aufgibst, wird sich das Pferd freiwillig auf dich einlassen und dir folgen. Hingabe und Vertrauen statt Kontrolle. Ganz anderer Fokus. Legen wir unseren Fokus auf das Hier und Jetzt, können wir Entscheidungsspielräume abklären. Das Pferd darf an der Partnerschaft mitgestalten. Erkennen wir, wo die Aufmerksamkeit des Pferdes hingeht, können wir sie bewusst in die entgegengesetzte Richtung lenken. Sind wir aber mit unserem Fokus bei der Angst, dass es sich losreißt, wegrennt, uns umrennt und wir es nicht halten können, üben wir Druck aus und Druck erzeugt Gegendruck.

Erst wenn du den Kontrollanspruch aufgibst, wird sich das Pferd freiwillig auf dich einlassen und dir folgen.

Nur die limitierte Persönlichkeit hat Angst, die Kontrolle zu verlieren. Erkenne, dass deine Persönlichkeit die Kontrolle nie gehabt hat. Dein Verstand bildet sich ein, eine Kontrolle zu haben. Und dein Ego will das auch. Du bist in einer Illusion. Wir alle wissen, wenn das Pferd nicht kooperiert, haben wir keine Kontrolle. Es gibt immer wieder Situationen, die wir nicht kontrollieren können. Du kannst dir lediglich Kompetenzen aneignen wie die »Notbremse«, die dich kompetenter fühlen lassen und dir das Gefühl der Hilflosigkeit nehmen. Dann bekommst du ein Gefühl dafür, was du kontrollieren kannst und was nicht. Ein Pferd aus Gründen der Kontrollverlustangst, rückwärts statt durch den Körper zu reiten, auf den Hals zu ziehen oder mit Hilfszügeln oder scharfen Gebissen gefügig zu machen, kann nicht das wahre Problem beseitigen: Den Reiter und seine Versagensangst, die ihn in den Zustand von Minderwert und Misstrauen drängt.

Die Angst vor dem Kontrollverlust ist nahezu im gesamten Umgang mit dem Pferd präsent. Es beginnt bei der Angst, das Pferd an der Hand und unter dem Sattel nicht zu beherrschen. Es endet mit den Gedanken, ob es losrennt, buckelt, steigt oder unruhig wird. Die Körperreaktionen verstärken sich durch die Selbstzweifel, Überforderung und Unsicherheit. Schlussendlich ärgern wir uns über uns selbst, dass wir es noch immer nicht hinbekommen. Dieser Kreislauf wird sich wiederholen, wenn wir ihn nicht mithilfe anderer Gedanken unterbrechen. Es ist an dir zu reagieren. Es passiert nie was aus dem Nichts. Deinen inneren Kontrolllöwen wirst du vielleicht nicht eliminieren, aber du lernst, ihn zu steuern und seinen Stress zu kontrollieren.

Das Nervensystem steuert und kontrolliert die sportliche Leistungsfähigkeit hinsichtlich Bewegung, Koordination, Muskelkraft, Schmerzen und Angst. Jede Veränderung im Außen führt zu einer Veränderung unseres Nervensystems. Wollen wir eine bessere Bewegungskontrolle, brauchen wir ein starkes, ausdauerndes und flexibles propriozeptives System. Das bedeutet, wir müssen so viele Bewegungserfahrungen sammeln, bis unser Körper für jede noch so kleine Bewegungsänderung des Pferdes eine Lösung hat, die es über das Gehirn abrufen kann. Unser gesamtes reiterliches System lässt sich stärken, indem wir im Nervensystem unsere Überlebensfähigkeit durch biomechanische Erfahrungen und Stabilisierung der biochemischen Prozesse erhöhen.

Sobald du gelassen bist, hast du Vertrauen, alle Erlebnisse und Situationen zu meistern, die dir im Reiten begegnen. Suche dir einen Coach für Pferdeverhalten und Pferdepsychologie, um dein Pferd besser und nach neusten wissenschaftlichen Erkenntnissen lesen zu lernen. Überwinde dich und gib Stück für dich die Kontrolle ab, denn nur so funktionieren Vertrauen und Partnerschaft.

QUICK-TIPPS KONTROLLVERLUSTANGST

1. Ich weise ausdrücklich darauf hin, dass die Bedienung der »Notbremse« aus sicherheitsrelevanten und unfallvermeidenden Gründen schon rein rechtlich erforderlich ist. Doch es liegt an dir, was deine »Notbremse« wird.

QUICK-TIPPS KONTROLLVERLUSTANGST

2. Solange dein Gehirn in seinem neurobiologischen Output »Unsicherheit« produziert und deine Psyche im Pakt mit dem Unterbewusstsein nicht aufgearbeitete Traumata oder ein verletztes Urvertrauen mit Output mangelnder Selbstwert projiziert, wird sich dein gesamtes System an dem letzten Strohhalm »Sicherheit durch Kontrolle« festhalten. Bearbeite beide Themenfelder neurokognitiv und neurobiologisch, damit dein Gehirn wieder Ressourcen frei hat für Vertrauen und daraus wachsende Selbstsicherheit.

3. Arbeite an deiner Fitness- und Körperkontrolle, um unvorhergesehene Bewegungen des Pferdes ausbalancieren zu können und dich besser im Sattel zu halten. Trainiere a-typische Bewegungsmuster, um sie deinem Gehirn erfahrbar zu machen und eine Nervenbahn zu haben, für den Fall der Fälle, dass du die Entscheidung triffst, abzuspringen. Ist dein Nervensystem schnell und reaktionsfähig, kann es auf die ständigen Veränderungen beim Reiten optimal reagieren.

Übung Druck abbauen

Schaue in die Tierwelt und mache es ihnen nach. Tiere schütteln sich, wenn sie Druck oder Angst abbauen wollen. Tiere machen das autonom, wenn der Druck zu groß wird. Während des Schüttelns des gesamten Körpers, wie Pferde es nach dem Wälzen tun, kann keine Angst empfunden werden. Angst staut sich so nicht mehr im Körper und kann sich nicht festsetzen in den Zellen. Emotionen kommen in den Fluss und raus aus dem Körper. Gehe dazu mit deinem ganzen Körper in eine extrem starke Muskelanspannung. Spanne alles. Von der Zehe bis zur Stirn. Krümme dich vor Anspannung. Zähle bis drei, springe in die Luft und lasse mit einem Schütteln durch den gesamten Körper deine Anspannung los. Wiederhole die Übung mindestens dreimal.

Angst vor Tempo

Das Gehirn macht immer drei Dinge, wenn du auf dem Pferd sitzt, um ein Gefühl für das Tempo, die Distanz, den Absprung, das Rhythmusgefühl und das Gehen des Pferdes zu bekommen:

1. Das Gehirn empfängt und sortiert über die Augen die Signale aus deiner Umgebung und verarbeitet die gespiegelten Bilder jedes Auges zu einem Bild und projiziert es uns zu einem Bild,

wie wir es sehen. Funktioniert nur eines der beiden Wege vom Sehnerv des einen Auges zum visuellen Kortex nicht, und der Reiter bekommt nur Informationen aus einem Auge, kann er die Distanz nicht sehen und reitet über den Kontrollzwang »rückwärts«, unpassend, untertourig zum Sprung. Ähnlich ergeht es Dressurreitern, die die Bahnpunkte im Raum verfehlen oder das Tempo zu viel kontrollieren wollen, weil unbewusst der Sehnerv zu wenige Informationen ans Gehirn sendet. Dadurch gelangen ungenaue Informationen von den Augen zum Rückenmark in unser Becken und zum Balancesystem. Der Reiter fühlt sich unsicher, krampft oder hält sich am Zügel fest. Das visuell-vestibuläre System arbeitet nicht kohärent. Die Psyche aktiviert die Angst vor Kontrollverlust. Das Nervensystem signalisiert Stress. Das Pferd spiegelt diese ganzen Vorgänge.

2. Das Gehirn empfängt über die Ohren Signale (über Schallwellen und gallartige Masse, die bei jeder Tempo- und Richtungsänderung in Wallung kommt und die Blickbewegung steuert) über Beschleunigung, Bremsen und Richtungsänderung. In den Ohren sitzt unser Gleichgewichtssinn mit seinen drei Bogengängen, die Rückmeldung über unsere Körperhaltung und Orientierung im Raum gibt. Wer zum Beispiel seinen Kopf schief hält, hat Probleme in den Bogengängen. Sie melden Reize über Nervensignale dem Gehirn und es führt Drehbewegungen aus. Decken sich die Informationen von Ohr und Auge nicht, beispielsweise melden die Ohren eine Schieflage, weil wir den Kopf schief halten (betroffen sind alle Richtungen: oben, unten, rechts, links, oben rechts, unten rechts, oben links, unten links, hinten und vorne) und wir uns verwerfen im Genick oder auf den Hals des Pferdes starren, die Augen melden aber keine Diskrepanz, weil sie sich an der Bande, am Horizont, am Hals des Pferdes ausrichten, reagiert der Körper mit Irritation und beginnt die schiefe Sitzposition als »gerade« zu empfinden. Die Signale aus den Bogengängen sind auch dafür verantwortlich, wie wir Bewegungen wahrnehmen und wie schnell wir uns darauf neu einstellen können (Schwindel, Unwohlsein, Übelkeit, Gleichgewicht verlieren und nicht schnell wiederfinden, beispielsweise in der Landephase, beim Vorausschauen zum neuen Sprung, zum neuen Weg, in Bocksprüngen, in allen plötzlichen Bewegungen des Pferdes gegen unsere Bewegungsrichtung). Feuern die Signale der Ohren ans Gehirn fehlerhafte Informationen, weil wir Geräusche und Schallwellen nicht identifizieren können, kommt es zu Fehlern beim Rhythmus-, Distanz- und Tempogefühl.

Decken sich die Informationen von Ohr und Auge nicht, reagiert der Körper mit Irritation und beginnt eine schiefe Sitzposition als ›gerade‹ zu empfinden.

3. Das Gehirn erkennt, wie viel Spannung die Sehnen und Muskeln haben, wie gefährlich oder ungefährlich der Körper die Aufgabenstellung unterbewusst über das somatische und autonome

Nervensystem rückmeldet, wie gut der Körper sich im Gleichgewicht halten kann, wie schnell und dynamisch flexibel er die Reiterhilfen geben kann, weil er über das propriozeptive System weiß, wo sich die Einzelteile des Reitersitzes befinden. Merkt der Reiter nicht, dass er im Liegeschiebesitz, im Spaltsitz, im Stuhlsitz ist; zu hohe Hände, krumme Schultern, ein Hohlkreuz hat oder in der Hüfte einknickt, dann meldet das propriozeptive System falsche Informationen ans Gehirn über die Lage der Gelenke in Raum und Zeit zurück. Bekommt dieses System auch noch fehlerhafte Signale aus den beiden anderen Systemen, hat der Reiter ein falsches Selbstbild und reitet weit unter seinen Möglichkeiten!

Auf Basis der zur Verfügung stehenden Informationen produziert das Gehirn eine Bewegung. Dieser Output ist die Art und Weise, wie du reitest, wann du Angst vor dem Tempo hast, wann neue oder plötzliche Bewegungen einen Alarm auslösen, wie gut du Hilfen geben kannst, wie vielfältig du reagierst, wie sattelfest du bist, wie schnell du unsicher wirst, wann dein Angstzentrum anspringt. Auch ein fehlerhafter Sitz oder eine fehlerhafte Ausführung der Hilfengebung wie das Ziehen am inneren Zügel sind ein Output deines Gehirns. Nun kannst du immer wieder – wie im herkömmlichen Unterricht – »drölfmal« darauf hingewiesen werden, anders zu sitzen, den äußeren Zügel vorherrschen zu lassen, nicht in Rücklage zu sitzen, den Kopf aufrecht zu tragen. Nachhaltig verändert sich selten etwas – oder nur nach monatelangem Mühen und Korrigieren.

Du denkst, du bist untalentiert? Hör auf damit. Fang an, dein Gehirn zu trainieren! Warum kann dein Gehirn die Bewegung und Integration von Schnelligkeit und Orientierung nicht ansteuern? Was braucht es anderes? Warum kannst du als Gehirnbenutzer das nicht ansteuern? Diese Fragen solltest du mit einem Coach bestenfalls aus der Neuroathletik klären. Du kannst schnelle Ergebnisse erwarten, weil es nichts Schnelleres gibt als das Nervensystem.

Je besser dein Gehirn und dein Körper die Beschleunigung und die Lageveränderung wahrnehmen können, desto besser kannst du dich ausbalancieren und klarere Hilfen geben

Grundsätzlich gilt: Wenn dein Nervensystem dem Gehirn rückmeldet, dass dein Körper nicht sicher ist, es sich nicht sicher anfühlt, was du auf oder neben dem Pferd machst, dann wirst du auch nur Unsicherheit als Output bekommen! Je besser dein Gehirn und dein Körper die Beschleunigung und die Lageveränderung wahrnehmen können, desto besser kannst du dich ausbalancieren und klarere Hilfen geben. Je regulierter du über die Atmung deine Herz-Hirn-Kohärenz ansteuern kannst, desto ausbalancierter reitest du.

QUICK-TIPPS BEI ANGST VOR GESCHWINDIGKEIT:

1. Einzeln reiten statt in der Gruppe und dir bewusst Zeit nehmen, die oben geschilderten Prozesse einmal wahrzunehmen. Filme dich und hol dir dein neuroathletisches, biopsychisches und biomechanisches Feedback bei einem modernen und fachlich geeigneten Trainer.
2. Teste deine Augen, wie sie deine Bilder abbilden und wann ein Auge ausfällt, ohne dass du es merkst. Mache in Abstimmung mit einem Coach vestibuläre und visuelle Drills und Vision Training aus der Neuroathletik (ohne Sehhilfe).
3. Hemme beispielsweise die Augenmuskulatur mit einer Lochbrille, um Reize des Umfeldes auszuschalten. Nebeneffekt ist die deutlich bessere Körperwahrnehmung, ein losgelassener und aufrechter Sitz, besseres Fühlen des Pferdes.
4. Teste Farblichtbrillen, wie im Kapitel »Farbbrillen« beschrieben. Vorsicht bei Gehirnerschütterungen und medizinischen Augenproblemen!
5. Nutze vibratorische Übungen, um die Zügel feiner zu halten und um dem Zieh Reflex entgegenzuwirken: Beispiel: Vibration mit einer elektrischen Zahnbürste der gesamten Hand innen wie außen plus Handgelenk.
6. Atme bewusster.
7. Bewege deine Zunge!
8. Drücke während des Reitens deine Finger einzeln und unabhängig in deine Faust. Welchen Finger du drücken sollst, kann dir ein Helfer zurufen. Das erhöht den Schwierigkeitsgrad und deine Aufmerksamkeit.

Angst vor dem Galoppieren

Wir gehen jetzt einmal davon aus, dass das herausfordernde Angaloppieren nicht am Pferd liegt wie bei fehlender Balance, keine Kraft, keine Koordination, sondern an einer Blockade, die bei dir liegt und das Prinzip von »Gas und Bremse« klar ist. Sollte das Problem in der »Bremse« liegen, besprich dich dringend mit deinem Trainer, dir technische Tipps zu holen, sie zu trainieren und deine fachliche Kompetenz zu steigern.

Was du unterbewusst glaubst, tritt auch ein. Glaubst du, das Angaloppieren klappt nicht, schwächst du deine Muskeln und es wird nicht klappen. Hast du Angst vor dem Kontrollverlust, ist dein Muskeltonus hingegen hoch. Die Angst vor dem Kontrollverlust ist die häufigste Ursache, wenn das Pferd nicht angaloppieren will. Es spürt den inneren Zwiespalt des Reiters, die Hilfe korrekt zu geben, aber zeitgleich maximal angespannt zu sein im ganzen Körper. Das Pferd spiegelt die Unsicherheit und Anspannung und wird fest im Rücken, was den Akt des Angaloppierens zusätzlich erschwert. Der Reiter will zu viel. Wenn wir etwas TUN auf dem Pferd, wollen wir etwas. TUN = Spannung. Der Körper bereitet sich vor, möglichen Schmerzen oder Gefahren auszuweichen. NICHTS TUN = Schwingung. Schwingen bringt uns in einen Grundtonus, der dem Pferd signalisiert, dass wir nur da sind, es in den Galopp begleiten, uns mitnehmen lassen, wenn es seine Balance gefunden hat. Wir geben einen Galoppschwingungsimpuls und verzichten auf Drücken, Quetschen, Klemmen sowie das zeitgleiche vorne Ziehen. Nur so hat das Gehirn eine Möglichkeit, Bewegungsgefühl und notwendige Geschwindigkeit abzugleichen.

Bist du im Konflikt mit deiner inneren Stimme wirken deine hinderlichen Überzeugungen wie eine selbsterfüllende Prophezeiung.

Bist du im Konflikt mit deiner inneren Stimme »Das klappt eh nicht«, »Ich bin nicht gut genug«, »Früher klappte das, aber jetzt schaffe ich es nicht mehr«, wirken deine hinderlichen Überzeugungen wie eine selbsterfüllende Prophezeiung. Jede deiner Vorstellung hat Einfluss auf deinen Körper und deine Hilfen können nicht mehr korrekt dosiert oder flexibel eingesetzt werden. Du bestätigst dir: »Siehste, ich hab's doch gewusst, ich kanns nicht.« Du vermeidest das Angaloppieren, machst es nur auf einer Hand, lässt den Bereiter drauf oder übst was anderes. So lernst du es nie! Du wirst nicht besser, indem du es nicht übst. Übst du es immer wieder und es passieren dieselben Fehler? Finde deine Gedanken dahinter, warum du glaubst, dass Angaloppieren genau bei dir eine Raketenwissenschaft sein soll. Warum denkst du, es wird jetzt schlimm für dich?

Manchmal ist es eine berechtigte Angst vor vergangenen negativen Erfahrungen. Sorge dafür, dass dein Gehirn Sicherheit bekommt. Übe an der Longe, reite mit jemandem zusammen, reite hinter einem Verlasspferd, schaue versierten Reitern beim Angaloppieren zu, beginne kleinschrittig bei einem Galoppsprung bis zur ganzen Runde. Lerne, ruhig zu bleiben, Kontrolle über die eigenen Muskeln zu bekommen und deinen Sitz zu beherrschen.

Angst vor dem Ausritt

Sich nicht trauen, alleine ausreiten zu gehen, ist zunächst eine clevere Entscheidung. Dein Gehirn sagt eindeutig, dass die Gefahr des Verunfallens steigt, wenn du alleine ausreitest und keine Hilfe in Sicht ist. Außerhalb der Gemeinschaft ist es für den Einzelnen nicht sicher. Zusätzlich ist

QUICK-TIPPS BEI ANGST VOR GESCHWINDIGKEIT:

1. Schau dir die Tipps im Kapitel »Angst vor Tempo« an.
2. Mache dir bewusst, welche Anspannung führt beim Pferd zu was? Wirke bewusst entgegen. Agieren ist besser als reagieren.
3. Lerne, Pferde zu lesen und verbessere deine nonverbale Kommunikation.
4. Finde das ideale Timing im Bewegungsmuster des Pferdes.
5. Erinnere dich, wie viele Wiederholungen dein Gehirn benötigt, um Neues zu lernen.
6. Finde das ideale Setting, indem dein Pferd lernen kann und gib ihm ausreichend Reflexionszeit.
7. Bringe deinen inneren Kritiker zum Schweigen. Finde Hinweise und Beweise, dass er Unrecht hat.
8. Feiere kleine Erfolge, damit dein Belohnungszentrum süchtig wird nach den positiven Botenstoffen.
9. Jede Überforderung führt zu Enttäuschung. Sammle positive Erfolgserlebnisse in deinem eigenen Tempo! Traue dir mehr zu.

kritisch, was nicht in der Wohlfühlzone ist. Sicherheitshalber aktiviert die Amygdala deinen Angstalarm und dein Körper fährt schon mal auf Modus »Extremsituation« hoch. Herzlichen Glückwunsch. Bei dir funktioniert alles!

Pferde sind Energiesparwesen. Sie folgen erst ihrer Flucht Response, wenn sie die Erfahrung gemacht haben, dass sie bei dir und deinem Nervensystem keine Co-Regulation bekommen. Jungen oder unerfahrenen Pferden müssen wir beibringen, sich an uns zu orientieren. Studien belegen, dass auch Pferde Spiegeleffekte nutzen, um beobachtetes menschliches Verhalten abzuschauen (Schuetz et al., 2017). Spiegelst du deinem Pferd Unwohlsein, Spannung, Schnappatmung, Erstarrung oder Flucht, wird es schneller, als dein Verstand begreift, dass eine Spiegelung stattgefunden hat, ebenfalls die Flucht ergreifen, zackelig werden, unruhig tänzeln, nur noch an seine eigene Sicherheit denken. Es ist an uns, Pferden über die Co-Regulation die Selbstregulation im Gelände oder sonst wo beizubringen. Genauso machen es (nicht traumatisierte, nicht entwicklungsgestörte) Mutterstuten, Führpferde und sogenannte Verlasspferde. Sie lehren das andere gestresste Nervensystem, etwaige Stress-Signale, Stimmungen, Reaktionen angemessen zu regulieren, sich selbst zu kontrollieren und sich aufeinander einzuschwingen.

Pferde lernen also die Impulskontrolle über die Co-Regulation. Den Pferden ist dabei auch ihr Alter egal. Es ist eher eine Frage des Nervensystems. Selbstregulation und Co-Regulation sind grundsätzlich Fähigkeiten jedes Säugetiers, also auch die des Menschen. Gelassenheit hat etwas mit der Selbstregulationsfähigkeit des eigenen Nervensystems zu tun, die Pferde wie Menschen transgenerational und epigenetisch mit auf den Weg bekommen. Zur Erinnerung: Epigenetik ist der maßgebliche Einfluss der Umwelt auf Entwicklung, Prägung und Verhalten. Das Nervensystem und einhergehend das Stresstoleranzfenster des Fohlens werden bereits im Bauch der Mutterstute angelegt und benötigt 2 Jahre der Co-Regulation, bevor es sich selbst regulieren kann. Da das Pferdesportsystem fälschlicher Weise vorsieht, die Fohlen viel zu früh von den Müttern zu trennen, haben viele Pferde nicht nur Entwicklungstraumata, sondern auch Probleme, sich selbst zu regulieren. Mache dir klar, diese Funktion musst du übernehmen, wenn sie keine Herde übernehmen kann. Du bist verantwortlich, dem Pferd in seinem Nervensystem die Fähigkeit zur Selbstregulation zu lehren. Dazu musst du zwingend dein eigenes Nervensystem runterregulieren lernen, wie in Kapitel 1 ausführlich erklärt. Mit einem regulierten Nervensystem kannst du dann erst durch Wiederholung beim Pferd Lernprozesse anregen, mit denen es sich selbst lehrt, selbstwirksam, klar, impulskontrolliert und gelassen mit Reizen der menschlichen Welt umzugehen.

Jetzt die gute Nachricht: Auch über konsequentes, biopsychisches Pferdelernverhalten kannst du deinem Pferd helfen, sich selbst zu regulieren, neue Verhaltensmuster zu zeigen, unerwünschtes Verhalten zu gegenkonditionieren. Mach dich mal schlau. Es gibt sicher Trainer wie ich, die Pferdelernverhalten und Pferdepsychologie in ihren Reitunterricht mit einbeziehen.

Du als Reiter bist verantwortlich dafür, welches Verhalten dein Pferd lernt.

Du als Reiter bist verantwortlich dafür, welches Verhalten dein Pferd lernt. An welcher Stelle sagst du: Bitte verhalte dich weiter so? An welcher Stelle hast du dein eigenes Nervensystem nicht im Griff? Wo trainierst du ein Lernverhalten, das du dir nicht wünschst, dein Pferd aber ständig zeigt, weil es noch keine andere Lösung für seine Regulation von dir bekommen hat als mit dem von dir leidlichen Verhalten. Als Beispiel: Verhaltensweisen wie Bocken, Stehenbleiben, Steigen, Wegrennen sind gleich richtig für ein Pferd. In seiner Welt ist es nur Handlungsenergie, die das Nervensystem für sein Überleben zur Verfügung stellt und sich im Körper Ausdruck verleiht. Frage dich daher, warum glaubt das Nervensystem deines geliebten Pferdes, in deiner Nähe ginge es um Überleben? Warum signalisiert sein Nervensystem nicht: Mit dir ist Reiten belanglos (ungefährlich)?

Basiert deine Unsicherheit auf Reitunfällen im Gelände, rüttelst du alte Erinnerungen im Gehirn wach, die deine Flucht oder Freeze Response aktivieren. Das Pferd erschrickt vor jedem Geräusch, vor jedem Blatt, vor jedem Baumstamm und spannt seinen Körper an. Sowohl eure HRV als auch euer Nervensystem haben sich synchronisiert. Ihr seid hochreguliert. Das fühlt sich für den Reiter unangenehm an. Für das Pferd auch, weil es von dir keinen Schutz zu erwarten hat. In der Welt des Pferdes wirst du zu einer unkalkulierbaren Gefahr, solange du dich nicht im Griff hast. Eure Körper erwarten das Schlimmste. Viele steigen ab, weil sie Angst haben, dass das Pferd gleich durchgeht. Für das eigene Nervensystem ergibt das Sinn. Nur solltest du dann nicht nur schnell dich selbst beruhigen, sondern auch dringend mit Bodenarbeit den parasympathischen Zweig (Vagusnerv) des Nervensystems deines Pferdes aktivieren! Die effektivste Methode dazu ist, die Entspannungshaltung deines Pferdes durch seinen gesenkten Kopf abzurufen. Das Pferd kann dazu dicht um dich als Ruhepol herumgehen. Mit der einen Hand zeigst du ihm die Tiefe und mit der anderen Hand kannst du den seitlichen Halsmuskel mittig der Schulter oder den Unterhalsmuskel muskulär manipulieren. Mit einer weiteren Methode übst du einen feinen Druck mit Daumen und Zeigefinger auf den Mähnenkamm hinter dem Genick aus. Gibt das Pferd jeweils in die Tiefe nach, lässt du den Druck ab (Gabor, 2021). Übrigens: Jede »Vorwärts-abwärts«-Haltung aktiviert den Parasympathikus des Pferdes. Das klappt auch beim Reiten.

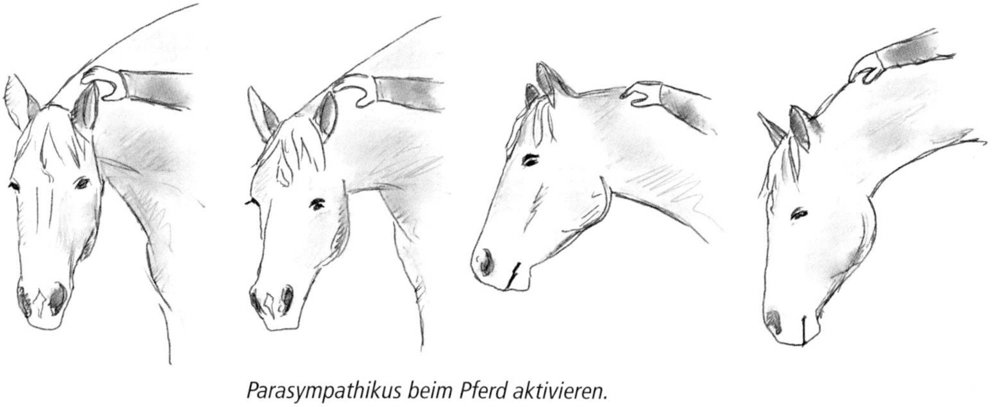

Parasympathikus beim Pferd aktivieren.

Wichtig: Ein Pferd durch Druck aus einer Gefahrensituation herauszubringen, ist prinzipiell möglich. Druck verhindert allerdings nachhaltiges Lernen. Unter Stress sind die Gehirnareale, die für positives Lernen zuständig sind, nahezu abgeschaltet. In jedem Fall lernt das Pferd unter Stress nicht, die Situation aus dem State »Belanglos« zu lösen, um das erwünschte Verhalten abrufbar erneut anzuwenden. Die Realität bildet leider ab, dass Reiter den Druck erhöhen, wenn das

Pferd sich nicht benimmt oder erneut nicht in die Ecke will. Sie werden sauer, wenn es Wochen später noch immer nicht gelernt hat, sich zu benehmen und freiwillig und gelassen durch die Ecke zu gehen. Wie auch? Sein Nervensystem erwartet lange vor der Monsterecke den Druck vom Reiter und verspannt oder zeigt deutlich seinen Unmut. Das Nervensystem hat abgespeichert, dass mit den menschlichen Handlungen und Berührungen nicht viel Positives verbunden ist. Es hat nicht gelernt, selbstwirksam und ohne Stress das Problem »Ecke« zu lösen. Trainiert wurde unbewusst lediglich ein unerwünschtes Lernverhalten »Scheuen/Glotzen«. Versuche das: Stimme innerlich zu, dass dein Pferd in der Ecke scheut/glotzt. Richte deinen Fokus, deinen Blick, deinen Körper und den deines Pferdes in die entgegengesetzte Richtung und reite belanglos weiter. Nähere dich belanglos Runde für Runde der Ecke. So alarmierst du dein Nervensystem nicht und dein Körper macht sich nicht vorher schon fest und sendet dem Pferd über den festen Hüftbeuger und die festen Hände, jetzt passiert etwas Schlimmes.

QUICK-TIPPS BEI ANGST VOR DEM AUSRITT

1. Stärke die mentale Stärke deines Pferdes!
2. Zuhause vorbereiten, was uns woanders begegnen kann. Pferd in allen Richtungen bewegen können. Blick für das Timing haben.
3. Geräusche im Wald kann das Pferd oft nicht sehen, aber hören. Das Pferd ist plötzlich nicht mehr ansprechbar, friert ein oder rennt weg. Trainiere Außenreize. Erinnere dich, dass sein Gehör und sein Geruch vielfach ausgeprägter sind als beim Menschen. Anders der Sehsinn. Hier kann das Pferd nur 30 % scharf stellen und kaum Farben erkennen. Zur Erinnerung: Da das linke Auge mit der rechten Emotionen verarbeitenden Gehirnhälfte verbunden ist, scheuen Pferde schneller, wenn die Gefahr im linken Auge sichtbar wird. Sein Alarmsystem springt an, weil der Wald nicht die gewohnte Umgebung ist und es möglicherweise noch nicht gelernt hat: Wald ist belanglos.
4. Bei Angst, nicht bremsen zu können und die Kontrolle zu verlieren, muss zwingend die Bremse beim Pferd sichergestellt werden.
5. Was klappt gut? Dort ansetzen. Wenig Signale nutzen. Was kann dein Pferd mit ›Ja‹ antworten. Positiv gestalten.
6. In anderem Setting die Querverbindung finden zu Angst im Gelände. Amygdala aktivieren und deaktivieren können.

QUICK-TIPPS BEI WEITEREN ÄNGSTEN

1. Bei Angst, nicht alleine ausreiten zu gehen, suche dir eine regulierte Begleitung.
2. Bei Schwierigkeiten, dem Pferd im Gelände zu vertrauen (dysfunktionale Angst), trainiere dir das Vertrauen in dein Misstrauen ab. Lies dazu das Kapitel »Selbstvertrauen stärken«.
3. Bei Angst vor Begegnungen mit Autos, Traktoren, Fahrrädern, Kühen (reale Angst) trainiere Punkt 1 und festige deine technische Stärke.
4. Bei Angst vor Löchern (reale Angst) nutze nur ausgewiesene Reitwege oder Wege, die deiner Sichtprüfung standhalten. Trainiere dein visuelles System mit Neuroathletik-Übungen, um schneller Neuronen zu feuern, die dein peripheres Sehfeld auch in schnelleren Gangarten verbessern.
5. Bei Angst vorm Bocken werde sattelfest und trainiere dein Balancesystem mit Neuroathletik.
6. Bei Angst ohne einen Grund: Die gibt es nicht. Angst hat immer einen Auslöser. Komme in mein Coaching, um deine unbewussten emotional-psychischen Prozesse aufzudecken.
7. In jedem Fall trainiere dein visuell-vestibuläres System. Das visuelle System trägt maßgeblich zur räumlichen Orientierung, Haltung, Wahrnehmung und Bewegung bei. Das Vestibulär-System baut deine Balancefähigkeit aus.

Sturz

Junge Reiter verarbeiten Stürze wesentlich leichter als Reiter zunehmenden Alters. Die einen denken, sie seien unsterblich, die anderen scheuen sich, bereits gemachte Schmerzerfahrungen noch einmal erleben zu müssen. Wiederum andere sind in Sorge der Verantwortung, die sie für ihre Familie tragen.

Erwachsene wissen, wenn sie stürzen, könnten sie sterben. Dieses Wissen macht dem Kopf Angst. Vermeiden wir die angstauslösende Situation, geben wir der Angst noch mehr Macht über uns. Wir überlassen der Angst das Sagen und die Entscheidungen über unser Reiten. So verrückt es klingt, mache dir bewusst, du willst auf der einen Seite eine Garantie für Sicherheit und auf der anderen Seite lässt du die unsicherste aller Emotionen frei über dein Reiten walten. Bei einem Sturz ist aus Sicht des Nervensystems das Überleben des Gesamtsystems in Gefahr. Schon leichte Verletzungen des Stammhirns, des Kleinhirns oder des Kortex beeinflussen die

Schmerzintensität und das Schmerzgedächtnis. Die neuronalen Netzwerke werden nach dem Sturz Zeit brauchen, sich aus dem Schockerlebnis neu zu vernetzen. Sei geduldig. Du wirst dem Körper signalisieren müssen, dass es vorbei ist und er sich wieder »normal« fühlen darf. Die meisten Reiter machen aber diesen ersten von zwei Fehlern: Sie denken und fühlen noch genauso, als erlebten sie den Sturz jetzt gerade. Ihre Angst wird in ihrem Kopf und gespiegelt auf das Pferd immer größer, sichtbarer und spürbarer. Das nennt sich Scheinwerfereffekt. Der zweite Fehler ist, sie haben unbewusst verinnerlicht, möglicherweise fast gestorben zu sein. Sie können nicht mehr die rationale Distanz herstellen, dass man nicht »fast sterben« kann. Sie sorgen dafür, dass ihr Nervensystem durch Festhalten an der unangenehmen Erfahrung weiter Alarm schlägt. Stimmten sie zu, diese Erfahrung gemacht zu haben, könnten sie wieder vertrauen.

Emotionen können bei Sturzerfahrungen die Führung über unser Bewusstsein übernehmen. Wir stecken fest in alten Handlungsimpulsen, die wir scheinbar nicht beeinflussen können. Zur Erinnerung: Hat eine Emotion das Sagen in deinem System, kann deine Kognition vorübergehend nicht angesteuert werden. Dein Lösungsdenken ist im Urlaub. Dein Drama hingegen nicht. Je stärker die unangenehme Emotion, desto kräftiger wird die abrufbare Kopplung von Reiz (ein Oxer, der Ausritt, ein Geräusch, der Richtertisch, schlimme Erinnerung an einen Ort, dieses Pferd, diesen Trainer, diese Situation) und alter Erfahrung (Schock, Schreck, Hilflosigkeit). Verdrängte Emotionen können so zu Triggern werden, die ein bestimmtes reiterliches Verhalten auslösen. Redselige Reiter werden so plötzlich still, mutige Reiter werden plötzlich schüchtern, stille Reiter reden plötzlich wie ein Wasserfall, andere neigen zu Übertreibungen. Die Angst ist fortan konditioniert. Unser Gehirn hat sich die Zusammenhänge von Situation und Emotion oder emotionaler Bewertung gemerkt.

Wir stecken fest in alten Handlungsimpulsen, die wir scheinbar nicht beeinflussen können.

Niemand kann einen Sturz ungeschehen machen, die Bewertung dessen jedoch schon. Niemand kann die Spuren in der Seele rückgängig machen. Wir können nur die Erfahrungen willkommen heißen, um den Stressmodus auszuschalten. Aber warum fällt es so vielen Reitern schwer, nach einem Sturz wieder zu vertrauen? Sie glauben, im Misstrauen nicht enttäuscht werden zu können. Misstrauen soll sie vor Enttäuschungen schützen. »Wenn ich vertraue, dann darf nichts passieren.« Es gibt darüber aber keinen universellen Vertrag. Und zeitgleich schaltet das Misstrauen den Alarmschalter wieder an.

Auch wenn unser Verstand einiges vergisst, unser Körper wird sich immer an Schockmomente erinnern und Körperschutzreflexe wie Zügel festhalten, zu eng reiten; keinen Mut haben, die

Zügel länger zu lassen; fest im Oberkörper werden; weiche Beine/weiche Knie haben; Druckgefühl in der Brust; sich benommen fühlen auslösen. Alles klare Wissen hilft dir nicht weiter. Dein Angstschalter verursacht Herzrasen, zittrige Hände, Schweißausbrüche, Schnappatmung, verkrampfte Muskeln, Übelkeit, Schreckhaftigkeit, Energieverlust, Konzentrationsprobleme und Körperknoten. Vor lauter Angst hast du Angst, die Kontrolle zu verlieren. Vielleicht hast du auch Angst zu sterben.

Die Amygdala löst Alarmreaktionen aus und sorgt für die Ausschüttung von Stresshormonen, die den Reiter für Flucht, Kampf oder Erstarrung vorbereiten. Manchmal kann sich Angst auch hin zu einem Panikanfall steigern. Diese Reaktion ist unabhängig davon, wie viele Tage, Monate oder Jahre das traumatische Ereignis zurückliegt. Sie findet auch dann statt, wenn du glaubst, dich einfach nur zusammenreißen zu müssen, dich nicht so anzustellen, es eigentlich besser wissen zu müssen. Die Konditionierung deines Sturzes sorgt dafür, dass du das Vergangene noch einmal körperlich erlebst. Die damals empfundene Hilflosigkeit sitzt zusammen mit der Erinnerung und den inneren Bildern über den Sturz in deinem emotionalen Gedächtnis und deinem Körpergedächtnis fest.

Das Nonverbale wirkt in der Angstübertragung stärker als das Verbale.

Der Verstand kann trainiert werden, um das Unbewusste mit seinem klugen Veto zu steuern.

Durch den Spiegelneuronen-Effekt kann diese Verkettung auch entstehen, wenn wir Reaktionen anderer sehen. Etwas, was unangenehme Emotionen auslöst, ist potenziell gefährlich. Deshalb suchen wir in den Gesichtern anderer stetig nach Angst oder Ekel in ihrer Gestik und Mimik, die uns Gefahren signalisieren und uns vorwarnen. Das Nonverbale wirkt in der Angstübertragung stärker als das Verbale. Das ist auch der Grund, warum Kopfkino Angst auslöst. Das Unterbewusstsein ist stets mächtiger als der mentale Verstand, aber der Verstand kann trainiert werden, um das Unbewusste mit seinem klugen Veto zu steuern!

QUICK-TIPPS ZUR STURZVERARBEITUNG

1. Stelle eine Distanz zum Geschehenen her. Stelle deinem Nervensystem einen sicheren Raum her, stabilisiere dein Stresstoleranzfenster und bilde Ressourcen mit Atemtechniken.
2. Bewerte den Sturz neu, integriere die Erfahrung, erkenne die Vorteile des Sturzes und mache daraus deine Chance zur Weiterentwicklung.

QUICK-TIPPS ZUR STURZVERARBEITUNG

3. Versetze dich ins Pferd. Was braucht es von dir?
4. Entwickle Eigenakzeptanz, Demut, Selbstmitgefühl, Selbstannahme und Selbstliebe.
5. Du wirst nur dann etwas verändern können, wenn du deine Emotionen veränderst. Emotionen änderst du, indem du neue Erfahrungen mit positiven Emotionen belegst und Lieblingsemotionen wie Stolz, Dankbarkeit, Freude, Entspannung als Ressource einsetzt.
6. Erkenne, dass die Angst ein Fehlalarm war. Du lebst.
7. Lassen nicht tun. Was willst du lassen? Mache dir eine Liste, was du ganz bewusst sein lässt.
8. Konfrontation mit der belastenden Situation. Durch die Angstsituation kleinschrittig durchgehen. Angst kommen lassen, wahrnehmen, geduldig warten, bis sie wieder weg ist.
9. Angst-Hierarchie zur Orientierung aufschreiben. Spüren, wann das innere Alarmsystem anspringt:

a. Was ist noch bewältigbar?

b. Was ist wünschenswert?

c. Was löst eine maximale Angst aus?

10. Du musst die Reaktion des Nervensystems umkehren. Dann lernt dein Nervensystem ein neues Reaktionsmuster auf dieselbe Situation.

Übung neues Nervensystem

Verliebe dich in dein Reiten, während du es tust. Tu es um deiner selbst willen und für die Verschaltung eines neuen, stressresistenten Nervensystems! Übernimm Verantwortung. Nur du hast es in der Hand, wie dein Pferd auf dich reagiert. Fokussiere dich, was du richtig gut kannst. Reite in dem Bewusstsein, dich selbst zu mögen.

STURZ VORBEUGEN

1. Die Lösung bei Angst vor Sturz ist, die Möglichkeit des Sturzes zu akzeptieren und dadurch die Angst in Achtsamkeit zu wandeln. Akzeptieren ist nicht gleich resignieren oder aufgeben. Akzeptieren ist für das Nervensystem lediglich das Signal, nicht in den

Kampf- oder Fluchtmodus zu springen. Es ermöglicht, den Reitsport, den es nicht ohne Sturzgefahr geben wird, trotzdem auszuüben. Erst dann kämpfst du unbewusst nicht mehr gegen die Möglichkeit einer Sturzerfahrung an, verkrampfst nicht mehr und deine Stresshormone alarmieren dein System, über- oder unter zu reagieren. Erinnere dich, dass Pferde deine Stresshormone riechen können. Sie spüren die Biochemie in deinem Nervensystem, die deine Herzratenvariabilität verändert. Sie spüren, wie sich dein Körper automatisch und mit jedem Millimeter auf dein Nervensystem verspannt.

2. Wenn wir früher merken, dass wir stürzen, könnten wir uns früher in Raum und Zeit orientieren. Diese Fähigkeit können wir leicht neurobiologisch trainieren, indem wir unser visuelles System schneller machen.
3. Wir können den Körper in alle Richtungen neuroathletisch mobilisieren, kräftigen und extreme Gelenkspositionen trainieren.
4. Unerlässlich ist die vielseitige Grundausbildung des Reitersitzes in den verschiedensten Situationen und Umgebungen!
5. Fühlen lernen und Spüren lernen durch die Integration der drei Gehirnanteile (Fühlen, Tun, Denken). Was denkst du, was fühlst du, wie reagiert dein Körper/dein Nervensystem daraufhin?
6. Gamechanger-Tipp: Innere Anspannung und Unruhe und das Produzieren von Glücksgefühlen können nicht gleichzeitig stattfinden.
7. Bewusstmachung: Beim Reiten sind Angstauslöser allgegenwärtig und können massive Ängste auslösen. In diesem Fall muss das Ziel maximal wichtig gemacht werden, um einen Anreiz zu haben, die Ängste in Kauf zu nehmen, sie aushalten zu lernen.
8. Im Angstmoment biopsychische Vorgänge wahrnehmen und beobachten, um das Gehirn handlungsfähig zu halten. Solange du nicht in die Beobachtung gehst, wirst du glauben, die Angst zu sein, anstatt die Angst nur zu haben. Wenn du sie beobachten kannst, kannst du sie auch verändern.
9. Innere Befürchtungen, Einstellungen und Bewertungen ertappen und kontrollieren, die die Angst vor dem Pferd schärfen. Dem Pferd aus dem Weg zu gehen, macht die Angstgefühle nur mächtiger.
10. Nicht alle Reize im Außen kontrollieren, die nicht zu kontrollieren oder zu eliminieren sind, sondern sich selbst emotional und mental kontrollieren. Dann reguliert sich das Nervensystem nicht künstlich hoch! Beispiel: Statt »Ich möchte, dass mein Pferd sich ändert«, tu dies: »Ich möchte meinem Pferd authentischer, klarer, neutraler, emotionsloser sagen, was ich von ihm möchte.«

Hier findest du:
Bonuskapitel 1: Traumaerfahrung nach Sturz oder lebensbedrohlichen Unfällen
Bonuskapitel 2: Panik-Phasen der Schockerlebnisse
Bonuskapitel 3: Quick-Tipps bei Panik

Stärker als die Angst

Mut und Abenteuerlust sind zu irgendeinem Zeitpunkt in unserem Leben verloren gegangen und durch die Angst vor dem Scheitern ersetzt worden. Manch ein Entscheidungswille wird schwach und erlischt in dieser Zeit sogar. Wir beginnen, auf grünes Licht von anderen zu warten, die uns sagen, dass wir gut genug sind, so wie wir sind oder die uns Absolution für unsere eigenen Entscheidungen geben. Der Trainer soll es richten. Wollen wir weniger Angst, müssen wir das Wagnis des Scheiterns, Fallens und Versagens in Kauf nehmen. Reiten bedeutet, unsichere Schritte zu wagen. Ja, aber vorher muss uns das Pferd beweisen, dass es unser Vertrauen wert ist. Zumindest denkt unser Sicherheitsbedürfnis so. Wir wollen erst Sicherheit, bevor wir vertrauen können. Wir wollen erst für alles und nichts eine Garantie oder Regeln. Alles muss in geregelten Bahnen verlaufen.

In der Kommunikation mit dem Pferd bedeutet das, wir erpressen unbewusst das Pferd: »Zeige mir, dass ich dir vertrauen kann, und dann gehe ich mit dir das Wagnis ein, weil ich ausschließen kann, dass mir etwas passiert …« Die Lösung sieht allerdings vor, dass wir zuerst auf ein imaginäres »Vertrauenskonto Reiten« einzahlen, um bei Bedarf Vertrauen zu ernten. Dazu müssten wir Risiken wagen, die zuweilen nicht kalkulierbar sind. Als junge Reiter gehen wir unbefangen diese Risiken ein. Je älter wir werden, desto weniger Mut und Abenteuerlust wohnen uns inne. Wir wollen immer weniger das Gefühl von Ablehnung oder das der Selbstvorwürfe als Preis unserer Neugier und Unbefangenheit erfahren. Fortan haben wir Angst vor Fehlern und Kritik. Wir halten lieber die Füße still und wollen nicht auffallen, statt uns selbst zu entfalten. Auch das Gegenteil kann eintreten. Wir kontrollieren lieber alles, als dass uns Fehler nachgesagt werden können.

… dass wir zuerst auf ein imaginäres ›Vertrauenskonto Reiten‹ einzahlen, um bei Bedarf Vertrauen zu ernten …

Wenn wir uns aber verändern, wachsen, neue Dinge lernen und uns im Reiten entwickeln, sind unsichere Momente und Situationen vorprogrammiert. Wir stecken in einem Konflikt fest. Auf der einen Seite wollen wir nichts falsch machen und auf der anderen Seite können wir nichts Neues lernen, weil die Angst uns resistent gegen Veränderungen macht. Wir werden übervorsichtig, tun lieber nichts, statt das Falsche und überdenken alles zick-mal. Die Angst wird »normal« und der Glaube festigt sich, im Reiten ginge es immer nur um die Vermeidung von Fehlern. Wer nicht in die Schublade »gut« passt, erfährt oftmals Anfeindungen, Angriffslust, Hass, Beleidigungen, Selbstzweifel und Ängste. Der Wunsch nach Unverwundbarkeit wächst. Sei stärker als die Angst. Du bist unsicher? Nichts ist im Reitsport sicher. Du weißt nicht, was passieren wird? Niemand weiß, was passieren wird. Es ist unmöglich, alles kontrollieren zu können. Sicherheit musst du dir technisch und geistig erschaffen. Erst wenn uns bewusst wird, dass wir immer einen Weg finden, egal, was passiert, entkatastrophisieren wir unsere Angst zu scheitern. Wir werden scheitern, aber immer nur so tief, wie die Angst Macht über uns hat.

Du weißt nicht, was passieren wird? Niemand weiß, was passieren wird. Es ist unmöglich, alles kontrollieren zu können.

Ob mit oder ohne Angst, es liegt in unserer Natur, immer den leichtesten Weg zu gehen. Dann können wir ihn auch gleich ohne Angst gehen. Dazu müssen wir nur bereit sein, das schreckliche Gefühl auszuhalten.

Stärker als die Angst wirst du, wenn du dir immer wieder bewusst machst, dass du nicht das Gefühl bist, du hast es nur. Wenn du es hast, kannst du auch Bestimmer darüber werden, wie lange es bleiben soll. Kontrolliere deine Gedanken, wenn sie dafür sorgen, dass die Angst Dauergast sein will.

Umsturz der Angst

Wie können wir Ängste verlieren? Gar nicht. Angst ist eine menschliche Basisemotion und du wirst sie nicht verlieren. Du solltest sie besser regulieren und mit ihren Impulsen kontrollierter umgehen. Sieh den Vorteil von Angst: Sie will dich Weitsicht und achtsame Vorsicht lehren. Denn zu wenig Angst im Reitsport ist genauso schädlich wie zu viel Angst.

Sag »Ja« zur Angst und den Schmerzerfahrungen, die du durch sie machst.

Der Widerstand gegen die Angst gibt uns leider keine Garantie dafür, eine Schmerzerfahrung nicht zu machen. Es ist eher andersherum, oder? Schützen wir uns vor dem Versagen mit aller Macht, indem wir hart und härter trainieren, und tritt das Versagen dann doch ein, ist der seelische Schmerz besonders groß.

Ja, du hast Recht. Er ist auch groß, obwohl wir uns mühevoll einreden, Misserfolg gehöre zum Sport dazu. Was Quatsch ist. Es ist eine Geschichte, um Menschen in eine Leistungsgesellschaft zu pressen. Wer bestimmt, was Misserfolg ist? Nach welchem Maßstab wird das bestimmt? Braucht die Gesellschaft Misserfolg, weil Erfolg ohne Misserfolg keine Daseinsberechtigung hat? Diskriminiert das Wort »Misserfolg«? Ja. Man will auf keinen Fall an einen Stall für »Misserfolgreiche« oder in eine Turnierprüfung »Abteilung Misserfolgreiche«. Dann will man lieber der Schlechteste in einem starken Starterfeld sein, nicht wahr?

Geben wir den inneren Widerstand auf, schwächen wir die Angst. Mit Druck und Gegendruck geht es nicht. Druck erzeugt muskulären und psychischen Gegendruck, den wir dann nicht mehr für andere Gehirnprozesse zur Verfügung haben. Je mehr wir gegen unsere Schwächen ankämpfen, desto mehr reagiert unser Körper mit Stress. Nimm deine Schwächen an. Akzeptiere, dass du sie nur ablehnst, weil es auf sie kein Bonbon, kein Lob, keine Schleife, keine Anerkennung, keine Aufmerksamkeit, keine Zuwendung, keinen finanziellen Obolus gibt. Richtig? Gebe es auf Schwächen Preisgeld und Anerkennung, würden wir sie gar nicht loswerden wollen …

Die Angst ist ein Teil von dir und will dazugehören. Mehr nicht. Das Schlüsselwort heißt Integration statt Desinteresse. Stell dir vor, du wirst ausgegrenzt. Wie fühlst du dich, wenn du nicht dabei sein darfst? Reagierst du laut, ungehalten, gestresst oder passiv aggressiv? Dasselbe macht die Angst, bis sie dabei sein darf. Dann plötzlich verstummt sie. Zu einfach? Ja, denn dein Gehirn ist einfach – deine Egogeschichten nicht, ich weiß.

Die Angst ist ein Teil von dir und will dazugehören. Mehr nicht.

Alles, was du da sein lässt, verliert die Macht über dich. Lass Angst da. Befeuere sie nicht durch Gedanken, denn sonst geht sie nicht. Sie will nicht gehen? Merke dir: Gehe deinen Weg mit der Angst. Auch ein Umweg ist ein Weg. Du wirst an dein Ziel kommen. Dazu brauchst du nur einen kompetenten Umgang mit deiner Angst.

Angst verschwindet, wenn wir uns den Auslösern stellen und korrigierende Erfahrungen zulassen. Das nennt sich Exploration. Die kann auch aus gedanklich und maximal realistisch durchgespielten Konfrontationen bestehen, bis die Vorstellung nichts mehr auslöst. Danach sollten wir die Lösungskonfrontation mit dem Pferd suchen. Rein ins kalte Wasser. Erzähle dir laut: »Ich meistere es.« So ziehst du Energie aus der Angstspirale ab und legst ein gutes Fundament für ein neues Netzwerk. Erlaube deinem Nervensystem und deinem Gehirn, in der Angstsituation neue Erfahrungen mit selbstwirksamem Ausgang machen zu dürfen. So überschreibst du wirkungsvoll alte Erfahrungen. Kurzum: DU musst deiner Angst begegnen – nicht dein Trainer oder Bereiter. Du musst aus deinem eigenen Reiten gestärkt hervorgehen. Dein Gehirn braucht Lösungen, nicht das Hirn des Trainers, Bereiters oder Bandenprofis.

Egal, welcher Situation du ausweichen willst – handlungsfähig wirst du erst, wenn du während des Problems im Hier und Jetzt deine Angst besiegst, weil du die Erfahrung machst, es alleine gemeistert zu haben. Dann erst wachsen im Gehirn neue neuronale Nervenbahnen mit dem Wegweiser: Lösungsverhalten! Solange du aber dem Wegweiser: Problemvermeidung folgst, wird das Gehirn dich immer zur Angst führen. Merke: Bei Vermeidung wird die Angst größer, weil du der Angst recht gibst, deshalb musst du sie ja vermeiden.

Egal, wie viele Jahre du mit der Vermeidung der Angst verbracht hast, du wirst noch weitere Zeit mit der Angst verbringen, bis du sie loslässt. Ja, richtig gelesen. Nicht die Angst hält dich fest, sondern du hältst an der Angst fest. Wie? Zum Beispiel mit Vermeidungsstrategien.

Reiter mit Ängsten vermeiden alles, was Angst auslösen könnte. Diese Vermeidungsstrategien prägen sich im Gehirn ein und die Angst wird noch lauter und größer in der nächsten oder ähnlichen Situation. Dein Gehirn feiert sich, weil es dein Leben gerettet hat. Dein Nervensystem ist im Dauerstress und dein Körper will am liebsten gar nicht mehr reiten oder ist in Aufruhr. Den Situationen auszuweichen und sie zu vermeiden, stärkt deinen Angstkreislauf. Außerdem brauchst du viel Energie für deine Ausreden im Kopf.

Den Situationen auszuweichen und sie zu vermeiden, stärkt deinen Angstkreislauf.

Wenn du was verändern willst, musst du erst durch den Veränderungsschmerz. Paradox, aber so funktioniert der Mensch. Wird die Angst dir gleichgültig, desto seltener kommt sie zu Besuch. Sage ihr laut: »Liebe Angst, ich nehme dich in vollem Umfang in Kauf und reite trotzdem mein Ding!« Werde Chef in deinem Kopf. Du entscheidest, auf wessen Meinung du verzichten kannst und auf wessen Besuch du verzichten willst, wenn er droht, dich zu sabotieren.

Haben wir zum ersten Mal eine Schmerzerfahrung gemacht, hatten wir im Moment der Situation keine Angst. Die kam erst danach. Sie soll uns in der Zukunft davor schützen, erneut solch eine Erfahrung zu machen. Fortan räumen wir der Angst Sprechstunden ein. Witzig, wie pünktlich sie sich daran hält. Lass sie einfach im Warteraum. Beginnt die Angst, im Warteraum zu rebellieren, zeige dich unbeeindruckt. Lass die Angst dir alles erzählen, steige nicht mit ein. »Widerstandslose Akzeptanz« ist dein Powerwort. Es ist okay, dass die Angst rebelliert. Du bist nicht die Angst, du hast sie nur in deinem Wartezimmer sitzen. Beweise nun Mut, trotz Angst weiterzumachen. Denn dann führt der Weg raus aus der Angst durch die Angst.

Merke: Akzeptanz der Angst ist nicht Resignation! Selbstsabotage ist Resignation.

Wach auf. Die Angst hilft dir nicht, dein Reiten sicher zu machen, sondern dein Mut, dein Vertrauen in dich selbst, deine innere Stärke, deine Liebe zum Pferd und deine Freude, dein Herzblut zum Reitsport. Wach auf und frage dich, wie du die Angst aufrechterhältst. Manchmal ist es offensichtlich, woher die Angst kommt, aber es fehlt die Erkenntnis, dass sie keineswegs hilft. Ein Mutnetzwerk (Neugier, Interesse, Aufmerksamkeit, Mut, Freude, Dankbarkeit, Stolz, Liebe) würde statt der Angst helfen. Etwas alleine zu schaffen, gibt einen Leistungsschub.

Entwickle eine Angsttoleranz. »Ich kann das nicht …«, ist keine Option. **Nichts, was du jetzt kannst, konntest du schon immer!** Gewöhne dein Gehirn durch Üben an die Situation, bis auch dein Nervensystem sich daran gewöhnt hat. Das nennt sich Habituation: Noch nicht Können –> Üben –> Können. Nichts anderes erwartest du von deinem Pferd. Brichst du die Habituation vorzeitig ab, ist dein Angstkreislauf erneut gestärkt. Mach dir das klar! Selbiges passiert auch bei deinem Pferd. Ihr bringt eurem Gehirn durch nicht-assoziatives und assoziatives Lernen bei, neuronal abzubilden, was ihr nicht haben wollt!

Gewöhne dein Gehirn durch Üben an die Situation, bis auch dein Nervensystem sich daran gewöhnt hat.

Es gibt eine Abkürzung im Umsturz von Ängsten: Radikale Akzeptanz. Sie wirkt auch bei panikartigen Zuständen. Nimm die Angst radikal an. Akzeptiere, dass eintritt, wovor du dich am meisten fürchtest. Nimm die innere Haltung ein: Es ist mir völlig egal, ich kann es sowieso nicht ändern. Alles, was kommt, kommt. Alles, was geht, geht. Dein Körper wird ruhig. Es gibt nichts mehr zu grübeln. Es gibt nichts mehr zu fühlen oder zu kontrollieren. Sei einverstanden mit allem. Du wirst spüren, wie dein Körper sich mit Akzeptanz verbindet. Alles darf sein. Dein System muss nicht mehr kämpfen, nur atmen, nur sein. In dem Moment schließt du Frieden mit der Angst, ganz ohne Kampf. Wichtige Anmerkung: Es geht nicht darum, dass eintritt, was du befürchtest, oder es willentlich herbeizuführen, sondern darum, der Angst keine Angst mehr zu schenken. Das sind zwei unterschiedlich anzusteuernde Gehirnbereiche. Wille und Emotion. Es geht darum, wie man Angstgefühle auflöst, nicht willentlich und absichtlich dem Pferd oder sich selbst Schaden zufügt. Es geht um das Limbische System, in dem die Lösung für Angstgefühle zu finden ist. Gib alle Widerstände auf, um die limbischen Kernareale runter zu regulieren. Danach wirst du einen anderen Blick auf die Angst haben und deine Gedanken werden ohne emotionale Aufladung sein. Deine Angstgedanken und die Angstgefühle werden sich wie Regentropfen im seichten Wasser auflösen. Ab jetzt wird dein Kopf wieder funktionieren und bessere Entscheidungen treffen.

QUICK-TIPPS ÄNGSTE LOSLASSEN

1. Behandle die Angst wie einen ungebetenen Gast. Lasse sie links liegen.
2. Lass die Angst reden und höre ihr nicht zu.
3. Steige emotional nicht auf ihre Horrorgeschichten ein.
4. Reagiere nicht auf sie. Je weniger du ihr glaubst, desto weniger Macht hat sie über dich.
5. Reite abwechslungsreich an vielen Orten und trainiere deine gleichmäßige Balance.
6. Schule dich in Übergängen und in dem Bewegungsgefühl der Grundgangarten auch im leichten Sitz.
7. Frag nach sicheren Reitern und Pferden, die dich co-regulieren können, auch beim Reiten/im Gelände.
8. Bleibe umsichtig und nachsichtig mit deinem Gehirn. Fang an, es als Chef im eigenen Gehirn zu werden! Kleine Erfolgserlebnisse in Mini-Schritten bewirken schon große Veränderung im Gehirn!
9. Trainiere Angstsituationen mit Unterstützern, die dich motivieren können.
10. Philosophieren über die Angst hilft dir nicht aus der Angst. Der Weg geht nur mittendurch.

Übung 10 oder 30 Jahre älteres ICH

Welchen Rat könntest du dir als alter, weiser Reiter selbst geben? Vielleicht dies:

a. Bist du wirklich in Gefahr? Brauchst du jetzt den Überlebenskampf? Mache dir und deinem Pferd klar, dass die Situation ungefährlich ist.
b. Sei geduldig, klar und konsequent mit dir und deinem Pferd.
c. Tue alles, was du bisher vermieden hast. Bleibe in der Situation, bis der Alarm in seinem Plateau beendet ist oder du die Situation im Griff hast.
d. Mache »Aushalte« zu deiner Superpower. Aushalten bringt dich weiter. Mache kleine und große Mutproben, die dich stärker machen und dir Energie geben. Stelle dich deinen Angstmonstern.

Übung mit der Angst reden

»Hallo Angst, hallo Nervosität, nicht so toll, dass ihr gerade da seid. Ich sehe euch und ich halte euch jetzt mal aus. Ihr dürft da sein, weil ihr mir bestimmt etwas sagen wollt. Ich höre euch. Nur jetzt gerade habe ich das Sagen. Ich habe die Zügel in der Hand. Ihr dürft gern bleiben in meinem Sattel, nur höre ich euch nicht zu. Ich habe gerade Wichtigeres zu tun.«

Übung Angst eine Form geben

Gib der Angst eine Form, eine Farbe, eine Materie, einen Zustand. Gib ihr einen lustigen Namen, über den du lachen musst oder der dich an etwas Witziges, Unbeholfenes erinnert. Entmachte sie mit diesem inneren Bild und nenne sie laut beim Namen, sobald sie bei dir im Kopf zu Gast sein will.

Übung mit der Angst in der VIP-Lounge sitzen

Lehne dich mental zurück und schaue dir gemeinsam mit der Angst die Situation an. Sitze einfach nur mit deiner Angst da. Schenke ihr und deiner Situation für mindestens 10 Sekunden, besser noch 90 Sekunden, deine reine, bewertungsfreie Aufmerksamkeit. Erlaube dem Gefühl, da zu sein. Keine Gedanken, nur die Angst. »Ich – Jetzt – Hier.« Das Gefühl wird schwächer werden. Es klingt verrückt, aber so funktionieren Emotionen. Keine Angst der Welt bleibt immer 100 % gleichstark. Gefühle kommen und gehen und sie haben ein Verfallsdatum von bis zu 90 Sekunden. Lerne, das Gefühl einfach mal auszuhalten. Du machst die Erfahrung, das Gefühl geht weg. Bleibt es, liegt es an deinen Gedanken, die nicht wertfrei nur beobachten können. Du tust also aktiv etwas, damit die Emotion nicht geht. Du stimulierst deine Körperreaktionen wieder und wieder. Selbiges geschieht auch bei Grübeleien.

Übung Bedanken bei der Angst

Lasse dich nicht in die Angstspirale hineinziehen. Erkenne die Angst an, als das, was sie ist: nur dein Alarmsystem, das dir Energie zur Verfügung stellt. Bedanke dich, dass dein Nervensystem funktioniert. Schaue interessiert deinem autonomen Nervensystem bei der Arbeit zu, wenn zu viel Adrenalin und Cortisol deinen Körper steuert. So lernst du, die normalen Reaktionen des Körpers in Bezug auf die Symptome des Nervensystems zu deuten und Frühwarnsignale zu erkennen.

Übung Salz

Salz ist ein Gegenspieler für Adrenalin. Es sorgt für einen guten Stoffwechsel. Stelle dir für den Notfall Salz in den Spint. Nimm 8 bis 12 g/Tag (6 g = 1 Teelöffel) und dein angespanntes Gefühl lässt nach, da Salz den Blutdruck senkt.

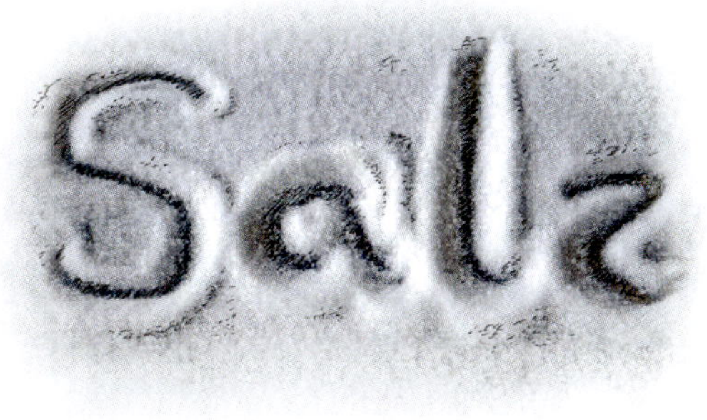

Salz zur Reduzierung von Stress.

Übung Flooding

Stelle dich in Minischritten der Situation durch Konfrontation (Flooding). Sage deinem Gehirn, dass es die Situation jetzt aushalten muss. Sage deinem Ego, dass es die Situation jetzt für ein höheres Stresstoleranzfenster durchstehen muss, ohne sie zu bewerten. Dein Gehirn muss lernen, es stirbt nicht, es kann die Situation aushalten. Erlaube dir, neue positive Erfahrungen zu machen. Nach und nach werden die alten Erfahrungen verblassen.

Innere Stärke aktivieren

Unsere innere Stärke aktiviert sich nur, wenn wir einen Schlussstrich unter die angstvolle Lähmung ziehen. Wir müssen unsere eigene Schmerzgrenze endlich erreicht haben, um etwas ändern zu wollen. Dann erst sind wir bereit, den weitaus größeren neuronalen Schmerz der Veränderung durchzustehen und endlich aus der Angstspirale auszusteigen. »Liebe Angst, lass mich endlich in Ruhe! Ich steige in den Endkampf mit dir. Entweder du oder ich. Komm. Los geht's.« (Memo an mich: Die Angst kann gar nicht gewinnen! Sie ist nicht physisch.)

Du musst dich selbst ermächtigen, dich von der Angst zu befreien. Natürlich kostet es Kraft und Mut, aber du wirst es beim 1., 2., 3., 4. oder 5. Mal schaffen. Gib nicht auf! Halte Fokus, hake Fehler und Rückfälle ab. Mache weiter, aktiviere deine innere Stärke und bleib im Flow.

QUICK-TIPPS FÜR INNERE STÄRKE

1. Bekomme ein Grundverständnis über die psychophysiologischen Prozesse, die Angst auslösen.

2. Wisse, wie das Gehirn funktioniert. Prüfe, auf was du dich fokussierst. Siehst du das Gute oder das Schlechte? »Es passt nicht« oder »Ich halte mein Pferd geschlossen und weiß, dass es sich den Absprungpunkt durch Körperspannung und Kraftumwandlung im geschlossenen Rahmen bei geöffnetem Genick passend macht.« Analysiere. Warum hast du Angst? Wann tritt sie auf/nicht auf?

3. Wo sind die leistungsminimierenden Faktoren und wo sind Ressourcen?

a. Welche Gedanken hast du? Perfektioniere die Übung »Nur wahrnehmen und atmen – nicht bewerten«.
b. Wie verhältst du dich? Steigst du ab, reitest du gar nicht? Reagiere emotionslos mit der Beobachter-Technik.
c. Was macht dein Pferd? Warum macht es das? Eigne dir viel Fachwissen an! Was kannst du jetzt tun, um deine Situation minimal zu verbessern?
d. Setze dir kleine Ziele, die nach Erreichen deine Motivation steigern. Nutze die Superemotion Dankbarkeit, um zu sehen, was du schon hast, nicht um zu sehen, was fehlt.
e. Feiere auch kleine Erfolge, damit dein Nervensystem positive Neurotransmitter ausschüttet und deine Zellen und dein Gehirn mehr davon haben wollen!
f. Führe Tagebuch, was an dem Tag gut war. Achte auch auf kleine Dinge. Lese, welche Fortschritte du schon gemacht hast, an Tagen, an denen du zweifelst.
g. Entwickle ein positives Drehbuch: Es wird ein positiver Tag und ich mache alles, was ich dafür brauche. Vielleicht muss ich auch etwas lassen, was ich nicht brauche.

4. Was kannst du kontrollieren und was nicht? Was du nicht kontrollieren kannst, darf dir keine Energie rauben, beispielsweise die Gedanken anderer.

5. Triff neue Entscheidungen, um neue Emotionen und neue Erfahrungen deinem Nervensystem zur Verfügung zu stellen, um neue, für das Reiten günstige Netzwerke auszubauen.

6. Suche dir Hilfe bei einem versierten und fachvertrauten Coach deines Vertrauens.

Selbstsicher reiten

Reiter können keine zwei Minuten über positive Dinge reden, wenn sie einander beobachten oder sich selbst auf einem Video betrachten! Das zeigt uns leider, wie Menschen ticken und wie das Narrativ des Reitens unsere Köpfe aufwühlt. Fragt man unser Gehirn, wird es zu keinem anderen Ergebnis kommen, als dass Reiten kompliziert sein muss. Fragt man unseren Körper, wird er seinen Körperknoten in manch einer Lektion betrachten und sich sicher sein, Reiten ist nur etwas für Hochbegabte. Fragt man unseren Verstand, wird er antworten, Reiten ist wohl nur was für die ganz Schlauen unter uns. Fragt man unser Herz, wird es anmerken, wo denn all die Liebe hin ist, mit der wir mit dem Reiten begonnen haben, frei von Ängsten und Zweifeln. Fragt man unseren Trainer, hat das Pferd bei ihm grundsätzlich keine Probleme – nur bei uns – und wir sollten lieber nicht mehr (so oft) reiten. Bei so viel Negativität im Kopf ist es zweifelsohne schwer, sich selbst zu inspirieren.

Kopf hoch und Krone zeigen. Du kannst beeinflussen, welche Worte sich in deinem Kopf einnisten dürfen. Kein anderer Reiter hat die Macht dazu, deinen Kopf zu kontrollieren, außer du gibst sie ihm, weil du willst, dass seine Worte eine Dauerkarte in deinem Kopf bekommen. Schüttle negative Kommentare aus deinem Gehörgang wie ein Pferd den Hallensand aus seinem Fell. Stärke deine Selbstsicherheit durch Selbstbeobachtung. Ertappe dich mit all deinen negativen Gedanken, Ängsten, Unsicherheiten und Selbstzweifeln. Schätze dich wert und fange an, nur gut über dich und zu dir selbst zu sprechen!

Du kannst beeinflussen, welche Worte sich in deinem Kopf einnisten dürfen.

Nichts kann so wichtig sein wie das physiopsychische Wohlbefinden eines Pferdes mit einem emotional ausbalancierten Reiter auf seinem Rücken/an seiner Seite! Dafür lohnt es sich, seinem Reiten einen anderen Sinn zu geben, als ihn mit Angstgefühlen zu füllen. Solange unser Nervensystem uns in Sicherheit bringen will, weil wir unsicher sind, sind wir kein kompetenter Partner für unser Pferd. Entscheide, bewusst den Körper zu entspannen, alles zu lockern, ruhig zu atmen. Gib dadurch dem Nervensystem das Signal: Hier ist keine Gefahr. Erinnere dich an das letzte Mal deiner Angstgefühle. Sie sind mit Sicherheit nach einiger Zeit verblasst. Dein Körper hat in den Entspannungsmodus zurückgefunden. Darauf kannst du im Übrigen immer vertrauen. Manchmal sehen wir andere reiten und denken, wie klein und schlecht wir sind. Plötzlich ist unser Feuer erloschen, unser Antrieb weg. Wir machen uns klein. Vor anderen sichtbar zu werden, vor anderen Menschen zu reiten (ich meine damit nicht die beste Freundin, die Frau Mama oder den Herrn Papa, … sondern eher den Bandenprofi), löst Unsicherheit aus. Dann denken wir, wir brauchen Selbstbewusstsein. Warum? Selbstbewusstsein soll uns groß und stark wirken lassen. Souverän. Die Wahrheit ist, im Grunde wollen wir kein Selbstbewusstsein, sondern um alles in der Welt keine Fehler machen! Was wir brauchen, ist Selbstsicherheit. Dir deiner Sache sicher sein – das brauchst du. Du willst Sicherheit, damit andere auf keinen Fall sehen, wie unsicher du bist. Mit dieser inneren Grundhaltung von Unsicherheit erzeugen wir zu viel denkend allerlei Angstgefühle.

Lerne vom Pferd, im gegenwärtigen Moment zu sein. Pferde wollen nicht auf deine Angst-Party. Sie wollen, dass du ihnen Sicherheit gibst, wenn du schon auf ihrem Rücken sitzt! Warum wollen sie das? Weil sie Energiesparwesen sind und es sie unendlich viel Energie kostet, sich in Sicherheit zu bringen, wenn sie merken, dass Reiten mit dir oben drauf nicht sicher ist.

Lerne vom Pferd, im gegenwärtigen Moment zu sein.

Beim Thema Selbstsicherheit geht es deinem Pferd nicht um die perfekte technische Umsetzung. Es geht um die Frage: »Bin ich sicher mit dir?« Nichts anderes fragt ein Pferd ab. Egal, auf welchem Level du reitest, zahle auf das Vertrauenskonto deines Pferdes ein, um Vertrauen zu ernten. Pferde vertrauen und akzeptieren uns in ihrer Nähe. Egal, welche Vorerfahrungen von Gewalt, Leid oder Leiden Pferde gemacht haben, sie sind in der Lage, wieder zu vertrauen.

Pferde sind einfach da. Sie sind. Sie denken nicht, wer sie sein müssten. Lerne von ihnen, dich mit dem Gefühl von Vertrauen zu verbinden, um Kraft und Stärke, Ausdauer und Belastbarkeit, Mut und Selbstsicherheit abzurufen, wann immer du sie brauchst.

MINI-AFFIRMATIONEN FÜR MEHR SELBSTSICHERHEIT

- ☐ Ich bin ab sofort Gestalter meiner Zukunft, meines eigenen Reitens. Ich habe die Kraft und Energie, mein Reiten zu erschaffen, wie ich es mir vorstelle. Positiv wie negativ! Ich erreiche ab sofort meine Ziele mit Freude und Leichtigkeit.
- ☐ Mein Pferd darf Spaß an der Ausbildung haben.
- ☐ Ab sofort motiviere ich mich mit dem Gefühl der Freude und Dankbarkeit.
- ☐ Ich entscheide ab sofort bewusster, welche Motivation ich aktiviere. Die der Angst, Furcht, Vermeidung, Unsicherheit oder die der Freude. Liebe, Dankbarkeit, Stolz als Motor der Motivation.
- ☐ Ich vertraue mir. Ich glaube daran, dass ich es schaffen kann.

Klappt mit Affirmationen dann immer alles? Nein, aber du hast in der Zeit dazwischen ein reguliertes Nervensystem, mehr Freude und dein Pferd hat einen psychisch ausbalancierten, erfüllten und zufriedenen Reiter.

Wisse, was du willst. Beobachte, was funktioniert und was nicht. Ändere deine Vorgehensweise und passe deine Schritte stets flexibel dem Plan deines Pferdes an. So bist du deinem Pferd

immer einen Schritt voraus. Du erkennst den Fehler, noch bevor dein Pferd weiß, dass es einen machen will. Nimm diese Vorstellung als deinen neuen Leitsatz für deine Bewusstheit.
Durch dein positives Sein wirst du in deinem Reiten wie magnetisch den positiven Augenblick erlebbar machen. Sei voll da. Sei in Präsenz, so spürst du intensiver positive Emotionen. Präsenz bringt dich aus der Angstspirale raus. Präsenz ist, dich selbst wahrzunehmen, dein Nervensystem zu spüren, in die Verbindung zum Pferd zu treten und sich auf die Magie einzulassen, ohne dass dein Verstand dich immer woanders hinzieht, beispielsweise zu den Gedanken, was andere über dich denken könnten, es besonders perfekt machen zu wollen, allen beweisen zu müssen, dass du der Beste bist. Wer gut ist, der muss es nicht mehr beweisen. Der ist es einfach. Statt deiner Angst wird nun dein Pferd wichtig. Das ist das wertvollste Geschenk, das du deinem Pferd machen kannst. Aktiviere den Fokus auf dein Pferd und dein Reiten, welche Art von Partner du für dein Pferd sein willst. Nervöses, ängstliches Elend auf seinem Rücken oder Glück? Präsenz ist, im Moment zu sein. Wir sind nicht bei der Angst aus der Vergangenheit oder bei der Angst vor der Zukunft. Erinnere dich stets: Glück gibt es nur im Moment.

QUICK-TIPPS SELBSTSICHERHEIT STÄRKEN

1. Stoppe dich. Höre auf, deinen eigenen reitsportlichen Niedergang zu prophezeien.
2. Verspreche dir selbst, alles in deiner Macht Stehende zu LASSEN, was dein Nervensystem dysfunktional stresst!
3. Deine Selbstsicherheit wächst auf der anderen Seite der Angst. Reite los!
4. Versperre die Türen zu alten Erfahrungen, die dein Nervensystem glauben lassen, dass sie im Hier und Jetzt aktuell stattfinden.
5. Unterfordere dich durch Kleinmachen oder Vermeidung nicht selbst. Suche Mini-Herausforderungen. Ihre Bewältigung schüttet Botenstoffe aus (Dopamin), die dich stärken.
6. Suche bei anderen, was dich inspiriert, was du dir abschauen kannst, um besser zu werden.
7. Sammle Erfolgserlebnisse, um noch mehr Umsetzung zu schaffen. Komme ins Tun. Dosierte Überforderung führt zu mehr Mut und Selbstvertrauen. Du wirst sicherer.
8. Stoppe dein Katastrophisieren. Reiten ist Vielfalt. Jeder darf hier seinen Platz finden. Prüfe lediglich, ob dein Platz auch der Platz ist, den dein Pferd haben möchte.
9. Lasse Altes los, um Neues zu beginnen.
10. Beginne JETZT ein neues Kapitel. Gehe den Weg in dein neues Selbstvertrauen, indem du Ergebnisse lieferst, an denen du wächst.

Top 5 der erfolgversprechendsten Fokusübungen gegen Angstgefühle

Fokus

Lass und direkt zum Thema Fokus ein Experiment machen: Suche mit deinem Blick schnell so viele grüne Dinge in deiner Umgebung, die du sehen kannst. Hast du sie? Schließe jetzt deine Augen. Nenne mir jetzt alle Dinge, die braun sind. Experiment Ende. Dein Gehirn ist überfordert. Hat es doch nun seinen Fokus auf die grünen Dinge gelegt und jetzt sollst du braune Dinge aufzählen? Das retikuläre Aktivierungssystem hat bei der Suche nach »grün« alle unwichtigen Informationen ausgeblendet, um dir nur die relevantesten Informationen »grün« zu liefern. Alle unwichtigen Informationen über Dinge, die braun sind, nimmst du nicht mehr bewusst wahr. Das ist Fokus.

Du entscheidest, auf was du deinen Fokus schärfst. Auf das Angstmachende oder auf Vertrauen? Worauf möchtest du deinen Fokus trainieren? Erfolg oder Misserfolg? Jammern oder für dich losgehen?

Die zentrale Fähigkeit eines Reiters ist die Steuerung seiner Aufmerksamkeit und damit die Ausrichtung seines Fokus. Das ist eine lebenslange Aufgabe. Wir lernen dadurch, im Hier und Jetzt zu reiten. Wir wählen nur solche Informationen aus, die uns guttun und unser Reiten inspirieren. Nur der Augenblick ist von Bedeutung. Nur im Moment versteht uns das Pferd. Diese ganzen Egogeschichten, einem Fehler nachzuhängen oder in die Zukunft zu dramatisieren, kennt unser Pferd nicht. Es kann nur im Hier und Jetzt mit uns in einen Dialog treten. Sind wir mit unseren Gedanken und Ängsten bei den schlechten Erfahrungen der Vergangenheit oder der Angst vor dem nächsten Schritt, führen wir einen Monolog mit unseren Ängsten, aber keinen Dialog mit unserem Pferd, denn dazu müssen wir den Moment erlebbar machen. Erlebbar wird das Hier und Jetzt, wenn wir die Bedürfnisse unseres Pferdes wahrnehmen und ihm Raum für seine eigene Individualität geben. Erst so kann ein gemeinsames Erlebnis, ein gemeinsamer Tanz zweier Unikate entstehen, die zu einem Team zusammenwachsen.

Die zentrale Fähigkeit eines Reiters ist die Steuerung seiner Aufmerksamkeit und damit die Ausrichtung seines Fokus.

Pferde wollen mit uns zusammenarbeiten. Will sich ein Pferd dem Menschen gegenüber »durchsetzen«, hat das nichts mit Dominanz zu tun, sondern mit einem hochregulierten Nervensystem, das wiederum das Pferd in seiner Welt in Sicherheit bringen will, auch dann, wenn diese Sicherheit die Distanz zum Menschen oder »Widersetzlichkeit« bedeutet. **Fokus bedeutet also auch, zu erfassen, wann das Nervensystem des Pferdes eine andere Herangehensweise erfordert.**

Um Fokus zu steuern, bedarf es der Bewusstheit über Gedanken, die wir in unseren Kopf lassen. Was du mental in dir aktivierst, manifestiert dein Pferd im Außen. Denn worauf du immer wieder deine Aufmerksamkeit lenkst, das wird stärker in deinem Reiten. Dieser Effekt, die sogenannte psychologische Projektion, funktioniert in beide Richtungen. Positiv wie negativ. Sind trotzdem negative Menschen, Erlebnisse, Situationen, Reize, Emotionen da? Ja, aber dein Fokus entscheidet, was du wahrnimmst und deine Bewertung entscheidet, wie du damit umgehen willst. Tipp: Bewertungen schaltest du aus, wenn du stattdessen diesen Satz sagst: »Oh, wie interessant.« Mehr nicht. Lese mehr dazu im Kapitel Beobachter Technik.

Was du mental in dir aktivierst, manifestiert dein Pferd im Außen.

Du kannst Positives nur noch schwer erkennen, wenn du deine Aufmerksamkeit beim Reiten immer wieder auf das Negative lenkst. Richtest du jeden Tag deine Aufmerksamkeit auf deine Stärken, deine Fortschritte, deine Glücksmomente, ist es nur eine Frage der Zeit, bis du dich selbst als Reiter akzeptierst, selbstsicherer wirst, dir vertraust, statt dich abzulehnen oder infrage zu stellen. Denn dann bist du chancen- und lösungsorientiert. Du trainierst aktiv eine vorteilhafte Aufmerksamkeit. Jeder Rückschlag macht dich stärker. Du erlebst Fülle und Freude. Jetzt kannst du dem Reitsport Inspiration geben, wonach sich so viele sehnen.

Nimmst du durch die unvorteilhafte Aufmerksamkeit nur Probleme wahr, bekommst du immer mehr Probleme, weil du dein Nervensystem in Stress bringst und dein Körper verspannt. Dein Pferd spürt das und liefert dir noch mehr problematische Situationen. Du bekommst neuronal gespiegelt, was du sendest. Du suchst das Problem, um daran zu verzweifeln – nicht zu wachsen. Jeder Rückschlag macht dich unsicherer. Du erlebst Angst und Traurigkeit. Du nimmst dem Reitsport die Inspirationsfähigkeit.

Im Reiten gibt es immer ein Auf und ein Ab. Entweder wir schwingen mit oder wir sind dagegen. Entweder wir suchen bewusst das Problem, um daran zu wachsen, weil dahinter das meiste Potenzial liegt, oder wir jammern und klagen. Sei dir klar, unser Gehirn macht Ängste größer. Nutze die Kraft des Possibilismus. Erlaube dir mit deinem Pferd die Kraft des Möglichen, nicht die des Unmöglichen. Wir wissen, dass beim Pferd alles möglich ist. Es macht keinen Sinn, dass deine Angstgefühle dich auf das Unmögliche reduzieren wollen. Glaube daran, dass Reiten auch für dich gelassen möglich ist.

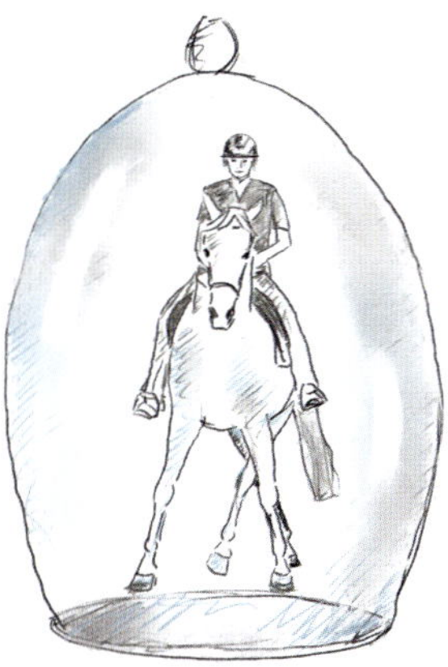

Inneres Bild, Fokus Glasglocke

Faktencheck

NIMM EINE DISTANZIERTE BETRACHTUNG VOR:

1. Ich bin in Gefahr. Faktencheck: Stimmt das?
2. Auftretenswahrscheinlichkeit. Faktencheck: Wie wahrscheinlich ist das Eintreten einer bedrohlichen Situation?
3. Angst ist gefährlich. Faktencheck: Trigger/Bewertungen finden.
3. Ich habe Stress. Faktencheck: Herzlichen Glückwunsch, dein Körper funktioniert. Er kann dich aktivieren.
4. Ich habe Angst, also muss es gefährlich sein. Faktencheck: Hochempfindliches Nerven- und Gehirnsystem erkennen.

Gegen Angst hilft keine Kontrolle. Das autonome Nervensystem lässt sich nicht kontrollieren, aber mit der Atmung steuern. Fokussierst du dich auf deine Angst. Willst du mit Kraft deines Willens Angst verdrängen, passiert das Gegenteil. Dein Gehirn aktiviert noch mehr Angstsignale. Du kannst Angst nicht kontrollieren oder unterdrücken, nur steuern lernen. Akzeptiere sie und nimm sie an. Nimm an, wie es jetzt gerade ist. Akzeptiere, was ist. Blöd finden, kannst du es trotzdem.

Die 5-4-3-2-1-Technik

Mit Fokus können wir andere Wahrnehmungen ausblenden. Die 5-4-3-2-1-Technik hat sich hierbei durchgesetzt, um achtsam ins Hier und Jetzt zu kommen oder zu bleiben. Nur im Hier und Jetzt kannst du Veränderungen vornehmen und Lernen aktivieren. Das Hier und Jetzt ist völlig neutral und wertfrei. Je häufiger du die Technik anwendest, desto schneller kannst du sie abrufen. Sie findet nur in Gedanken statt.

Übung 5-4-3-2-1-Technik

5 Dinge, die du sehen kannst. 4 Dinge, die du hören kannst. 3 Dinge, die du spüren kannst. 2 Dinge, die du riechen kannst. 1 Ding, das du schmecken kannst. Du kannst dich anfangs auch nur auf eine Sinneswahrnehmung fokussieren und dafür die Anzahl der Dinge erhöhen, wie bei dem Spiel »Ich sehe was, was du nicht siehst«.

Die 5-4-3-2-1-Technik kann auch direkt beim Reiten genutzt werden. Konzentriere dich ganz auf die nächsten Schritte beim Reiten. Zähle oder benenne die Fußfolge; benenne, welches Vorderbein vortritt; zähle die Takte; beschreibe deine Hilfengebung; sage auf, welche Hilfe du als nächstes gibst; fühle den Atem deines Pferdes im Rippenbogen; höre, was dein Pferd hören könnte; sage dir den nächsten und übernächsten Lektionsabschnitt auf; getreu dem Leitsatz: »Wenn ich trabe, dann trabe ich.« Mehr nicht. Lasse Gedanken ziehen. Halte Fokus.

Übung: Gehe die Angst im Körper durch.

Zittere mal 5 Minuten und plötzlich ist das Nervensystem wieder entspannt. Du kannst auch laufen oder schnell gehen. Probiere es aus.

Fokus durch Co-Regulation

Lenken wir unseren Fokus immer wieder scharf auf die Dinge, die Störquellen sind wie der Baumstamm im Wald, der Vogel in der Reithalle, die Jacke, die nie dort lag, der Richtertisch oder Sonstiges, signalisieren wir dem Pferd die Wichtigkeit dieser Objekte und alarmieren gleichzeitig unser Nervensystem auf Gefahr.

In der neuronalen Spiegelung unserer elektromagnetischen Felder, die sich messbar durch die HRV (Herzratenvariabilität) als Indikator für emotionale Stresszustände (Visser et al., 2002) und die Funktionsweise unseres Nervensystems abbilden lassen und sich mit dem Pferd unter Umständen synchronisieren zumindest sich individuell beeinflussen (Hama, Yogo & Matsuyama, 1996; Hockenhull, 2015; Keeling, 2009; von Borstel et al., 2005), projizieren wir unsere Befürchtung auf das Pferd und aktivieren unbewusst das Stressnetzwerk des Pferdes. Die Nervensysteme beeinflussen sich. Die Stress Response des einen feuert die des anderen an. Die Regulation des einen reguliert das Nervensystem des anderen. Das heißt, der Effekt funktioniert in beide Richtungen. Sind wir aufgeregt, überträgt sich diese Aufregung auf das Pferd. Sind wir entspannt, können wir das Nervensystem des Pferdes durch die Co-Regulation entspannen. Ist unser Pferd entspannt, kann es uns regulieren. Dieses Thema ist sehr komplex und noch nicht vollumfänglich empirisch erfasst. Es bedarf hier sicherlich mehr Forschung zur HRV und zu den elektromagnetischen Feldern. Siehe auch Kapitel Co-Regulation.

Sind wir aufgeregt, überträgt sich diese Aufregung auf das Pferd. Sind wir entspannt, können wir das Nervensystem des Pferdes durch die Co-Regulation entspannen.

Die Co-Regulation nutzen Reiter, wenn sie andere Pferde als Führpferde mitnehmen. Auffallend ist dabei, dass das Alter des Führpferdes keine Rolle spielt, sondern die Fähigkeit des Pferdes, sich selbst parasympathisch stabil zu halten. Ist dir schon mal aufgefallen, ist das Pferd entspannt, können wir uns entspannen. Ist das Pferd aufgeregt, können wir aufgrund unserer kognitiven Gehirnfähigkeit entscheiden, unser eigenes Nervensystem zuerst zu regulieren, um uns nicht anstecken zu lassen und im regulierten Vagusnerv dem Pferd Co-Regulation anzubieten. Bindung ist, wenn das Pferd versucht, sich an uns zu regulieren, wenn es Angst hat, so wie es das bei der Mutter tun würde. Es wählt uns als Leader aus, der in sich ruht und dem Pferd keine Kraft raubt, sondern ihm Energie spendet. Leider erwarten viele Reiter es andersherum. Sie meinen, ihr Pferd sei ihre Stresstherapie. Ja, das mag auch zutreffen. Bindung ist es jedoch nicht. Diese Pferde würden niemals den Reiter als Kraftquelle wählen, sondern sich immer wegorientieren in unsicheren Momenten.

Der Fokus auf Co-Regulation ist das Beherrschen der eigenen Atmung und das bewusste Wahrnehmen, welche erstaunliche Auswirkung die rhythmische Atmung auf das Pferd in Stresssituationen hat. Trainiere sie jeden Tag, bevor gar nichts mehr geht (Ausnahme: Es geht um Leben und Tod, dann ist deine aktive Unfallvermeidung und Sicherheit durch Handeln unausweichlich).

Co-Regulation ist auch, dem Pferd Zeit zu geben, sich selbst ein Bild von der Bedrohung zu machen und sie mit seinen Sinneswahrnehmungen als »ungefährlich« einzustufen und abzuspeichern.

Fokus durch Ziele

Durch Ziele legen wir unseren Fokus auf unsere Stärken und die erfolgreiche Erfüllung unserer Bedürfnisse.

Zur Erinnerung: Das Gehirn ist nicht auf Fokus ausgelegt. Der älteste Teil des Gehirns scannt zwar unentwegt alles auf Bedrohungen und Gefahr, aber der Präfrontale Kortex für Fokus und Konzentration ist eher im Energiesparmodus und hat es gar nicht gern, sich mit Neuem und Ungewohntem auseinanderzusetzen.

Es gibt keinen Weg zum Glück, denn Glück ist immer der Weg. Wenige Reiter kennen ihre Ziele im Reiten. Die meisten sind mit Vermeidungsenergien unterwegs und wissen, was sie nicht wollen. Kaum einer kennt den Titel des Lebensbuchs seines Pferdes. Wie heißt dein Titel? Denke einmal darüber nach, wie das Buch deines Pferdes heißt. Vielleicht »Ängstliches Elend auf meinem Rücken«? Oder: »Wie bekommt mein Pferd auf keinen Fall Sicherheit von mir?« Frage dich bewusst, wie füllst du die Kapitel? Ist dein Pferd emotional glücklich mit dir als Reiter? Hätte dein Pferd gern ein neues Kapitel? Schreibe es. Klappe dein jetziges Angstkapitel einfach zu und trage dazu bei, dass sich das Lebensbuch deines Pferdes mit Gelassenheit, Sicherheit, Vertrauen und Liebe füllt. Auch dein Pferd hat nur dieses eine Leben.

Es gibt keinen Weg zum Glück, denn Glück ist immer der Weg.

Ist das denn überhaupt machbar, ein angstfreies Leben mit den Pferden zu führen? Nein, auch nicht, wenn du einen Kurs für positives Denken besuchst. Absolute Angstfreiheit wird es schon rein gehirnmechanisch nicht geben. Du kannst über starke Ziele jedoch deinen Willen zur Zielerreichung trainieren, dass dein »Warum«, durch die Angst zu gehen oder sie auszuhalten, so machtvoll wirkt, dass du daraus Kraft schöpfst, dir selbst zu bestätigen, dass du es kannst! Halte den Fokus auf einer einzigen Sache. Halte ihn darauf, tue nichts anderes. Willst du Erfolg, brauchst du Fokus, bei der Sache zu sein und zu bleiben. Besonders, wenn Ablenkung oder Negativität zu groß werden. Dein Gehirn kann dann die volle Energie auf dein Vorwärtskommen legen, statt seine Energie für die Vermeidung deiner Ziele bereitzustellen.

Energie folgt Fokus. Das ist nur die halbe Wahrheit. Energie folgt auch dem, was du die ganze Zeit unbewusst unterdrückst! Was du nicht sehen willst, vermeidest oder befürchtest. Manchmal sind wir fokussiert. Das heißt noch nicht, dass wir dann auch handeln. Wir handeln nicht, weil wir zu wenig entschlossen sind. Ziele brauchen das Tun. Es zu versuchen, reicht nicht. Streng dich jetzt richtig an und lege deinen Fokus auf den Versuch. Versuche mal zu reiten. Nur versuchen, nicht tun. Klappts?

Ziele feuern dich an, dich selbst zu bestätigen. Tue etwas, was dich in den Flow Zustand bringt. Gib dir selbst dein Wort. Und halte stets in Erinnerung, Reiten lernst du nur durch Wiederholungen und Festigung der Bewegungsmuster in deinem autonomen und motorischen Nervensystem!

Zielfokus halten

1. Trance und Flow sind ein natürlicher Zustand. Jeder, der reitet, ist im Flow. Die Frage ist, mit welcher Trance. Problem-Trance oder Lösungs-Trance? Du entscheidest, was du emotional erleben willst.
2. Fokussiere dich auf die Dinge, die du umgesetzt hast, nicht auf das, was du nicht geschafft hast. Positives Feedback gibt deinem inneren Schweinehund das Gefühl, dass es Spaß macht, sich zu entwickeln. Das ausgeschüttete Dopamin stärkt dein Nervensystem.
3. Trainiere deinen Willen. Fokussiere einen Punkt im Raum und schau nur dort hin. Trainiere deinen Willen, dass du dich nicht ablenken lässt. Auch nicht von deinen Gedanken. So lernst du, deine Aufmerksamkeit zu steuern.

KAPITEL 3

Angstgedanken

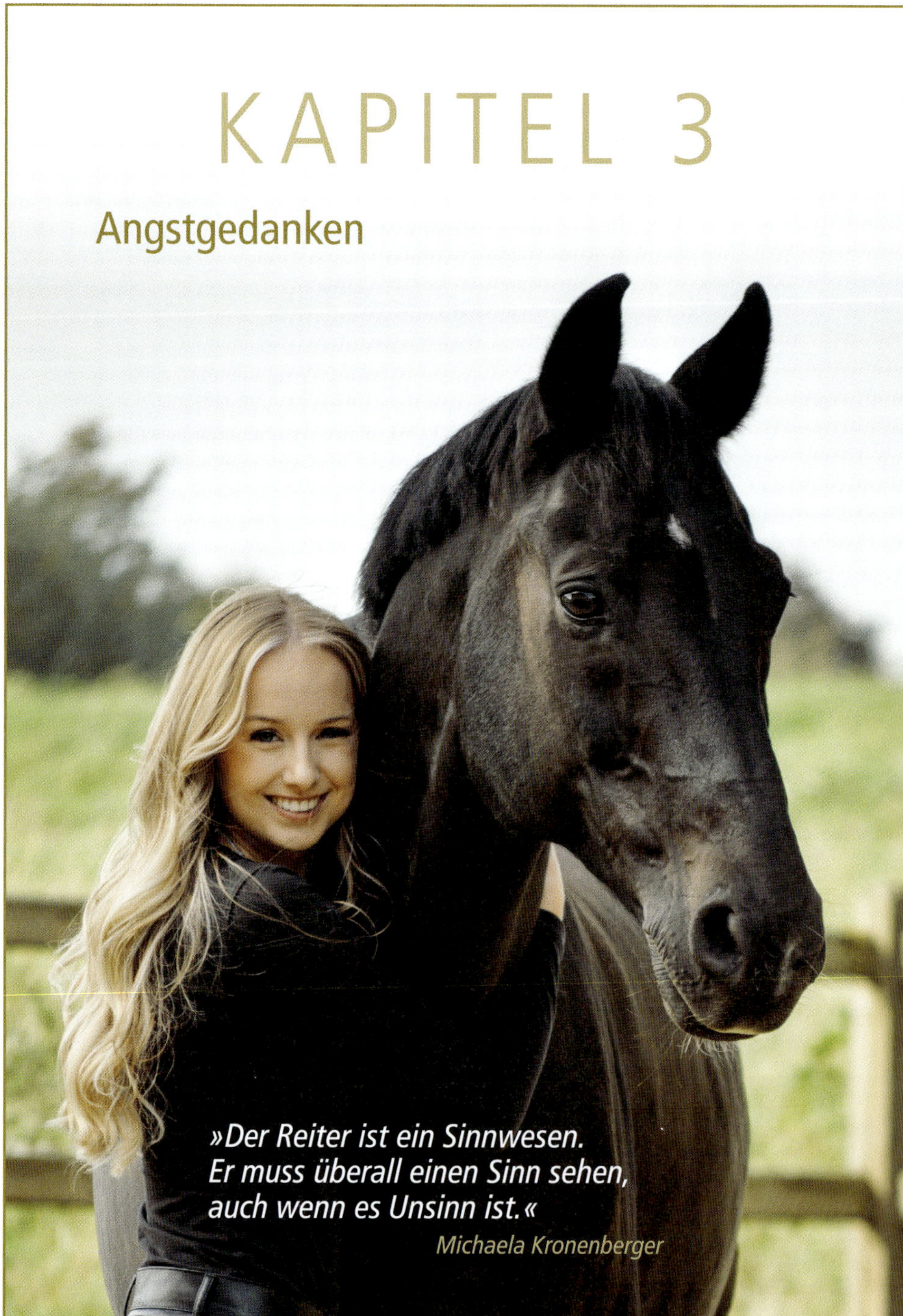

*»Der Reiter ist ein Sinnwesen.
Er muss überall einen Sinn sehen,
auch wenn es Unsinn ist.«*

Michaela Kronenberger

Gedanken sind keine Fakten

Kurz zu den Fakten: Die Minderheit aller Reiter wächst unter idealen Reitsportbedingungen auf. Nur die wenigsten passen in das System rein, in das von Hause aus nur wenige reinpassen. Leicht glaubt da der ein oder andere selbstzweifelnd: Alle können es – nur ich bekomme es nicht auf die Reihe. Merke dir: One Size doesn't fit all! Liebe Angst, entspann doch mal!

Jedes Reiter-und-Pferd-Paar hat es auf seine Art und Weise schwierig. Mal passen die Trainingsoptionen nicht, mal sind die Haltungsbedingungen nicht optimal, mal sind es die anderen Leute am Stall, die wir uns nicht aussuchen können. Mal sind es die Umstände, mal die eigenen Probleme, mal die Probleme des Pferdes, mal ist es unsere Gesundheit, mal irgendwas. Blöd, dass wir ständig denken, den anderen ginge es besser als uns. Sei dir gewiss, wüssten die anderen oder das System, unter welch wahren Anstrengungen, mit welch harten Herausforderungen, mit welch einem seelischen, physiologischen oder psychischen Rucksack und mit welch großartigem Einsatz du dein Pferd managst, fiele manch eine Note, manch ein Kommentar wertschätzender aus.

Gedanken sind keine Tatsachen. Sie sind 90 % Output unseres Unterbewusstseins in Form unserer Vorstellungskraft (Roth, 2002), wie wir die Welt sehen und sie gehirnmechanisch verknüpft haben, da unsere psychischen Wahrnehmungsfilter und der Thalamus (Zur Erinnerung: Gehirnregion im Limbischen System, die steuert, ob eine Sinneswahrnehmung bis zum Verstand weitergeleitet wird oder nicht) entscheiden, was bewusst wahrgenommen (maximal 7 bis 40 Reize pro Sekunde) und was vorbewusst oder unterbewusst verarbeitet wird (11 Millionen Reize pro Sekunde) (Norretranders, 2002).

Was davon dann wie im Gehirn abgespeichert wird, entscheidet die Emotion, mit der wir die Situation erleben. Begegnen wir unserem Reiten emotionslos, bedarf es zahlreichen Wiederholungen für die kognitive Speicherung neuer Reitanweisungen und für die Entwicklung der Grobkoordination und erste Orientierungen unseres Körpers mit der Propriozeption (Körperwahrnehmung in Raum und Zeit). Ein Vielfaches mehr an Wiederholungen brauchen wir für die Verknüpfung von kausalen Gedankenketten wie Biomechanik und Skala der Ausbildung, Bewegungsvorstellungen, Bewegungsbalance, Entwicklung der Feinkoordination. Erst bei ultravielen Wiederholungen geht die Reittechnik, die Stabilisierung der Feinstkoordination, die Entwicklung der flexiblen Verfügbarkeit, die Präzisierung und Individualisierung der Hilfen uns in Fleisch und Blut über (Fitts & Posner, 1967; Schmidt & Wrisberg, 2008). Jetzt erst haben wir Expertenstatus.

Sei geduldiger mit dir und glaube nicht alles, was du denkst. Es ist dein Gehirn, das Zeit braucht und dich zu einem Experten macht, nicht das verwunschene Talent, sondern schlicht und einfach Wiederholungen. So wie beim Laufenlernen.

Das Gehirn ist eine Potenzialbombe. Wir können alles werden, was der Mensch werden kann. Potenziale gehen ein, weil andere Potenziale genutzt oder entwickelt werden. Wenn wir uns dauernd einreden, fürs Reiten nicht gut genug zu sein, werden sich die entsprechenden Gliazellen und Neuronen zurückbilden, da wir sie nicht nutzen.

Ein Beispiel: Ein Reiter mit Angstgedanken beobachtet die anderen Reiter beim Reiten. Er filtert nur jene Informationen aus 11 Millionen möglichen Reizen heraus, die ihm bestätigen, dass er schlecht ist und die anderen besser sind. Sein Gedankenkonstrukt verschärft sich immer dann, wenn er Fehler macht und seine eigenen Erfolge nicht mehr wahrnimmt. Von allen Seiten nimmt er nur noch Kritik und Abwertung wahr, insbesondere von seiner eigenen inneren Stimme. Er hat an seinem Reiten immer etwas auszusetzen, während zeitgleich andere das harmonische Gehen seines Pferdes bewundern, was er selbst nicht wahrnimmt, da er die negativ bestärkenden Reize selektiert.

Gedanken können in eine schöne und eine selbstzerstörerische Richtung gehen. Bei schönen Gedanken haben wir keine Probleme. Bei negativen Gedanken spiegelt unser Reiten einen ganzen Misthaufen an Problemen. Noch einmal: Gedanken sind keine Tatsachen. Nur weil du etwas denkst, muss es nicht wahr sein. Du kannst denken, was du willst; dir alles vorstellen, was du willst, und es hat trotzdem keine Beweiskraft, dass es wahr ist. Es denkt sich nur leichter.
Gedanken sind weder Fakten noch die Wahrheit. Es sind Energien von Elektronenkaskaden unserer 86 Milliarden Nervenzellen im Gehirn (Herculano-Houzel, 2009), wenn sie untereinander kommunizieren. Du bist maximal nur überfordert von den Schwingungsenergien deiner Nervenzellen. Du könntest jeden Gedanken als Vorgang vieler süßer, niedlicher elektrischer Signale werten, die sich gerade in deinem Kopf ausbreiten, statt mit ganzen Gedankenmonstern einen filmreifen Horrorfilm zu drehen.
Kurzum, lass Gedanken gehen – wie die Pferde in einer Führmaschine. Lass sie einfach vorbeiziehen.

Mindset

Einfach nur mal kurz positiv zu denken, hilft kaum einem Reiter, der in akuter Angst oder Panik feststeckt. Auch eine über Jahre antrainierte Selbstabwertung kann nicht mal eben mit positivem Denken abgestellt werden. Ein Pferd wird nicht durchs Viereck tanzen, nur weil du mal kurz positiv denkst. Ein Pferd wird nicht nicht-durchgehen, nur weil du vor Kurzem einen Kurs über positiv Denken gekauft hast und deine neu gelernte Affirmation: »Ich bin ein Sonnenschein« aufsagst. Ich kenne keinen Reiter, der auf Knopfdruck den Sturz verhindern konnte, weil er kurz vorher noch schnell positiv gedacht hat. Wenn das mal so einfach wäre. Positives Denken hilft nur, wenn du dein komplettes Mangelbewusstsein in den Phasen zwischen deinen Angstgefühlen aufarbeitest!

Es ist längst kein Geheimnis mehr, dass negatives Denken deine Kraft, Koordination, Handlungsfähigkeit im Körper verschlechtert. Positives Denken gibt dir Muskel- und Entschlusskraft. Negatives Denken nimmt sie dir. Warum? Du schüttest andere Hormone und Neurotransmitter aus. Positive Gedanken erzeugen Serotonin, Oxytocin, Dopamin, Endorphin, Vasopressin. Wir sind leistungsfähig. Negative Gedanken erzeugen Adrenalin, Noradrenalin, Cortisol, Cytoxine, Histamine und bringen die HRV (Herzfrequenzvariabilität) in ein Chaos. Wir reiten weit unter unseren Möglichkeiten, da unser Körper mit den Stresshormonen und dem suggerierten Gefahrmodus beschäftigt ist. Das ist neurobiologisch das ganze Geheimnis hinter positivem Denken. Bleibt dein Nervensystem reguliert, spiegelst du es auf dein Pferd. Du steigst also mit deinen Gedanken in Entspannungsnetzwerke ein.

Positives Denken gibt dir Muskel- und Entschlusskraft. Negatives Denken nimmt sie dir.

Die Wahrheit ist, wir müssten auch nicht erst positiv denken lernen, um gut reiten zu können. Neutral denken oder ein reguliertes Emotionsset für eine ruhige HRV sind neben technischer Stärke absolut ausreichend! Mit positivem Emotionsset wird es jedoch schneller und erfolgversprechender gehen, die Technik zu erlernen und unter Stress anzuwenden, da im Gehirn das Belohnungszentrum süchtig nach »positiven« Neurotransmittern wird.
Natürlich geben positive Sätze uns Kraft und Freude, wie negative Sätze sie uns gleichzeitig wieder nehmen können. Dabei kommt es aber nicht auf die Sätze an sich an, sondern auf deren Bedeutung, die wir ihnen beimessen. Positives Denken sollte also immer erst etwas in uns auslösen, um mit uns zu resonieren. Wenn wir uns einreden, dass wir uns bestens fühlen und uns großartig finden, wenn zeitgleich unser Selbstwert schwach ist, führt das dazu, sich noch schlechter zu fühlen, wenn man trotz positivem Denken versagt (Wood, Perunovic & Lee, 2009). »Selbst das positive Denken bekommt man nicht hin«, denken diese Reiter dann oft.
Mindset ist Kognition. Es ist Datenverarbeitung im Frontallappen. Reiten ist Fühlen. Ganz anderer Gehirnbereich. Wissen reicht nicht, um Reiten erfolgreich zu lernen. Auch nicht bei Profis an der Bande. Wir müssen Lösungen selbst finden, um sie als erlebte Erfahrung oder Erfahrung mit emotionaler Verfärbung im Gehirn mental abrufbar speichern zu können.

Mindset ist zweifelsohne im Reitsport wichtig für die Wissensaneignung zur Unfallvermeidung, zum Tierschutz und zur Sicherheit. Aber die innere Haltung hinter dem Mindset ist wichtiger!

Wie gehst du mit deinem »Mindset« um? Wie und auf welche emotionale Weise machst du deine Erkenntnisse für dich und dein Pferd erlebbar? Mit welchen Emotionen fütterst du dein Mindset? Was du fütterst, wächst. Angsthase oder Mutlöwe, Zweifler oder Siegertyp, wen fütterst du?

Studien der Neurowissenschaften zeigen, dass die Funktionsnetzwerke Emotion und Kognition genauer gesagt Limbisches System und Präfrontaler Kortex/Frontallappen um Ressourcen konkurrieren (Roth & Ryba, 2016). Sind wir emotional erregt, aufgeregt, gestresst, fährt der Präfrontale Cortex (logisches Denken, rationales Handeln, Sprache) herunter und das Limbische System hoch. Ob wir eine Handlung ausführen oder nicht ausführen, eine Entscheidung fällen oder uns nicht entscheiden, trifft nicht der kognitiv-sprachliche Gehirnbereich, sondern unser Limbisches System (Roth & Ryba, 2016). Du kannst dir noch so lange einreden oder vorsagen, dass du entspannt bist, wenn du es nicht bist. Es geht also um das richtige Heartset (in der Psychologie »Absicht«) hinter dem Mindset, denn das bestimmt, ob du ins Tun oder ins Lassen kommst. Der Wille erreicht allein gar nichts, wenn nicht eine positive Emotion hinter dem Willen dafür sorgt, dass du für dich losgehst. »Beim nächsten Mal mache ich es anders ...« Und? Beim nächsten Mal machst du es wieder genauso falsch. Du brauchst deine emotionale Absicht, nicht den Willen. Kein Mindset wird umgesetzt, sobald eine ungünstige Emotion wie Angst uns hindert, für uns selbst loszugehen. »Ich will keine Angst mehr haben«, wird nur ein Wille bleiben, wenn du nach diesem Buch nicht in die Umsetzung gehst.

Der Wille erreicht allein gar nichts, wenn nicht eine positive Emotion hinter dem Willen dafür sorgt, dass du für dich losgehst.

Mindset ist das, was bei hochbegabten und hochsensiblen Reitern immer nach Input fragt. Sie müssen im Kopf immer eine Beschäftigung haben, damit Ruhe herrscht. Ihr Kopf will alles verkomplizieren und viele Fragen stellen. Für manch einen Trainer ist das eine Herausforderung, weil es ihn an seine eigenen Grenzen der fachübergreifenden Wissenskompetenz bringt. Diese Reiter brauchen beim Reiten nicht ein Einlullen, sondern ein dreifach gleichzeitig an kognitiven Aufgaben, um zu vermeiden, dass Emotionen sie überfluten. Da kaum ein Trainer selbst zu solch hochkomplexem Denken in der Lage ist, kann er den Reiter auch nicht selbstwirksam fördern, sondern stempelt ihn als untalentiert oder »schalt doch mal den Kopf aus« ab. Am Ende zerbricht der Reiter an seinem Kopfkino, obwohl ihm nur die nötige Unterstützung fehlt, seine Emotionen und seine Hochsensibilität durch ein 3-fach-Mindset zu kanalisieren.

Dann gibt es da noch die No-Mindset-Reiter. Sie müssen lernen, ihr Sein von den Gedanken abzukoppeln. Sie glauben, jeder Fehler sei ihr persönliches Versagen und ein Beweis, dass sie nicht gut genug für ihr Pferd sind, sie es nie lernen, es bestimmt schrecklich aussieht, ihr Pferd bei jedem anderen besser läuft als bei ihnen selbst. Ihr Denkmechanismus kennt nur Selbstabwertung. Sie müssen begreifen, dass sie beim Pferd SEIN dürfen. Sein, wer sie sind. Sie müssen nicht erst leisten, um SEIN zu dürfen. Kein Kampf durch Hin-zu-Strategien. No-Mindset. Machen, was geht. Lassen, was nicht geht. Du wirst merken, wann es Zeit für den nächsten Schritt ist. Dein Pferd wird es dir ganz ohne Selbstabwertung sagen. Diesen Moment dürfen diese Reiter erst einmal fühlen. Reiten dient nicht dem Ausleben der Selbstabwertung, sondern dem Erleben einer wunderbaren, erfüllenden, zeitlich begrenzten Zeit mit dem geliebten Pferd. No-Mindset öffnet dir den Weg zurück zu dir, was wirklich zählt, was wirklich wichtig ist für dein Pferd und dich. Einfach mal machen. Momente zusammen für schöne Erinnerungen erleben. Gemeinsam – nicht einsam. Fühlen – nicht denken. No-Mindset.

Zuletzt gibt es noch Trainer, die dem Reiter einreden wollen, sie hätten Mindset-Probleme. Lauf! Lauf schnell und suche dir einen anderen Trainer oder ruf mich an und wir machen ein Check-up. Erinnere dich: Je öfter dein Gehirn hört, es habe Mindset-Probleme, desto mehr Neuronen und Gliazellen bauen diese Nervenbahn aus, desto mehr identifiziert es sich mit Hörensagen. Die Stimmen der Trainer/Eltern werden internalisiert. Schlussendlich hinterfragst du es nicht mehr und glaubst es selbst. Die wahre Haltung deines Trainers, deines Umfeldes, deiner Eltern dir gegenüber trägt in erheblichem Maß zu deinem Erfolg oder Misserfolg bei. Eliminiere sie zunächst mental. Glaubst du dann immer noch, du hättest Mindset-Probleme, suche dir einen Coach.

Die wahre Haltung deines Trainers, deines Umfeldes, deiner Eltern dir gegenüber trägt in erheblichem Maß zu deinem Erfolg oder Misserfolg bei.

Mindset hin oder her. Vertraue dem Prozess. Manchmal fühlt sich Reiten wie niemals endend an. Vertraue darauf. Ist es für dich an der Zeit, wird der Erfolg von ganz alleine zu dir kommen, weil dein Pferd nun bereit ist, deinen Weg als den gemeinsamen Weg anzunehmen. Nutze dein Mindset für die Erschaffung deiner äußeren Haltung, einer Championpose, damit du »Ja« zur Angst sagst und sie verschwindet. Nimm Haltung zur Angst ein. Du bist für das Reiten, für deine eigene Selbstentwicklung. Stimme der Angst zu. Reiten gibt es nicht 100 % ohne Angstgefühle. Leben auch nicht. Es kommt darauf an, wie viel Raum und Fokus du der Angst in deiner wertvollen Zeit beim Pferd beimessen willst. Erst wenn dein eigener Halt zerbricht, kann dir Angst etwas anhaben.

Gedankenmonster

Gedankliche Ängste sind vorgestellte Ängste. Wenn du beim Reiten kritisiert oder ausgelacht worden bist, hattest du keine Angst, sondern vielleicht Wut, Ärger oder hast dich traurig gefühlt. Erst mit dem Gedanken, dass dir diese Situation oder dieses Erlebnis noch einmal passieren könnte, empfindest du Angst. Wut, Ärger und Traurigkeit. Beschäftigst du dich nun mit der Vermeidung der Angstgefühle, werden sich deine Emotionen nicht lösen, sondern deine Angst vergrößern.

Was lässt du von morgens bis abends in deinen Kopf? Mit welchen Gedanken vergiftest du dein Herz im Training oder auf dem Turnier? Wir denken am Tag mehr als 6000 Gedanken (Tseng & Poppenk, 2020) und davon oftmals dieselben wie gestern und vorgestern. Nichtdenken gibt es nicht. Wir denken immer irgendwas. Warum nicht gleich etwas Nützliches?
Niemand kann dich zwingen, negativ zu denken. Dein Gedanke ist dein freier Wille. Du hast immer die freie Wahl, was du denkst. Niemand anderes entscheidet, wo du hinschauen, was du lesen, wo du zuhören, mit wem du Small Talk halten willst. Trainiere dich, Chef in deinem eigenen Kopf zu werden. Lerne, was du glauben willst. Deinem Gehirn ist es egal. Ich weiß, deinem Ego nicht. Aber die Wahrheit ist: Jeden Gedanken kannst du annehmen oder ablehnen. Überlasse diese Wahl nicht deiner Angst. Stell dir vor, negative Gedanken sind wie eine volle Mülltüte. Bringe sie einfach raus. Kommen neue Gedanken, kaufe dir kleinere Mülltüten.

Jeden Gedanken kannst du annehmen oder ablehnen. Überlasse diese Wahl nicht deiner Angst.

Angstgedanken fühlen sich 100 % wahr an. Mache dir klar, dass es nur Gedanken sind. Angstgedanken trampeln Angstwege in unser Gehirn, die sich irgendwann wahr anfühlen. »Ich bin halt so.« »Mein Pferd ist halt so.« Wir beginnen so zu reiten, wie wir überzeugt sind, zu sein. Deshalb gibt es Reiter, die nur so vor Selbstvertrauen strotzen, obwohl ihnen eine Portion Selbstreflektion ganz guttäte und andere Reiter, die ihr Licht unter den Scheffel stellen, obwohl sie einen Sieg nach dem anderen nach Hause bringen und daheim immer noch nicht glauben wollen, reiten zu können.

Reiter mit Ängsten sorgen sich, dass etwas schiefgehen könnte. Sie zweifeln, ob es gut ausgeht, ob sie gut genug sind, analysieren alles von vorne bis hinten und von hinten bis vorne und wieder umgekehrt. Ihr Gedankenchaos hat die irrwitzigsten Gedanken parat. Die Angst scheint die Gedanken noch mehr anzufeuern. Sie gehen ständig Probleme durch, analysieren, recherchieren, hinterfragen, aber sie finden keine Lösungen. Kommt doch eine, sind sie sicher, dass es die falsche ist. Merke dir: Ein Gedanke wird nur so mächtig, weil du ihn behalten willst. Sage dir: »Interessanter Gedanke. Brauche ich ihn für meinen Erfolg oder für meinen Misserfolg?«

Hinterfrage ihn und entscheide, ob du dich näher damit befassen willst. Zähle den Gedanken an: 3, 2, 1, Go. Bei »Go« hat der Gedanke weg zu sein.

Sich Gedanken zu machen, ist grundsätzlich eine gute Fähigkeit des Gehirns. Bei Angstgedanken dreht sich aber vieles um Horrorszenarien und es geht nicht um das Finden einer Lösung. Du erkennst es an dem »Ja-aber-Syndrom«. Auf jeden Vorschlag, etwas zu ändern, reagieren sie mit einem »Ja, aber …« Veto. Taucht in deinen Gedanken oder Antworten ein »Ja, aber …« auf, willst du in Wahrheit keine Lösung. Du willst im Problem stecken bleiben und bist nicht bereit für den Perspektivwechsel auf die Lösung. Viele Reiter leiden unter diesem Syndrom. Es tritt im Schwarm auf, wenn Reiter sich selbst Begründungen zurechtlegen, warum die Angst begründet ist. Irrtümlicherweise argumentieren sie dabei mit dem Angstzentrum, statt mit dem Präfrontalen Kortex, der für das kognitive, clevere, logische Denken zuständig ist. Zwei völlig unterschiedliche Gehirnbereiche. Aber der eine (die Angst) sorgt mit voller Überzeugungskraft dafür, dass der andere (der Verstand) die irrationalen Gedanken für wahr hält. Entlarve den Gedanken als Angstgedanken. »Aha, das sagt also die Angst. Also ist mein Angstzentrum gerade wieder aktiv.« Merke dir: Mit Bewertungen ist man sofort im Gefühlsstrudel.

Ist unser Angstzentrum on Fire, ist der Zugang zur Ratio gesperrt. Unser Körper braucht unsere Energie für die Überlebensprozesse, weil wir ihn glauben lassen, es ist Gefahr im Verzug. Er bereitet sich auf unseren Schutz vor, nicht auf das Schreiben einer Dissertation, warum das Problem im Viereck oder im Parcours jetzt auf keinen Fall gelöst werden kann. Das bedeutet: Bist du mit Angstgedanken beschäftigt, kannst du nicht rational denken. So funktioniert das Gehirn. Die Krux ist, dass Reiter in Angstsituationen dringend Lösungen brauchen, über die sie gehirnmechanisch aber nicht nachzudenken vermögen. Ein Teufelskreis. Denn das Pferd hat längst die Führung übernommen und dessen Nervensystem will wiederum sich selbst in Sicherheit bringen. Das checkt unser Verstand jedoch nicht. Er ist ja gerade im Ruhemodus.

Bist du mit Angstgedanken beschäftigt, kannst du nicht rational denken.

Job der Angst ist es, Angst zu machen. Wir müssen uns aus der Gedankenfusion lösen und uns immer wieder bewusst machen, es sind nur unsere Gedanken, es ist nur unser Gehirn, das das produziert. Wann denkt es dich und wann denkst du selber? Bringt dich die Grübelei weiter? Sind deine Gedanken lösungsorientiert? Hat die Angst zur Lösung geführt? Siehst du nur noch Worst Case? Lege bewusst und sofort den Schalter um: Tu so, als wäre die Angst im Unrecht. »Diesen Gedanken werde ich nicht glauben.« Sage es klar, sachlich, neutral wie Subjekt – Prädikat – Objekt. Völlig emotionslos.

Unsere Bewertungen haben einen unmittelbaren Einfluss auf unsere Emotionen, die Einfluss auf unser Verhalten haben. Was du seit 20, 30, 40 Jahren glaubst, änderst du nicht in 10 Minuten! Dazu sind deine neuronalen Autobahnen mit zu breiten Spuren ausgebaut. Leider wirst du auch keinen Erfolg finden, wenn du dich weiter so verhältst wie vorher. Bist du unzufrieden, aber änderst nichts, bekommst du dieselben Ergebnisse, die du schon hast.

Übung Gedanken ziehen lassen

15 Minuten beobachten, wie viele bewusste Atemzüge du wahrnimmst, ohne nachzudenken. Schließe deine Augen. Atme. Richte deine Wahrnehmung auf deine Nasenspitze und nimm bewusst die Ein- und Ausatmung wahr. Kommen Gedanken, gehe nicht auf sie ein, sondern lenke deinen Fokus wieder auf die Nasenspitze. Bist du darin trainiert, suchst du dir etwas an deinem Pferd, worauf du deine Aufmerksamkeit richten willst. Nimm wahr, ohne zu bewerten. Lasse Gedanken weiterziehen. Bist du auch darin spitze, suchst du dir etwas, was dich an deinem Pferd stört. Atme. Atme jeden Gedanken weg. Gehe nicht auf sie ein. Bist du darin Meister, wende die Übung bei dir an. Nimm Dinge, die dich an dir stören wahr. Gehe nicht auf deine selbstzerstörerischen Gedanken ein. Beobachte nur deine Atmung.

Mentale Aktivierung als Akutintervention

Übungen zur mentalen Aktivierung in akuten Angstsituationen, um den Präfrontalen Kortex wieder anzuschalten, sobald du merkst, die Angst will die Zügel in die Hand nehmen:

- ☐ Rückwärts zählen. Die neuronale Aktivierung der Amygdala wird gehemmt (De Voogd et al., 2018).
- ☐ Den Parcours, die Aufgabe, die Strecke, die Hilfengebung rückwärts aufsagen.
- ☐ Einen Satz rückwärts aufsagen.
- ☐ Den jeweils diagonal oder gegenüberliegenden Buchstaben in der Reitbahn aufsagen.
- ☐ Runde Formen finden, zählen und benennen.
- ☐ Atemrhythmus durch Zählen steuern.

Wie kann ich die Glaubenssätze hinter den Angstgedanken erkennen?

Oft ist es uns nicht bewusst, wie es uns denkt. Ja, du hast richtig gelesen. Es denkt uns. Wir können nichts dagegen tun, glauben wir. Die Gedanken machen, was sie wollen. Aber das stimmt nicht. Sie machen nur das, was du zulässt. Du kannst nur denken, was du denken willst. Kein anderer ist in deinem Kopf und bestimmt, was da rein soll. Vielleicht hörst du das jetzt zum ersten Mal. Du allein besitzt die Macht über deine Gedanken.

Unsere Gewohnheiten sind das Wiederholen unserer Gedanken, mit denen sich unser Verhalten wiederholt. Gewohnheiten werden zu Glaubenssätzen, Glaubenssätze werden zu Überzeugungen, Überzeugungen werden zu unserer ICH-Identität. Das Werk ist vollbracht. Der Glaubenssatz ist emotional aufgeladen, das heißt, hinter ihm versteckt sich immer eine Emotion, gekoppelt an ein erfülltes oder unerfülltes Bedürfnis.

Stört uns ein Ergebnis, müssten wir eigentlich nur unsere Gedanken ändern ... Eigentlich. Leichter gesagt als getan. Es denkt uns ja. Und weil wir es denken, muss es stimmen – wir fühlen uns ja auch schlecht. Wir führen eine emotionale Beweisführung über unsere emotional verfärbten Glaubenssätze. Einer, der sich besonders wahr anfühlt, ist dieser: Ich bin nicht gut genug. Wäre er an die Emotion Stolz oder Freude gekoppelt, hätte er keine blockierende Macht. Fühlen wir hingegen Scham oder Traurigkeit, Schuld oder Frust, Ärger oder Zweifel, Angst oder Hilflosigkeit, glauben wir noch mehr an die Wahrheit dieses Glaubenssatzes. Aber etwas immer wieder zu glauben, macht es nicht wahrer! Es blockiert lediglich unsere Leistungsfähigkeit durch unsere eigenen, emotional ausgelösten Stresshormone.

SAMMLE DEINE GLAUBENSSÄTZE. HIER EINIGE BEISPIELE:

- ☐ Ich bin nicht gut genug.
- ☐ Ich kann das nicht.
- ☐ Ich habe zu wenig Talent.
- ☐ Ich bin zu schlecht für mein Pferd.
- ☐ Ich bin eine schlechte Reiterin.
- ☐ Ich darf keine Fehler machen.
- ☐ Ich bin zu doof/zu dumm/zu blöd.
- ☐ Es sieht schrecklich aus. (Ich bin falsch.)
- ☐ Ich lerne es nie.
- ☐ Ich bin verpeilt. (Ich bin planlos.)
- ☐ Ich habe es nicht verdient, erfolgreich zu reiten.
- ☐ Ich bin ausgeliefert. (Man kann Pferden nicht vertrauen.)
- ☐ Reitsport ist gefährlich.
- ☐ Lieber keine Entscheidung als die falsche.
- ☐ War ja klar. Das passiert nur mir. Immer ich.
- ☐ Jeder reitet besser als ich.

All diese Bewertungen feuern unsere Gefühle an und festigen eine negative ICH-Identität. Sie spiegelt sich im Außen, in unserem Pferd, in unserer Haltung. Alle signalisieren: »Ich kann mich nicht auf mich verlassen.« Wenn wir kein glückliches Reiten verdient haben, dann werden wir von unserem Pferd auch keines bekommen, denn es tritt immer in Resonanz mit uns. Unsere Glaubenssätze nähren unsere Grundangst. Zur Erinnerung: Negative Gedanken destabilisieren unsere Psyche, unseren Sitz und unser Nervensystem aufgrund der ausgeschütteten Stresshormone.

Jeder dieser Sätze zieht ein negatives Verhaltensmuster nach sich. Beispielsweise gibst du schneller auf, traust dir nicht viel zu, kannst das Scheuen schon hellsehen, fühlst dich schnell überfordert, hast schon Angst, überhaupt zu reiten, denkst fortwährend, für dein Pferd nicht gut genug zu sein, lässt dir selbst zu wenig Zeit zum Reifen, reitest mit viel Anstrengung, Stress, Druck und Sorgen, fühlst dich unsicher und stehst nicht für deinen eigenen Weg selbstbewusst ein.

Für eine positive ICH-Identität sollte der Glaubenssatz gewandelt werden. Zum Beispiel: »Ich kann mich auf mich verlassen.« Frage dich bei jedem negativen Glaubenssatz, was willst du denn stattdessen lieber denken? Prüfe, ob dein Unterbewusstsein deinen neuen Glaubenssatz für glaubwürdig hält oder dich auslacht, weil er nicht resoniert oder du Widerstände spürst. Fühlt sich dein neuer Glaubenssatz nicht 100 % glaubwürdig an, stelle ihm »Ich lerne« voran.

Hier einige Beispiel aus den obigen Glaubenssätzen mit einer positiven ICH-Identität:

- ☐ Ich lerne, mich auf mich zu verlassen.
- ☐ Ich werde lernen, gut genug zu sein.
- ☐ Ich lerne, um es zu können.
- ☐ Ich kann Reiten lernen.
- ☐ Ich kann lernen, besser zu werden für mein Pferd.
- ☐ Ich werde lernen, ein guter Reiter zu werden.
- ☐ Ich lerne aus meinen Fehlern.

Verbinde deinen neuen Glaubenssatz mit einer starken Emotion wie Stolz, Gelassenheit, Freude, Leichtigkeit, Harmonie, Stabilität, Mitfreude, Dankbarkeit, Ehrfurcht (Demut), Entspannung. Spüre sie im ganzen Körper und lasse sie stärker werden. Tappe über Kreuz auf deine Oberarme und sprich deinen positiven Glaubenssatz drei Mal laut aus. Verbinde dich dabei mit deiner starken Emotion. Mache sie zu deinem Ressourcenlieblingsgefühl. Du wirst sie später auch für die Best-Case-Übung brauchen.

Realitätscheck der Gedanken

Du kannst Angstgedanken aber auch durch einen Realitätscheck entmachten. Nimm deinen Glaubenssatz oder deinen stressenden Gedanken und unterziehe ihn einer Prüfung. Presse ihn so richtig aus.

REALITÄTSCHECK

1. Ist dieser Gedanke wahr?
2. Könnte auch das Gegenteil wahr sein?
3. Ist er nützlich oder hilfreich beim Stressabbau?
4. Lerne ich durch diesen Gedanken etwas über angstfreies Reiten?
5. Löst dieser Gedanke meine Nervositätsprobleme?
6. Von wem habe ich gelernt, so zu denken?
7. Wirkt sich dieser Gedanke positiv auf die Bindung zu meinem Pferd aus?
8. Gibt es einen Gedanken, mit dem ich mich besser fühle?
9. Was würde ich lieber denken?

Durch den Realitätscheck erkennst du, dass du deinen Gedanken nicht hilflos ausgeliefert bist. Sie bringen dich auch nicht um. Mache dir immer wieder klar, dass auch deine Gedanken dein Nervensystem sowohl in die eine als auch in die andere Richtung beeinflussen. Sobald du die Macht über deine Gedanken hast, hast du auch Einfluss auf dein Nervensystem und kannst mithilfe deines neuen positiven Gedankens deine Angstgefühle reduzieren.

Wie kommen Angstgedanken zur Ruhe?

Vorsicht! Bei den nächsten Tipps und Übungen kann es passieren, dass sie schnell wirken, da dein Nervensystem sehr schnell reagiert! Gelassenheit hilft.

Angstgedanken kommen mit Gelassenheit und einer gesunden, positiven Selbstwirksamkeitsüberzeugung zur Ruhe. Mache neue Erfahrungen, mit denen dein Gehirn lernt, dass deine Handlungen eine positive Wirkung auf deine Wirksamkeit haben. Das wird auch dein Nervensystem beruhigen.

Distanziere dich von dem, was du denkst. Nimm bewusst wahr, wie es dich denkt. Siehst du eine Bedrohung oder eine Herausforderung?

QUICK-TIPPS BEI ANGSTGEDANKEN

1. Erinnere dich an erfolgreiche Bewältigungssituationen. Was hast du trotz Angst gemeistert?
2. Erlaube dir, weiterzudenken. Wovor hast du Angst, wie wahrscheinlich ist es denn? Mache einen Realitätscheck. Könnte auch das Gegenteil wahr sein oder eintreten? Erkenne deinen Handlungsspielraum. Rückwärtsgerichtete Gedanken produzieren Energie, die zu nichts führt. Akzeptiere, wie es ist. Die Vergangenheit kannst du nicht ändern.

QUICK-TIPPS BEI ANGSTGEDANKEN

3. Höre deine Gedanken, aber höre nicht auf deine Gedanken.
4. Welche Gedanken und welche Intention willst du in dir verknüpfen? Deine Nervenzellen werden sich daran wie an einem Maßstab neu verknüpfen. Setze dein Bewusstsein ein. Was willst du denken? Eliminiere ungünstige Gedanken und Bilder. Aktiviere bewusst positive Gedankenspiralen durch positive Selbstgespräche.
5. Werde Beobachter deiner eigenen Gedanken und gewinne so Abstand zu ihnen.
6. Distanziere dich von deinen Gedanken. Dass sie da sind, beweist nicht, dass sie wahr sind.
7. Akzeptiere deine Situation. So aktivierst du nicht deine Kampf- oder Flucht-Response und behältst einen kühlen Kopf!
8. Erkenne deine Gedanken. Bei Angst sind deine Gedanken verzerrt. Erkenne, dass dein Gehirn gerade demotivierende, dich stressende Gedanken produziert. Kontrolliere den Gedanken, sonst kontrolliert er dich. Behalte konsequent deine Ruhe.
9. Stelle deine Gedanken auf den Prüfstand: Ist der Gedanke wahr oder ist es ein Zukunftsszenario? Was würde eine außenstehende Person sagen? Ist es eine alte Erfahrung?
10. Lasse Gedanken einfach nur Gedanken sein. Bekomme Abstand, statt aufzuspringen, indem du sie unbeeindruckt wie Wolken ziehen lässt und ihnen nicht folgst. Bleibe ruhig. Gedanken können dir nichts tun. Sei neutraler Beobachter.
11. Schalte auf Lösung. Was wäre die Lösung? Notiere jeden neuen Grübelgedanken. Schreibe dir dein Kernproblem auf einen Zettel und lege ihn auf einen Tisch. Wer könnte noch etwas zu dem Problem sagen? Setze dich auf den Stuhl und gehe mental rein in die Perspektive eines guten Ratgebers, vielleicht eines sehr guten Reiters oder Trainers. Was würde dir die andere Person für einen Tipp geben? Spiele die Szene durch. Danach kannst du dir das Szenario immer bei Bedarf mental hervorrufen, um aus der ICH-Perspektive herauszukommen.
12. Stelle dir mit deiner Vorstellungskraft dein Ziel vor. Wie fühlst du dich, wenn du dieses Ziel erreicht hast? Was siehst du? Wer ist noch bei dir? Was hörst du? Vielleicht schmeckst du was? Vielleicht riechst du was? Male dir dein erreichtes Ziel in den schönsten Farben aus. Tauche tief ein in dieses wunderbare, starke Gefühl von Stolz und Freude. Wechsel so einfach den Sendekanal deiner Gedanken. Male dir aus, wie es positiv und leicht geht. Setze deine Wahrnehmungsbrille Freude auf. Nutze dadurch ein ganz anderes neuronales Netzwerk.
13. Zähle deinen kohärenten Atemrhythmus.
14. Trainiere dich, deine Stärken herauszuarbeiten und entspannt im Hier und Jetzt zu bleiben.

Übung Gedankenleere

Nimm 10 Atemzüge, ohne dass ein Gedanke kommt. Schaffst du alle 10? Steigere das Training der gedankenlosen Zeit von 10 auf 15 und dann auf 20 Atemzüge und mehr. Sie steigert deinen Fokus und deine Konzentration. Gleichzeitig ist kein Raum für die Angst.

Übung Sitzmeditation

Atme, konzentriere dich auf deinen Körper, dann auf die Sinneswahrnehmungen. Lasse alles zu, was kommt, ohne zu bewerten. Nimm deine Gedanken wahr. Lasse auch sie zu, ohne sie zu bewerten. Sei nur ein Beobachter. Es kommt und geht und kommt und geht. Alles ist ein Kommen und ein Gehen. Auch die Gefühle. Sie kommen und gehen. Du musst nichts tun. Du musst nur was lassen. Lasse deine Bewertung über deine Gedanken, Gefühle und Sinneswahrnehmungen.

Selbstvertrauen stärken

Was steht zwischen dir und dem Reiter, der du gern sein willst? Ist es Vertrauen in deine Fähigkeiten und Selbstvertrauen in dich selbst, dass du deine Ziele entspannter erreichen kannst?
Lass uns zunächst über Misstrauen sprechen. Solange wir lieber in unser Misstrauen vertrauen als in unser Vertrauen, haben wir keine Ressource frei, um unser Selbstvertrauen zu stärken. Beides kämpft im Gehirn um dieselbe Ressource: unser Nervensystem. Nur kämpft das eine ums Überleben und das andere um Erleben. Mist. Du kannst nicht in zwei Zuständen zur gleichen Zeit sein. Leichtigkeit und Angst gehen nicht gleichzeitig. Entspannung und Angst auch nicht. Was ist für dich erstrebenswerter?

Daher lautet deine erste Übung

Finde 10 Begründungen für Vertrauen.

Es gibt zweifelsohne zahlreiche Begründungen für Misstrauen im Reitsport. An jeder Ecke lauern grüne Flöhe mit den rosa Pantöffelchen. Mal sitzen sie auf dem Laub, mal auf dem Rücken einer streunenden Katze, mal fliegen sie mit einem Vogel, mal turnen sie auf den Stangen für die Springgymnastik, mal messen sie ihre Kräfte auf der hinteren Oxerstange, aber am häufigsten schlafen sie in Ecken, auf Richtertischen oder hinter Büschen und könnten urplötzlich Rambazamba machen.
Wozu machst du den Quatsch, deinem Pferd nicht zu vertrauen? Dir einzureden, du könntest nicht vertrauen, weil es einmal dies und jenes gemacht hat. Besonders das letzte Abwerfen sitzt

dir noch in den Knochen? Jeder ist in der Lage, sich selbst zu vertrauen. Die Projektion auf dein Pferd ist nur eine Spiegelung deiner Einstellung zu dir selbst. Misstraust du deinem Pferd, sagt es nur etwas über deine innere Haltung. Du misstraust dir selbst, die Lage zu meistern. Wozu brauchst du den Glaubenssatz, du kannst deinem Pferd nicht vertrauen? Du könntest ihn einfach loslassen. Loslassen kostet keine Kraft. Festhalten schon. Soll er dich vor Angstgefühlen schützen? Und? Klappt das? Wovor musst du dich beschützen, dass du mit aller Kraft deinem Misstrauen vertraust? Misstrauen schürt Ängste und soll uns im Geiste vor Enttäuschungen und Verletzungen schützen. Doch die Rechnung geht nicht auf. Ängste ziehen noch mehr Ängste an. Dein Misstrauen schützt dich weder vor schlechten Erfahrungen noch vor Verletzungen noch vor Enttäuschungen. Auch dann nicht, wenn du dich hineinsteigerst. Du trainierst dein Misstrauen, statt dich zu fragen, wie du wieder Vertrauen trainierst.

Warum willst du nicht die kostbare Zeit mit deinem Pferd im Vertrauen verbringen? Wer von euch soll unbewusst bestraft werden? Wem darf es nicht gut gehen nach all dem, was passiert ist? Notiere, wen du für dein Unglück verantwortlich machst. Dein Pferd? Den Trainer? Das Wetter? Die Umstände? Das Universum? Deine Eltern? Die grünen Flöhe? Schreibe auf, wofür du sie schuldig bekennst: Diese Menschen oder Umstände mache ich verantwortlich für das Unglück in meinem Leben. Was fühlst du, wenn du diese Liste ansiehst? Wut? Ärger? Traurigkeit? Lasse die Emotion zu, unterdrücke sie nicht. Du kannst beim Reiten nicht zufriedener werden, wenn du mit negativen Emotionen dein Nervensystem fütterst. Übernimm die Verantwortung für dein eigenes Reiten und für deine Sicherheit. Erst dann hast du keinen Groll, keine Wut, keinen Ärger oder Selbsthass mehr. Ab da kannst du keinen anderen mehr für deine Angstgefühle verantwortlich machen – auch dich selbst nicht, denn Verantwortung übernehmen bedeutet, zu erkennen, was du zu deiner misslichen Lage beiträgst. Wie schaffst du es, deine Angst aufrechtzuerhalten?

Übernimm die Verantwortung für dein eigenes Reiten und für deine Sicherheit.

Mache dir ernsthaft Gedanken dazu. Zur Erinnerung: Du kannst nicht NICHT vertrauen. Aber aus irgendwelchen Gründen willst du dir partout selbst dein Vertrauen absprechen. Warum darfst du nicht glücklich werden im Reitsport?

Es gibt kein Gesetz, das festlegt, in einer Partnerschaft nicht enttäuscht werden zu können. Du hast doch eine mit deinem Pferd, oder? Wie oft du wohl dein Pferd schon enttäuscht hast? Hat es dir jemals den Rücken gewandt? Es gibt ebenfalls kein Gesetz, das aussagt, dass nach einer Enttäuschung das Vertrauen aufgegeben werden muss. Klingt interessant? Ist es auch. Wir könn-

ten nach einer Enttäuschung einfach mal keine Schlussfolgerung daraus ziehen. »Ja, aber ich habe mir alles gebrochen …«, »Ja, aber ich habe solche Angst …« Na klar darfst du Schmerz und Angst empfinden und du darfst Vertrauen beibehalten.
Erfolgreiche Reiter, die gelernt haben, sich selbst zu vertrauen, machen das anders. Sie stehen nach einem Sturz auf, reiten weiter, weil sie die innere Absicht haben: Weil es jetzt 100-mal funktioniert hat und ein Mal nicht, warum sollte ich jetzt aufhören? Zur Erinnerung, wir brauchen ultraviele Wiederholungen, bis wir zu Experten werden. Wohlgemerkt: Experte im oben Sitzenbleiben, nicht im Runterfallen … Auch ein Sturz mit Verletzungen hält sie nicht davon ab, nach der Genesung frisch und fröhlich weiterzumachen, wo sie aufgehört haben, sogar noch ein kleines bisschen motivierter. Frechheit!? Nein, eine Frage des Vertrauens. Im Grunde die entscheidende Frage. Willst du in dein Misstrauen investieren, resigniert deinen Rückzug ankündigen, dich maximal unfähig oder zu blöd fühlen, glanzlos das Feld räumen oder in dein Vertrauen investieren, besser geworden zu sein, weil du diesen Fehler kein zweites Mal machst und die gemachte Erfahrung deinen Werkzeugkoffer erweitert und du insgesamt wachsamer statt ängstlicher geworden bist?

Gib nicht auf! Mache solange weiter, bis dein Gehirn und das motorische Nervensystem versierter mit der Situation, der Balance und den Bewegungsmustern umgehen gelernt haben.
Misstrauen entsteht, wenn wir eine oder mehrere Erfahrungen von Enttäuschungen gemacht haben. Das können unerwartete Ereignisse gewesen sein, wie die Unterbrechung unserer Erwartung, heil vom Pferd abzusteigen, unbeschadet vom Waldspaziergang zurückzukommen, hochdekoriert vom Turnier zurückzufahren, sicher die Springstunde zu beenden, glorreich endlich die Ausführung der Lektion begriffen zu haben. Daraus ziehen wir mentale Schlussfolgerungen und emotional-behaviorale Konsequenzen für unser zukünftiges Verhalten. Mangelentscheidungen prägen fortan die Reiterlebnisse.

Gib dir selbst oder deinem Pferd einen Vertrauenskredit.

Kommt es nicht, wie wir es uns wünschen, sind das Drama und die Enttäuschung groß, noch größer bei Turnierreitern. Zur Erinnerung: Im Reitsport gibt es keine Garantie, nicht enttäuscht zu werden. Ja, wir machen gute und schlechte Erfahrungen mit unseren Pferden, trotzdem müssen wir vertrauen. Nicht blind, aber achtsam. Jede Minute, die wir im Vertrauen dem Pferd und uns selbst begegnen, ist eine gewonnene Minute. Nur auf Basis von Vertrauen können wir Neues erschaffen, statt Misstrauen aufrechtzuerhalten. Klingt schwer? Ist es auch. Der Gamechanger ist Selbstüberwindung. Sie führt zu Selbstvertrauen. Los geht's. Übernimm Selbstüberwindung. Gib dir selbst oder deinem Pferd einen Vertrauenskredit.

Dein Pferd misst deine Vertrauenswürdigkeit anhand deiner nonverbalen Signale und deiner emotionalen Schwingung. Du gibst ihm dein Wort und hältst es aber nicht. Du sagst nein und handelst aber ja. Du sagst ja, meinst aber nein. Du bist nicht klar in deiner Authentizität, deiner Körperhaltung und deiner inneren Absicht. Verbinde dich mit deiner Entschlossenheit. Sie hilft dir, innerlich klar zu sein.

Bei Angst vertrauen wir weder unserem Kopf, unserem Pferd noch unseren Reitkünsten. Wir ergeben uns unserem Schicksal. Nichts fühlt sich mehr sicher an – eher nicht schaffbar. Ob wir in diesem Leben noch reiten lernen, bleibt ungewiss. Verunsicherung macht sich breit und schwächt unser Selbstvertrauen, während zeitgleich unsere Liste des Versagens und Misstrauens wächst. Die Gedanken produzieren rund um die Uhr Angst, Sorgen, Grübeleien. Wir sind irgendwo, aber nicht bei unserem Pferd.

Vertrauen ist nicht, zu erwarten, dass es so kommt, wie du es dir vorstellst. Vertrauen ist, sich darauf einzulassen, egal was kommt, es ist das Richtige für dich. Störungen sind da. Perfektes Reiten oder perfekte Vorbereitungen führen nicht zur Garantie, dass es gut wird. Zweifelsohne führen sie zu einer Reduzierung der Gefahren. Schwierigkeiten beim Pferd oder Reiten tauchen immer auf, manchmal auf eine neue Art und Weise, aber wenn wir im Misstrauen sind, kommt uns alles Ungewöhnliche, alles Neue wie eine Bedrohung vor und die Angst, dass etwas passieren könnte, lähmt uns. Ist dir bewusst, wie viel du schon gelernt hast? Und du bist noch nicht am Ende. Du wirst noch viel meistern! Reiten ist eine Reise. Du schaffst das!
Noch ein wichtiger Fakt: Für gutes Reiten musst du nicht erst selbstsicher sein, sondern du musst Selbstachtung entwickeln zu den Dingen, die dir wichtig sind. Sie müssen maximal attraktiv für dich sein, Selbstüberwindung zu praktizieren. Dann kommt Selbstvertrauen zu dir und stärkt deine Selbstsicherheit. Los jetzt! Ab heute legst du dir eine stolze Haltung zu, sodass die Angst glaubt, sich im Reiter geirrt zu haben! Dein Stolz und deine Liebe tragen dich.

QUICK-TIPPS FÜR SELBSTVERTRAUEN

1. Mache dich nicht abhängig von deinem Misstrauen. Erfahrungen können dich nicht mehr erschüttern. Sie können dich nur weiser machen. Je mehr Vertrauen du hast, desto weniger wirkt die Angst vor Kontrollverlust.
2. Vertrauen kann nur enttäuscht werden, während Misstrauen immer nur bestätigt werden kann. Mach es andersherum. Enttäusche dein Misstrauen.

QUICK-TIPPS FÜR SELBSTVERTRAUEN

3. Schreibe die Erfolge deiner Vergangenheit auf. Was hast du dafür getan? Wie hast du das geschafft? Nimm eine Championhaltung ein. Fokussiere dich, was alles schon gut läuft. Erarbeite dir Tagesziele, Wochenziele, Monatsziele. Erinnere dich: Auch mit kleinen Schritten erreichst du dein Ziel.
4. Mache Schluss mit selbstabwertenden Monologen, die nur dazu führen, dass du dich ablehnst. Trainiere Wohlwollen und einen liebevollen, wertschätzenden Umgang mit dir selbst. Notiere dir auf kleinen Zettel: »Ich darf Fehler machen.« Verteile die Zettel überall in der Wohnung. Jedes Mal, wenn du daran vorbeiläufst, lies sie dir laut vor. Wir alle starten ins Reiten fehlerhaft. Fehlerfrei sind nicht einmal Olympiasieger. Fehlerfreiheit ist erstrebenswert in Sportarten mit Geräten. Die haben keine eigene Meinung und können nach Gebrauch in die Ecke gestellt werden.
5. Lasse es zu. Vertraue. Die Dinge passieren sowieso so, wie sie passieren. Da hilft auch kein Ankämpfen oder Grübeln. Alles kommt und geht, so funktioniert Reiten. Pferde leben! Niemals kannst du sie ohne Konsequenz behandeln wie ein Sportgerät. Akzeptiere, dass dein Pferd angibt, wie schnell oder langsam sich Erfolg einstellt. Mache dir das Lernverhalten zunutze.
6. Angst heißt nur, dass dein Nervensystem in Aktion ist. Du musst nicht mit einsteigen. Bleib ruhig, denn du weißt, dass dein Nervensystem dann auch ruhiger wird. Vertraue dir. Vertraue deinem Körper. Atme ein und aus. Sage dir: »Ich trage Ruhe und Gelassenheit in mir.« Erinnere dich, dass du Einfluss auf dein Nervensystem hast.
7. Im Kopf bist du Meister, dir Drama und Desaster vorzustellen. Aber hast du dir auch mal vorgestellt, dass du eine Angstsituation gemeistert hast, und wie stolz, befreit und entspannt du danach warst? Du brauchst in Angstgefühle nicht einzusteigen und Symptome hochzuschaukeln, du kannst sie einfach nur akzeptieren und nichts tun. Sie einfach dalassen und nicht bewerten.
8. Es kann immer was passieren. Reiten gibt es nur mit Restrisiko. Wenn du aber viel Wissen hast, hast du mehr Kontrolle über dein Pferd und kannst bessere Signale geben.
9. Zu vertrauen ist eine Wahlfreiheit. Gibst du dein Misstrauen auf und mit ihm die falsche Annahme, dass es dich vor Enttäuschungen schützt, bist du frei, dein Selbstvertrauen zu stärken. Nutzt du deine Energie jedoch weiterhin für dein Misstrauen, steht es zur selben Zeit nicht für dein Vertrauen zur Verfügung. Dabei bestimmst du selbst, wie du reiten willst. Mit der inneren Haltung, dass du dir selbst vertrauen kannst, jede Enttäuschung zu meistern, oder mit dem Satz »Wusste ich es doch, ich lerne es nie«, dein Misstrauen zu manifestieren.

Übung:
Lenke dich von körperlichen Empfindungen (insoweit keine physische Ursache für deine Symptome diagnostiziert worden ist) und angstmachenden Gedanken ab. Dein Fokus bestimmt, ob du die Angstzentrale einschaltest oder nicht. Erinnere dich, worauf du deinen Fokus legst, das wird stärker. Es ist wie bei einem Scheinwerfer. Sage dir laut: »Meine Angstgefühle haben eine eigene Sicht auf die Situation. Meine Angstgedanken haben eine eigene Sicht auf die Situation. Beide müssen nicht Recht haben.« So lernst du, deine Gefühle und Gedanken wertfrei und neutral zu betrachten. Halte durch! Du brauchst sehr viel Übung.

Top 5 der erfolgversprechendsten Anti-Angstgedanken-Übungen

Anti-Katastrophendenken

Der innere Katastrophenfilm ist das Ergebnis von Gedanken im Autopiloten, die vorwegnehmen sollen, was passieren könnte, wenn die Dinge ihren übelsten Lauf nehmen. Wenn wir katastrophisieren, malen wir uns bis ins kleinste Detail aus, wie sich die Situation im allerschlimmsten Fall entwickeln wird. Dadurch wollen wir uns selbst Sicherheit über den Ausgang geben in einer ungewissen und emotional belastenden Situation. Die Krux ist auf der einen Seite, wir glauben, mit einer negativen Gedankenspirale Sicherheit zu bekommen. Das glaubt unser Nervensystem auf der anderen Seite nicht. Die Vorstellungskraft unseres Unterbewusstseins über die herannahende Katastrophe genügt, um einen Alarm im Angstzentrum auszulösen. Die Angst fühlt sich plötzlich real an, weil das Limbische System reale Neurotransmitter ausschüttet.

Gleichzeitig spürt das Pferd, dass wir überall Gefahren und Katastrophen sehen. Sein Nervensystem synchronisiert sich mit unserem, weil wir ihm über die HRV signalisieren: Überall ist Gefahr, es ist mit uns nicht sicher. Wir werden zum Regisseur unserer filmreifsten Angst im Film über eine negative Zukunft. Verrückt. Zur Erinnerung: für das Gehirn existiert kein Unterschied in Fiktion oder Realität. In beiden Fällen reagieren das Nervensystem, dein Körper und dein Gehirn lieber »drölfmal« zu viel als einmal zu spät.

Unser Nervensystem soll uns also vor Gefahren schützen. So weit ist das jetzt klar. Nur, wie kann es echte von unechten Gefahren unterscheiden? Gar nicht. Dazu braucht es dich als Gehirnbenutzer. Unser Gehirn kann hormonell nicht unterscheiden, ob es eine biochemisch hinterlegte Erinnerung oder eine Vorstellung ist, ob es real oder gedacht ist (Guillot, et.al. 2009).

Sind wir fokussiert, aktiviert das Gehirn dieselben Synapsen, egal, ob wir uns etwas mit unserer Vorstellungskraft suggerieren oder es tatsächlich real erleben. Auch Vorstellungen aktivieren die gleichen Hirnareale. Egal, ob du das Worst Case oder das Best Case kreierst, dein Gehirn wird alles ernst nehmen. Genau deshalb ist es auch unfassbar wichtig, wie du mit dir selbst oder über andere sprichst. Bist du maximal negativ unterwegs, wird dein eigenes Gehirn dir negativen Output liefern, der dich in deiner eigenen Leistung schwächt. Deine emotionale, deine mentale und deine unbewusste Aktivierung haben also IMMER neurobiologische Effekte!
Das Entkatastrophisieren kann helfen, in angstverzerrten Situationen gelassener zu bleiben.

QUICK-TIPPS ANTI KATASTROPHENDENKEN

1. Was ist das Schlimmste, was passieren kann? Kannst du mit anderen Pferden trainieren? Kannst du an einem anderen Ort für Sicherheit, Routine und Gewohnheit sorgen? Wo/Wie kannst du einen geschützten Rahmen herstellen, in dem es nicht schlimm ist, wenn das Befürchtete eintritt?
2. Was würdest du lieber denken?
3. Was ist die größte Angst? Das größte Horrorszenario? Welches Gefühl willst du dort absolut vermeiden? Minderwertigkeit, Ohnmacht, Hilflosigkeit, Schuld, Angst, Wut, Aggressionen? Gehe in das absolute Horrorgefühl. Welchen Anteil an dir liebst du nicht? Kann dieser Anteil dein bester Freund werden, der dir sagen darf, es ist o.k., wie du bist?
4. Die Geschichte, die in deinem Kopf läuft, bringt den Körper in einen Notzustand. Flucht, Kampf, Erstarrung, Unterwerfung. Warte nicht darauf. Bewege deinen Körper, damit die aktivierte Energie raus kann. Das gibt dem System Sicherheit.
5. Bringe deine Horrorszenarien zu Papier. Konkretisiere, damit sie den Schrecken verlieren. Entwickle Bewältigungsstrategien, um gelassener zu werden:

a. Ist die Horrormeldung faktisch belegt?
b. Ängstliche Gedanken sind Worst-Case-Szenarien. Auch sie sind keine Tatsachen, sondern nur eine Variante von vielen. Merke dir: Die Angst liefert dir nur die allerschlimmste Variante.
c. Es sind nur innere Bilder. Du selbst entscheidest, was du davon glaubst. Die negativen Bilder? Oder fehlen dir lediglich die positiven Bilder? Du übererregst dich mit deinen Bildern selbst. Bist du reguliert, sieht die Welt gut aus. Bist du gestresst, siehst du nur noch Dinge, die dich stressen.

Übung Worst-Case-Szenario stoppen

Was ist der Worst Case? Denke ihn mal zu Ende, statt einzufrieren. Was ist das Allerallerschlimmste, was passieren könnte? Bleib ruhig, atme. Atme 8 Mal durch die Nase ein und aus.

1. Rede mit dir in der Rolle des Beobachters:
   »Okay, du hast Angst. Es ist völlig okay, Angst zu haben. Du brauchst keine Scham oder Schuldgefühle zu haben. Es ist okay. Und jetzt sage mir, wovor hast du denn Angst? Vor der Höhe, vor dem Kontrollverlust, vor dem Ungewohnten, dem Neuen? Was ist denn das Schlimmste, was passieren kann? Wie wahrscheinlich ist es, dass es eintritt?«
2. Strebe eine Wahrscheinlichkeitsrechnung an, wenn dein Ego unbedingt will, dass die Katastrophe eintritt. Biete ihm das Ergebnis »Unwahrscheinlich« an.
   »Was ist jetzt wirklich so schlimm daran? Die Angst vor dem Erlebnis des Sturzes? Die Angst vor der Erfahrung?«
3. Lasse dein Ego erkennen, dass diese Gedanken dein Angstfeuer anfeuern. Es ist die Angst vor dem Gefühl. Die Angst vor der Angst.
   »Denke die Katastrophe zu Ende. Was wird passieren? Überlege, wie du es meistern könntest. Gibt es Reiter, die aus der Situation herausgekommen sind? Wie haben die das gemacht? Stelle es dir bildlich vor.«
4. Erkenne, dass deine extreme Angst vor der Katastrophe dich niemals vor dem Eintritt einer solchen schützen kann. Vor einem Sturz schützen dich nur dein klarer Verstand und deine Reaktionsfähigkeit aus einem Nervensystem, das dir Aktionspotenzial sendet, dich aber nicht durch negative Botenstoffe in die Erstarrung versetzt. Vor dem Tod kann dich niemand schützen. Lediglich die Zeit bis zum Tod kannst du entscheiden, mit dysfunktionalen, angstmachenden, stressenden oder wertschätzenden, liebevollen, gelassenen, selbstsicheren, dankbaren, inspirierenden Emotionen verbracht zu haben. Letztere Entscheidung bringt dich wiederum in die Selbstwirksamkeit und du minimierst das Risiko durch klügere Entscheidungen.

Best-Case-Szenario

Die meisten Reiter stellen sich das Schlimmste vor. Aber was wäre denn das Bestmögliche, was du dir vorstellen könntest?
Lass uns ein erreichbares Ziel definieren, wie du ab sofort das Leben deines Pferdes mit dir bereichern willst. Was solltest du nicht länger auf die Warteliste setzen? Was willst du? Wer willst du sein? Wie sieht dein Best-Case-Szenario aus? Steigere deine Vorfreude auf das Ereignis und richte deinen Fokus auf das, was du erreichen willst. Je mehr dich das Ziel anzieht, desto mehr

Dopamin schüttest du aus und die auf Dopamin reagierenden Gehirnareale springen an (Sharot et al., 2009). Das Dopamin, das du in deinem Best Case ausschüttest, wird dafür sorgen, dass du motiviert neue Veränderungen nachgehst und sie erreichen willst. Die entsprechenden Gehirnareale, die du dafür brauchst, sind dann bereits aktiv und die Schmerzschaltkreise runterreguliert. Du lernst zusätzlich schneller. Deine Vorstellung reicht aus, um die synaptischen Netzwerke im Gehirn zu aktivieren (Guillot et al., 2009).

Formuliere das Ziel für dein Best Case. Es sollte ein messbares oder skalierbares, positiv formuliertes Annäherungsziel, statt eines Vermeidungsziels sein (Beispiel für Vermeidung: »Ich will nicht runterfallen«), damit dein Gehirn sich auf die gewünschten Ergebnisse ausrichtet und nicht auf das, was du vermeiden willst. Gehe es mit allen Sinnen akribisch, imaginativ und emotional mehrfach szenisch durch und lasse wunderschöne innere Bilder, innere Sequenzen, sogar einen ganzen inneren Film von deinem Best Case entstehen. Betrachte diesen zielspezifischen Film dissoziiert, das heißt von außen. Du siehst dich selbst, wie dein Best Case eingetreten ist. Fühle das. Verbinde viele angenehme Emotionen, damit dein Dopamin dein Gehirn anfeuert. Erstelle dein Best Case nah an deinem Ereignis. Hast du Langzeitziele, drehe mehrere Best-Case-Szenarien.

Bei allen Zielen ist entscheidend, dass du überzeugt bist, sie zu erreichen.

STELLE DIR IN DEN SCHÖNSTEN FARBEN DEIN BEST-CASE-SZENARIO VOR

1. **Sehen des Films**
   Betrachte innerlich die beste Szene. Male dir alles bunt und positiv aus. Sieh deine Mimik. Wie schauen dich andere nach deinem Best Case an? Was siehst du in deinem Umfeld? Stelle dir das Best Case maximal erfolgreich vor. Wie verhältst du dich?
2. **Hören**
   Gibt es Geräusche? Wie sprichst du mit dir selbst? Was sagen deine Unterstützer zu dir? Was hörst du in der Umgebung? Vielleicht hörst du den sanften Atem deines Pferdes.
3. **Fühlen deiner inneren und äußeren Welt**
   Was fühlst du? Welche Emotionen sind da? Ist es warm oder kalt? Fühle, wie du dich in deinem Best Case fühlst. Fühle, wie sich dein Pferd fühlt. Wie fühlt sich deine Leistung an? Wie fühlt sich deine Umgebung an? Spürst du die Sonne? Oder den Puls deines stolzen Pferdes?
4. **Riechen deiner Umgebung**
   Welcher angenehme Duft liegt in der Luft? Wie riecht dein Pferd, der Boden, die Halle, dein Setting, die Luft?
5. **Schmecken**
   Vielleicht schmeckst du was? Dein Lieblingsgetränk zur Belohnung?

6. **Gleichgewicht**
   Wie ist deine Balance? Wie ist deine Bewegung? Wie ist die Harmonie mit deinem Pferd? Welche Best-Case-Wirkung hast du auf deine Sicherheit?
7. **Superemotion**
   Was willst du erleben? Was willst du mit deinem Reiten anderen geben? Welche Superemotion soll diesen Ritt in deinem emotionalen Gedächtnis einprägen? Was willst du in jeder Zelle deines Körpers spüren?

Tappe über Kreuz deine Schultern. Schließe die Augen. Lass den Best Case vor deinem inneren Auge mindestens dreimal ablaufen. Tappe weiter. Mache jetzt einen Schnelldurchlauf von maximal 30 Sekunden Länge. Verknüpfe diesen Zeitraffer mit den drei wichtigsten Lieblingsgefühlen, die du spürst in deinem Best Case (beispielsweise Stolz, Freude, Leichtigkeit, Harmonie, Stabilität, Mitfreude, Dankbarkeit, Ehrfurcht, Entspannung). Wo spürst du die Ressourcen in deinem Körper? Lass sie sich in deinem ganzen Körper ausbreiten. Spüre sie in jeder Zelle deines Körpers. Mache einen weiteren Schnelldurchlauf und verbinde deinen Film mit dem Glaubenssatz: »Ich kann mich auf mich verlassen.«
Tipp: Wenn du magst, aktiviere deinen Film direkt über einen Song, der das Lieblingsgefühl auslöst.

Rückschläge sind Anlaufwege für Erfolg

Rückschläge sind ungünstig für unsere Erwartung. Mehr nicht. Wir haben uns etwas anders vorgestellt und die Situation gefällt uns nicht. Meistens denken wir, wir hätten es besser gewusst oder besser gekonnt. Die Quintessenz ist gleich: Wir haben die Aufgabe in unseren oder in anderen Augen nicht korrekt gelöst.

Bewerte Rückschläge nicht über. Oft halten Reiter an einem Idealkonzept fest, das Mühe und Unzufriedenheit nach sich zieht. Sie sind verbunden mit dem Konzept, statt mit der Liebe zum Pferd. Geht es dir um das Konzept, kannst du es weder dir noch deinem Pferd verzeihen, sobald es nicht nach Plan läuft. Selbiges passiert, wenn das gut geheißene Konzept nicht funktioniert, wie du es dir erhoffst. Entscheide dich im Reitsport stets für das Unmögliche im positiven Sinne. Und das Unmögliche hält sich nicht an eine Idealvorstellung. Das Unmögliche schafft nicht der uniforme Reiter, sondern hochsensible Persönlichkeiten, die ihren eigenen inspirierenden Fußabdruck hinterlassen und auf besondere Art mit besonderen Pferden mit inspirierender Herzenergie aus der Masse herausstechen. Für sie gibt es keine Rückschläge, nur Lernmöglichkeiten, den anderen besser zu verstehen.

Basis allen Lernens in Deutschland sind hervorragende Noten oder eine ausgezeichnete Bewertung. Wenn wir ein Ziel erreichen wollen, müssen wir lernen und es muss uns wichtig sein. So will es der gesellschaftliche Tenor. Setzen wir die Wichtigkeit und Bedeutsamkeit unseres Ziels hoch, wollen wir panisch das Gegenteil (den Misserfolg) vermeiden. Wir übertreiben oder erstarren an der Überforderung. Die Wahrheit ist, nicht der Misserfolg stresst dich, sondern deine Erwartung, dass du die einzige Person auf der Welt bist, die keinen Misserfolg haben darf!

Unbewusst reitet die Angst vor dem Scheitern, dem Versagen mit. Niemand darf uns mit dem Prädikat »Unperfekt« benoten. Umso schlimmer fühlt sich dann ein Rückschlag für uns an, weil spätestens hier alle sehen, wie unperfekt wir wirklich reiten. Ja, wir sind perfekt unperfekte Reiter. Unser Pferd weiß das und liebt uns trotzdem, vielleicht auch gerade deshalb …
Es wird immer Momente geben, in denen wir Rückschläge und Niederlagen erfahren. Zweifel sind eine Folge davon. Rückschläge sind aber nur Fehler, zu denen wir noch keine Lösung gefunden haben. Betrachte daher Misserfolg als Lernchance und Rückschläge als Anlauf zum Erfolg.

Betrachte Misserfolg als Lernchance und Rückschläge als Anlauf zum Erfolg.

Ein Tipp für Trainer und Eltern: Junge Reiter dürfen erleben, wie du mit Rückschlägen umgehst. Nur wenn ein anderer Mensch sieht, wie mit Fehlschlägen positiv umgegangen werden kann, modellieren und entdramatisieren sie. Arbeite an deiner eigenen Fähigkeit, nicht erwartete Ergebnisse anzunehmen und nicht gleich davon zu sprechen, keine Leistung ins Viereck gebracht zu haben oder mit dem Reiten aufzuhören oder jemandem einzureden, er sei das Problem. Auch der Erfolg anderer darf sein. Lehre, wie wir nicht in den Opferzustand fallen oder griesgrämig dem Misserfolg nachweinen. Deine Vorreiterrolle bezieht sich auch auf die Fähigkeit zur Co-Regulation der Nervensysteme! Lehre, wenn man was übt, gibt es Niederlagen und Rückschläge. Davon bleibt auch der Reitsport nicht verschont. Auch dann nicht, wenn wir uns mit Perfektionismus noch so sehr dagegen wehren.

Der Perfektionismus kann und darf im Reitsport keine Antwort auf all die Leistungsfragen sein, sondern die Frage, was ist so schlimm an »Unperfektheit«? Was ist so schlimm daran, dass du und dein Pferd jeweils ein Unikat seid? Was ist verwerflich daran, dem Partner Pferd nicht durch Perfektion gleichzuschalten, dass er zu funktionieren hat wie die Abbildung im Buch, sondern ihm Raum für seine eigene Individualität zuzusprechen, für seine individuelle Ausführung der Bewegung im Rahmen seiner Möglichkeiten und Beschränkungen? Sein zu dürfen, mit all seinen Handicaps und trotzdem sein Herz dem Reiter zu öffnen und Leistung zu zeigen? Wäre es wirklich so schlimm, keine Uniformität anzustreben? Sei ab heute gerne unperfekt. Damit setzt du ein Zeichen im Rahmen eures Bestmöglichen, mit Präzision, statt Perfektion zu performen. Als Tanz zweier Unikate in vollendeter Symbiose. Zwanglos. Perfekt unperfekt. Dann können sich die Gedanken und Gefühle von Misserfolg nicht in dir einnisten, weil dieses Ziel unfassbar erstrebenswert und nie abgeschlossen ist.

Übung Gewinn erkennen

Entwickle dich an deinem Verhalten. Frage dich, was du aus deinem Ergebnis gelernt hast. Was kannst du das nächste Mal als Unikat anders machen, um die Persönlichkeit deines Pferdes noch mehr zur Geltung zu bringen? Vielleicht ist das bereits dein Durchbruch, weil du aufhörst, seine Persönlichkeit zu unterdrücken, damit er funktioniert.

Übung positive Grundstimmung

Auch wenn es eine schwierige Situation ist, ist das Glas immer halb voll, nicht halb leer. Sage dir: Ich werde eine Quelle finden, es wieder zu füllen, statt mich zu ärgern, dass es leer ist. Ich bleibe positiv, auch wenn ich mich nicht so fühle. Alles ist zumindest neutral ohne meine Bewertung. Ich lasse mich nicht runterziehen. Ich bin konsequent positiv.

Gedanken-S.T.O.P.-Technik

- Sage dir gedanklich oder laut: »Stopp« und stelle dir ein Stoppschild vor. »Stopp. Jetzt genieße ich die Gegenwart und entscheide mich für hilfreiche Gedanken, denn ich bin Chef in meinem Kopf und kann bestimmen, was ich denken will.«

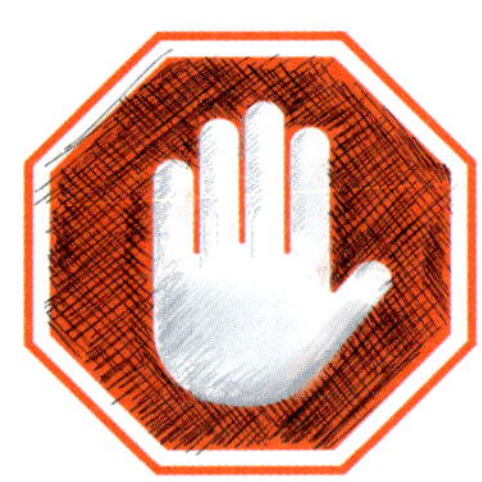

- Konzentriere dich auf tiefes Ein- und langes Ausatmen.
- Orientiere dich im Raum (in der Halle, auf der Stallgasse, im Gelände), mit welchen Objekten du Figuren wie Dreiecke, Kreise, Rechtecke, Quadrate gedanklich miteinander verbinden könntest, sodass sie die Figur ergeben. Vielleicht kannst du auch Dinge zählen wie die Fenster oder Dachträger.
- Punkte setzen im Raum. Wandere mit deinen Augen alle Punkte dieser Figur ab. Zusätzlich zähle alle Gegenstände auf, die du in den Eckpunkten wahrnimmst.

Beobachter-Technik

- Beobachten
- Nur wahrnehmen, nicht bewerten.
- Gedanken ziehen lassen wie Blätter auf einem Fluss oder wie Wolken am Himmel.
- Nicht reagieren, nur beobachten, ohne zu bewerten.

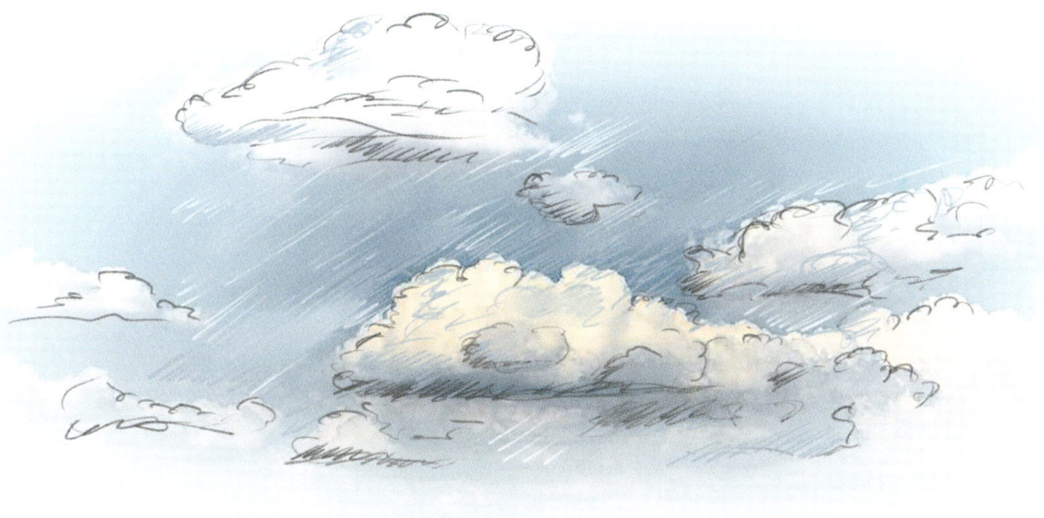

Schlusswort

Trainiere dein Nervensystem, dann kannst du Neues erreichen.

Deine Emotionen bestimmen deine Gedanken, deine Gedanken bestimmen deine Emotionen, dein Reiten bestimmt deine Sicherheit, deine Sicherheit bestimmt dein Verhalten, dein Verhalten liefert dir deine Ergebnisse. Dein gesamtes Reiterleben geht es so weiter. Ob dieser Kreislauf eine Abwärts- oder Aufwärtsspirale wird, bestimmst alleine du. Nutze deinen Kopf, jeden Tag neu zu entscheiden, in welcher Spirale du reiten willst. Du musst was lassen, nicht mehr tun! Das ist alles, was du tun musst. Lasse deine Angstgefühle los.

Emotionale Beschützer wird es nicht geben. Du selbst musst für dein Emotionsmanagement sorgen, indem du lernst, mit Extremsituationen umzugehen. Hüte dich davor, dass dein System dich in alten Gewohnheiten gefangen halten will und lieber Leid und Leiden erträgt, als in das Neue, Ungewisse zu investieren. Sei dir gewiss, unangenehme Gefühle lösen Stresshormone aus. Es kann eine Abhängigkeit zu diesen Gefühlen entstehen. Der Körper ist auf Entzug, empfindet er die unangenehmen Gefühle nicht oder nicht stark genug. Dieses Phänomen lässt dich unbewusst an alten Gewohnheiten und Angstgefühlen festhalten.

Umgib dich mit positiven Reitern. Lade deine Energie schnell wieder auf und nutze die Co-Regulation dazu. Vorsicht, sie funktioniert leider auch in Richtung Negativspirale, sobald Energiefresser dich noch mehr runterziehen und demotivieren wollen. Für dein Selbstvertrauen ist es wichtig, dir bewusst die Reiter auszusuchen, mit denen du deine wertvolle Zeit verbringen willst. Denn Menschen spiegeln Menschen. Willst du zufriedener werden, umgib sich mit glücklichen Reitern, die positiven Einfluss auf deine Glückshormone haben oder dich lehren können, Meister deiner Co-Regulation und der deines Pferdes zu werden.

Emotionale Themen brauchen eine Weile, um in ihren Mustern umprogrammiert zu werden. Löschen geht nicht, aber du kannst lernen, mit Bewusstheit die negativen Emotionen zu regulieren, neu zu reagieren und impulsive oder angstvolle Handlung in ruhige Fahrwasser zu schiffen. Starte deine eigene Selbstentwicklung! Eine 100%ige Angstfreiheit wird es im Reitsport nie geben! Komme in den Kontakt mit dir selbst. Wer in der Regulation seiner Bedürfnisse ist, hat kein Bedürfnis mehr, seinen Körper mit und durch Angstgefühle zu schädigen. Was der Körper und was das Pferd braucht, tritt dann in den Vordergrund. Und das Pferd braucht immer ein runterreguliertes Nervensystem.

Lehre zuerst dich selbst, gelassen am Pferd zu sein, lehre dann dein Pferd, dass es belanglos ist, was du mit ihm machen willst. Angstgefühle können nicht die Lösung sein, sie führen nur zu Ablehnung seitens deines Pferdes, nicht zu Nähe und Bindung.

Pferde spiegeln, in welchem Nervensystemstate wir uns befinden. Gemeint ist hierbei, dass sich Energien übertragen und auf das Nervensystem auswirken. Veränderst du dich, verändert sich auch dein Pferd. Regulierst du dich, reguliert sich auch dein Pferd. Schaffe Bewusstsein, zu was

du in der Lage bist. Schaffe dir neue Erlebnisräume und es kann passieren, dass du neutral oder mit sogar mit Glücksmomenten und Freude reitest.
Du bist der sensorische Input deines Pferdes. Die Beziehung zu deinem Pferd ist, was du daraus machst. Die technische Struktur ist für ein Pferd irrelevant. Die Wirkfaktoren für das Lernverhalten sind wichtiger. Willst du einen anderen Output, musst du dich verändern. Jede minimale Veränderung deinerseits bewirkt beim Pferd sofort und unmittelbar eine Reaktion. Auch Nuancen wirken! Dein Pferd reagiert auf deine Angst. Es wird auch auf deine Ruhe reagieren!

Pferde spiegeln, in welchem Nervensystemstate wir uns befinden.

Selbstabwertung heißt, dass du noch lernen musst, besser mit deinen Gefühlen umzugehen.
All deine Gefühle sind o.k. Nicht o.k. ist es, immer nach ihnen zu handeln. Angst muss auch keinen Sinn ergeben, sie passiert dennoch. Angst kennt keine rationale Außensicht. Wenn du im Überlebenskampf bist, übernimmt dein Limbisches System die Führung, nicht dein Wissen. Es ist nicht dein Kopf daran schuld. Es ist nur die Funktionsweise deines Nervensystems. Je mehr dein Alarmzentrum dich schützen musste, desto sensibler wird es einen Alarm auslösen, auch wenn die Situation nicht gefährlich ist. Aber lieber alarmiert dich dein Nervensystem einmal zu viel als im Ernstfall gar nicht. Bedenke, Angst und Nervosität sind nur biochemische Prozesse wie alle anderen Emotionen auch. Sie bereiten den Körper auf Extremsituationen vor. Lass sie da sein und mache trotzdem dein Ding weiter. Warte in Ruhe ab, weil du weißt, dass Angst und Nervosität ein Prozess ist, der im Gehirn und Körper abläuft. Lasse auch Angstgedanken vorbeiziehen. So wie sie schon 100-mal wie Wolken vorbeigezogen sind. Zucke deine Schultern und beobachte sie, ohne sie zu bewerten.
Sei stolz auf deine kleinen Momente, die andere oft nicht sehen, in denen du dich entwickelst. Jeder Reiter für sich darf tagtäglich entscheiden, ob er sich entwickeln oder stehen bleiben will. Es kommen unendlich viele Chancen und Möglichkeiten, jeden Tag zu dem zu werden, der du sein möchtest. Wachse in Stille über deine Angstgefühle hinaus. Schaffst du es einmal, schaffst du es auch ein zweites und drittes Mal. Kröne dich mit dem Sieg über die Angst.
Keine Sorge, du kommst raus aus der Angst. Der Weg ist, durch die Angst durchzugehen. Nimm sie an die Hand. Du schaffst das. Nimm deine Zügel selbst in die Hand. Konzentriere dich auf die prozentuale Verteilung: 20 % Angst haben und 80 % trotzdem für seine Träume losgehen. Du kommst da raus. Auch wenn du Angst schon lange hast. Du brauchst Geduld. Es ist wirklich möglich. Bleib konsequent und geduldig. Verbinde neue Gewohnheiten mit bestehenden Routinen und starte klein.
Ich wünsche dir, dass du das Vertrauen in dir spüren kannst, auch wenn es gerade von einem dunklen Angstgedanken überlagert wird. Bilde eine innere Absicht, welche Erfahrungen du im

Reiten machen willst und zu was für einem Reiter du werden musst, um diese Erfahrungen machen zu dürfen. Wenn dir jemand sagen muss, was dein Weg ist, dann ist es nicht dein Weg. Dein Weg entsteht aus deinen eigenen Entscheidungen. Deinem ersten Schritt folgen weitere Schritte, du musst das Ziel noch nicht erkennen können. Manchmal reicht es, nur den nächsten Schritt vorwärts zu wagen. Klein, nicht überwältigend. Der beste Plan ist nicht der perfekte Plan, sondern der, der für dich und dein Pferd funktioniert und den du umsetzt! Packe das Geschenk des Reitens aus. Das Geschenk ist nicht Angstgefühle! Sollte in deinem Geschenk irrtümlicherweise Angst drin sein, nimm das Geschenk nicht an. Du bist selbst verantwortlich, dass du dich in den Mittelpunkt deines Reitens stellst. Du bist für deinen Zustand selbst verantwortlich. Du bist der Schöpfer deines Reitens! Neuronale Umstrukturierung funktioniert nur durch Tun, Anwenden, Üben. Du hast gelernt, die Vorzeichen zu erkennen und neue gesunde Gehirnbahnen zu nutzen. Die alten Nervenbahnen der Angstgefühle und Nervosität werden verstummen, solange du die neuen nutzt und zu stabilen Autobahnen ausbaust, werden neue Neuronen feuern.

Der beste Plan ist nicht der perfekte Plan, sondern der, der für dich und dein Pferd funktioniert und den du umsetzt!

Selbst und wirksam bedeutet, dass du die Voraussetzungen für deinen Erfolg allgegenwärtig herstellen kannst und dein Nervensystem für dich statt gegen dich einsetzen lernst. Du musst also zwingend die Aufgabe des Gehirnbenutzers übernehmen und den Realitätscheck oder das Entkatastrophisieren selbst übernehmen, um deine Biochemie zu steuern. Womit? Mit den Fähigkeiten, die dich von deinem Pferd unterscheiden: Deinem kognitiven, strategisch-rationalen Verstand, dessen Chef zu selbst bist und den wirksamsten Tools der Emotionsregulation, die du hier gelernt hast.

Wir müssen unsere negativen Gedanken nicht annehmen. Wir brauchen auch nicht die Angstgefühle bekämpfen. Wir sollten uns nur entscheiden, in welcher Energie, mit welcher inneren Haltung wir dem Pferd gegenübertreten, unseren geliebten Sport ausüben. Wir selbst sind es, die unseren Kopf mit Gedanken und unser Nervensystem mit Ängsten füllen, nicht umgekehrt. Wir selbst sind es, die an der Angst festhalten, nicht umgekehrt. Du entscheidest, ob und was dir Angst macht. Du entscheidest, ob du dir die Freiheit gibst, alles im Reiten zu erreichen, was du möchtest. Erlaube dir die besten Erfahrungen, die du machen kannst. Berühre dein eigenes Herz, damit es sich mit dem Herzen deines Pferdes verbinden kann. Erschaffe dir deine Zukunft jetzt. Eigenmacht ist das Geheimnis hinter selbst und wirksam. Diese Freiheit hast du in jeder Sekunde deines Reitens. Vertraue in deine Selbstwirksamkeit. Ernte Selbstsicherheit und Selbstvertrauen.

Du schaffst das!

Deine Michaela

Anhang

Angststörungen

Menschen mit Angststörungen haben zu oft das Programm »Gefahr« oder »Lebensgefahr« aktiviert, obwohl keine reale Lebensgefahr besteht. Ihr Körper ist im Dauerstress und das hohe Aktionspotenzial des Nervensystems wird nicht runterreguliert. Sie sind unentwegt nervös, unruhig, haben Herzrasen und übertragen ihre Angstgefühle auf ihr Pferd. Manchmal weiß der Reiter gar nicht, warum er jetzt ängstlich ist. Sein Nervensystem signalisiert ihm durch die dauerhafte Hochregulierung »Gefahr«. Wenn es im Außen keinen Auslöser für die Angst gibt, sucht der Mensch dann im Inneren und fühlt seine Körperreaktionen noch deutlicher. Er verstärkt seine Angstgefühle, weil er nicht erkennt, dass der Körper ihn im Modus »Überleben« schützen will. Meistens beginnt dann die Gedankenspirale, und Angstgedanken schüren schnell Panik. Angststörungen passieren voll automatisiert. Bei dem Verdacht auf eine Angststörung empfehle ich dringend, eine Fachkraft aufzusuchen.
Wichtige Telefonnummern:

1. Akuter Notfall 112
2. Ärztliche Notrufzentrale 116117
3. Sozialpsychiatrischer Dienst in deiner Stadt
4. Telefonseelsorge 08001110-111 oder 222
5. Hausarzt
6. Psychologe, Psychiater

Haftungsausschluss

Die Benutzung dieses Buches und die Umsetzung der darin enthaltenen Informationen, Texte, Grafiken und bildlichen Darstellungen erfolgt ausdrücklich auf eigenes Risiko. Der Inhalt dient ausschließlich Bildungszwecken und stellt eine Hilfe zur Selbsthilfe dar. Die Übungen, Anregungen, Empfehlungen zu Thematik und Sachverhalt sind sorgfältig geprüft und erfolgen nach bestem Wissen und Gewissen.
Sie sind als Beispiele zu verstehen und entbinden alle, die mit Pferden umgehen, nicht von jeglicher Eigenverantwortung. Jede Umsetzung muss individuell und aktuell geprüft werden.
Das Buch ersetzt keine Psychotherapie und es wird weder ein medizinischer noch ein therapeutischer Rat noch ein Heilversprechen gegeben.
Verlag und Autorin übernehmen keine Gewähr für die Aktualität, Korrektheit, Vollständigkeit und Qualität der bereitgestellten Informationen.
Interessenkonflikte: Keine/unabhängig. Die Autorin hat keine Beziehungen zu den Herstellern und ist nicht am Verkauf der erwähnten Produkte beteiligt.

Quellen

Baba, C., Kawai, M., Takimoto-Inose, A. (2019): Are Horses (*Equus caballus*) Sensitive to Human Emotional Cues? *Animals, 9*(9), 630. Doi:10.3390/ani9090630

Balban, M. Y., Neri, E., Kogon, M., M., Weed, L., Nouriani, B., Jo, B., (…) Huberman, A. D. (2023): Brief structured respiration practices enhance mood and reduce physiological arousal. *Cell Reports Medicine, 4,* 100895. Doi:10.1016/j.xcrm.2022.100895

Boyle, N. B., Lawton, C., Dye, L. (2017): The Effects of Magnesium Supplementation on Subjective Anxiety and Stress – A Systematic Review. *Nutrients, 9*(5), 429. Doi:10.3390/nu9050429

Coenen, M. & Vervuert, I. (2020): *Pferdefütterung*. 6. Auflage. Stuttgart: Thieme.

Costandi, M. (2015): *50 Schlüsselideen Hirnforschung*. Berlin: Springer Verlag.

Critchley, H. D., Nicotra, A., Chiesa, P. A., Nagai, Y., Gray, M. A., (…) Bernardi, L. (2015): Slow Breathing and Hypoxic Challenge: Cardiorespiratory Consequences and Their Central Neural Substrates. *PLOS ONE 10*(5), e0127082. Doi:10.1371/journal.pone.0127082

Damasio, A. (2011): *Selbst ist der Mensch. Körper, Geist und die Entstehung des menschlichen Bewusstseins.* 3. Auflage. München: Siedler Verlag.

Del Monte, Damir: Discover the brain. Mind, brain & body. *Encephalon,* E-Learning Plattform. https://www.encephalon.online/

de Oliveira, I. J., de Souza, V. V., Motta, V., Da-Silva, S. L., (2015): Effects of Oral Vitamin C Supplementation on Anxiety in Students: A Double-Blind, Randomized, Placebo-Controlled Trial. *Pakistan Journal of Biological Sciences, 18*(1), 11-8. Doi:10.3923/pjbs.2015.11.18

Deschodt-Arsac, V., Lalanne, R., Spiluttini, B., Bertin, C., Arsac, L. M. (2018): Effects of heart rate variability biofeedback training in athletes exposed to stress of university examinations. *PLOS ONE, 13*(7), e0201388. Doi:10.1371/journal. pone.0201388

De Voogd, L. D., Hermans, E. J., Phelps, E. A. (2018): Regulating defensive survival circuits through cognitive demand via large-scale network reorganization. *Current Opinion in Behavioral Science, 24,* S. 124-129. Doi:10.1016/j.cobeha.2018.08.009, (https://www.sciencedirect.com/science/article/pii/S2352154618300524).

Doll, A., Hölzel, B. K., Mulej Bratec, S., Boucard, C. C., Xie, X., (…) Sorg, C. (2016): Mindful attention to breath regulates emotions via increased amygdala-prefrontal cortex connectivity. *Neuroimage, 134,* 305-313. Doi:10.1016/j.neuroimage.2016.03.041

Fischer, G. & Riedesser, P. (2009): *Lehrbuch der Psychotraumatologie.* 4. Auflage. München: Reinhardt Verlag.

Fitts, P. M. & Posner, M. I. (1967): *Human performance*. Oxford, England: Brooks/Cole.

Fitzgibbon, S., Pope, K., Mackenzie, L., Clark, C., Willoughby, J. (2004): Cognitive tasks augment gamma EEG power. *Clinical Neurophysiology 115*(8), 1802–1809. Doi:10.1016/j.clinph.2004.03.009

Gabor, V. (2021): *Mensch und Pferd auf Augenhöhe. Pferdegerecht kommunizieren*. 3. Auflage. Stuttgart: Müller Rüschlikon.

Gabor, V. (2020): *Mein Pferd kann's! Lerntraining für Pferde.* Stuttgart: Müller Rüschlikon.

Goleman, D. (2006): *Emotional Intelligence. The 10th Anniversary Edition*. New York-Toronto-London-Sydney-Auckland: Bantam Books. https://asantelim.wordpress.com/wp-content/uploads/2018/05/daniel-goleman-emotional-intelligence.pdf

Golkar, A., Lonsdorf, T. B., Olsson, A., Lindstrom, K. M., Berrebi, J., Fransson, P., (...) Ohman, A. (2012): Distinct Contributions of the Dorsolateral Prefrontal and Orbitofrontal Cortex during Emotion Regulation. PLOS ONE, 7(11), e48107. Doi:10.1371/journal.pone.0048107

Greiffenhagen, S. & Buck-Werner, O. N. (2009): *Tiere als Therapie: neue Wege in Erziehung und Heilung*. 2. Auflage. Nerdlen: Kynos-Verlag.

Guillot, A., Collet, C., Nguyen, V. A., Malouin, F., Richards, C., Doyon, J. (2009): Brain activity during visual versus kinesthetic imagery: an fMRI study. *Hum Brain Mapp*, 30(7), 2157-2172. Doi:10.1002/hbm.20658

Hall, C., Goodwin, D., Heleski, C., Randle, H., Waran, N. (2008): Is there evidence of learned helplessness in horses? *Journal of Applied Animal Welfare Science 11*(3), 249-66. Doi: 10.1080/10888700802101130

Hama, H., Yogo, M., Matsuyama, Y. (1996): Effects of stroking horses on both humans´ and horses´ heart rate responses. *Japanese Psychological Research, 38*(2), 66-73. Doi:10.1111/j.1468-5884.1996.tb00009.x

Harper, M. (2012): Taming the amygdala: An EEG analysis of exposure therapy for the traumatized. *Traumatology, 18*(2), 61–74. doi:10.2277/1534765611429082

Hartmann, E., Christensen, J. W., McGreevy, P. D. (2017): Dominance and Leadership: Useful Conzepts in Human-Horse Interactions? *Journal of Equine Veterinary Science*, 52, 1-9. Doi:10.1016/j.jevs.2017.01.015

Hatt, H. (2019): Geruch. In: *Physiologie des Menschen mit Pathophysiologie*. 32. Auflage. Springer-Lehrbuch, 781-788.

Heck, D.H. (2019): Bewusst atmen, klar denken. *Gehirn & Geist, 10*, 12-19.

Herculano-Houzel, S. (2009): The Human Brain in Numbers: A Linearly Scaled up Primate Brain. *Frontiers in Human Neuroscience, 3*(31), 1-11. Doi:10.3389/neuro.09.031.2009

Hockenhull, J., Young, T. J., Redgate, S. E., Birke, L. (2015): Exploring Synchronicity in the Heart Rates of Familiar and Unfamiliar Pairs of Horses and Humans Undertaking an In-Hand Task. *Anthrozoös, 28*(3), 501–511. Doi:10.1080/08927936.2015.1052284

Howland, R. H. (2014): Vagus Nerve Stimulation. *Current Behavioral Neuroscience Reports, 1*(2), 64-73. Doi:10.1007/s40473-014-0010-5

Ille, N., von Lewinski, M., Erber, R., Wulf, M., Aurich, J., Möstl, E. and Aurich, C. (2013). Effects of the level of experience of horses and their riders on cortisol release, heart rate and heart rate variability during a jumping course. *Animal Welfare, 22*(4), 457–465. Doi:10.7120/09627286.22.4.457

Jardat, P., Liehrmann, O., Reigner, F., Parias, C., Calandreau, L., Lansade, L. (2023): Horses discriminate between human facial and vocal expressions of sadness and joy. *Animal Cognition, 26*(5), 1733-1742. Doi:10.1007/s10071-023-01817-7

Jones, J. L. (2022): *Horse Brain – Human Brain. Erkenntnisse aus der Neurowissenschaft – Wie Pferd & Mensch denken, fühlen, handeln.* Stuttgart: Kosmos Verlag.

Keeling, L. J., Jonare, L., Lanneborn, L. (2009): Investigating horse–human interactions: the effect of a nervous human. *Veterinary Journal, 181*(1), 70-71, Doi:10.1016/j.tvjl.2009.03.013

Keresztes, A., Bender, A. R., Bodammer, N. C. Lindenberger, U., Shing, Y. L., Werkle-Bergner, M. (2017): Hippocampal maturity promotes memory distinctiveness in childhood and adolescence. *Proceedings of the National Academy of Sciences, 114*(34), 9212-9217. Doi:10.1073/pnas.1710654114

Kiley-Worthington, M. (1993): *Pferdepsyche – Pferdeverhalten. Grundlagen für Reiter, Halter und Trainer.* Stuttgart: Müller Rüschlikon.

Koval, P., Ogrinz, B., Kuppens, P., Van den Bergh, O., Tuerlinckx, F., Sütterlin, S. (2013): Affective Instability in Daily Life is Predicted by Resting Heart Rate Variability. *PLOS ONE, 8*(11), e81536. Doi:10.1016/journal.pone.0081536

Krueger, K., Flauger, B. (2011): Olfactory recognition of individual competitors by means of faeces in horse (Equus caballus). *Animal Cognition, 14,* 245-257. Doi:10.1007/s10071-010-0358-1

Krueger, K., Flauger, B., Farmer, K., Hemelrijk, C. (2014): Movement initiation in groups of feral horses. *Behavioral Processes, 103*, 91-101. Doi:10.1016/j.beproc.2013.10.007

Kulkarni, S. K., Dhir, A. (2010): An overview of curcumin in neurological disorders. *Indian Journal of Pharmaceutical Science, 72*(2), 149-54. Doi:10.4103/0250-474X.65012

Lanata, A., Nardelli, M., Valenza, G., Baragli, P., Aniello, E. P., Alterisio, A., (…) Scilingo E.P. (2018): A Case for the Interspecies Transfer of Emotions: A Preliminary Investigation on How Humans Odors Modify Reactions of the Autonomic Nervous System in Horses. *Annual International Conference of the IEEE Engineering in Medicine and Biology Society, Juli,* 522-252. Doi:10.1109/EMBC.2018.8512327

Li, WC., Chiu, FC., Kuo, Ys., Wu, KJ. (2013). The Investigation of Visual Attention and Workload by Experts and Novices in the Cockpit. In: Harris, D. (Hrsg.) Engineering Psychology and Cognitive Ergonomics. *Applications and Services, 8020,* 167-176. Berlin, Heidelberg: Springer. https://doi.org/10.1007/978-3-642-39354-9_19

Li, P., Janczewski, W.A., Yackle, K., Kam, K., Pagliardini, S., Krasnow, M.A., Feldman, J. L. (2016): The peptidergic control circuit for sighing. *Nature, 530*(7590), 293-297. Doi:10.1038/nature16964

Lloyd, A., Brett, D., and Wesnes, K. (2010): Coherence training in children with attention-deficit hyperactivity disorder: cognitive functions and behavioral changes. *Alternative Therapies in Health and Medicine, 16*(4), 34–42.

Malavasi, R. & Huber, L. (2016): Evidence of heterospecific referential communication from domestic horses (Equus caballus) to humans. *Animal Cognition, 19*, 899-909. Doi:10.1007/s10071-016-0987-0

Mather, M., & Thayer, J. (2018): How heart rate variability affects emotion regulation brain networks. *Current Opinion Behavioral Sciences, 19*, 98-104. Doi:10.1016/j.cobeha.2017.12.017

Matsui, A., Go, Y., Niimura, Y. (2010): Degeneration of Olfactory Receptor Gene Repertories in Primates: No Direct Link to Full Trichromatic Vision. *Molecular Biology and Evolution, 27*(5), 1192-1200. Doi:10.1093/molbev/msq003

Mazloom, Z., Ekramzadeh, M., Hejazi, N. (2013): Efficacy of supplementary vitamins C and E on anxiety, depression and stress in type 2 diabetic patients: a randomized, single-blind, placebo-controlled trial. *Pakistan Journal of Biological Sciences, 16*(22), 1597-600. Doi:10.3923/pjbs.2013.1597.1600

McCraty, R., Barrios-Choplin, B., Rozman, D., Atkinson, M., Watkins, A. D. (1998): The impact of a new emotional self-management program on stress, emotions, heart rate variability, DHEA and cortisol. *Integrative Physiological and Behavioral Science, 33*, 151–170. Doi:10.1007/BF02688660

McCraty, R., Atkinson, M., and Tomasino, D. (2003): Impact of a work-place stress reduction program on blood pressure and emotional health in hypertensive employees. *Journal of Alternative and Complementary Medicine, 9*(3), 355–369. Doi:10.1089/107555303765551589

Merkies, K., Ready, C., Farkas, L., Hodder A. (2019): Eye Blink Rates and Eyelid Twitches as a Non-Invasive Measure of Stress in the Domestic Horse, *Animals, 9*(8), 562. Doi:10.3390/ani9080562

Merkies, K., Sievers, A., Zakrajsek, E., MacGregor, H., Bergeron, R., König von Borstel, U. (2014): Preliminary results suggest an influence of psychological and physiological stress in humans on horse heart rate and behavior. *Journal of Veterinary Behavior, 9*(5), 242-247. Doi:10.1016/j.jveb.2014.06.003

Naber, A., Kreuzer, L., Zink, R., Millesi, E., Palme, R., Hediger, K. Glenk, L. M. (2019): Heart rate, heart rate variability and salivary cortisol as indicators of arousal and synchrony in clients with intellectual disability, horses and therapist during equine-assisted interventions. *Pet Behaviour Science, 7,* 17-23. Doi:10.21071/pbs.v0i7.11801

Nakamura, K., Takimoto-Inose, A., Hasegawa, T. (2018): Cross-modal perception of human emotion in domestic horses (Equus caballus). *Scientific Reports, 21*(8), 8660. Doi:10.1038/s41598-018-26892-6

Norretranders, T. (2002): *Spüre die Welt. Die Wissenschaft des Bewusstseins.* 4. Auflage. Reinbek: Rowohlt Verlag.

Ogden, P. u. Minton, K. (2000) Sensorimotor psychotherapy: One method for processing traumatic memory. *Traumatology, 6*(3), 149-173. Doi:10.1177/153476560000600302

Park, G., & Thayer, J. F. (2014): From the heart to the mind: cardiac vagal tone modualtes top-down and buttom-up visual perception and attention to emotional stimuli. *Frontiers Psychology, 5*, 278. Doi:10.3389/fpsyg.2014.00278

Peikert, A., Wilimzig, C., Köhne-Volland, R. (1996): Prophylaxis of migraine with oral magnesium: results from a prospective, multi-center, placebo-controlled and double-blind randomized study. *Cephalalgia, 16*(4), 257-63. Doi:10.1046/j.1468-2982.1996.1604257.x

Porges, S. W. (2011): *The polyvagal theory: Neurophysiological foundations of emotions, attachment, communication and self-regulation.* New York: W. W. Norton & Company.

Porges, Stephen (2023): The vagal paradox: A polyvagal solution. *Comprehensive Psychoneuro-endocrinology, 16*, 100233. Doi:10.1016/j.cpnec.2023.100200

Possemeyer, I. (2013): Das Gedächtnis des Körpers. *GEO, 2*, 80-91. Hamburg: G+J Medien GmbH.

Proops, L., Grounds, K., Smith, A. V., McComb, K. (2018): Animals Remember Previous Facial Expressions that Specific Humans Have Exhibited. *Current Biology, 28*(9), 1428-1432. Doi:10.1016/j.cub.2018.03.035

Proops, L. & McComb, K. (2010): Attributing attention: the use of human-given cues by domestic horses (Equus caballus). *Animal Cognition, 13*, 197-205. Doi:10.1007/s10071-009-0257-5

Reynard A., Gevirtz, R., Berlow, R., Brown, M., Boutelle, K. (2011): Heart Rate Variability as a Marker of Selfregulation. *Applied Psychophysiology and Biofeedback, 36*, 209-215. Doi:10.1007/s10484-011-9162-1

Ringhofer, M. & Yamamoto, S. (2017): Domestic horses send signals to humans when they face with an unsolvable task. *Animal Cognition, 20*(3), 397-405. Doi:10.1007/s10071-016-1056-4

Roth, G. (2002): 90 Prozent sind unbewusst. *Psychologie Heute, Februar*. Weinheim: Beltz Verlag, 44-49.

Roth, G., & Ryba, A. (2016): *Coaching, Beratung und Gehirn – Neurobiologische Grundlagen wirksamer Veränderungskonzepte.* Stuttgart: Klett-Cotta.

Sabiniewicz, A., Tarnowska, K., Świątek, R., Sorokowski, P., Laska, M. (2020): Olfactory-based interspecific recognition of human emotions: Horses (Equus ferus caballus) can recognize fear and happiness body odour from humans (Homo sapiens). *Applied Animal Behaviour Science, 230,* 105072. Doi:10.1016/j.applanim.2020.105072

Saslow, C. A. (2002): Understanding the perceptual world of horses. *Applied Animal Behaviour Science, 78*(2-4), 209-224. DOI:10.1016/S0168-1591(02)00092-8

Schandry, R., & Gramann, K. (2009): *Psychophysiologie: körperliche Indikatoren psychischen Geschehens.* 4. Auflage. Weinheim: Beltz Verlag.

Schmidt, R. A., Wrisberg, C. A. (2000): *Motor learning and performance: a situationbased learning approach.* 4. Auflage. Champaign IL: Human Kinetics.

Schütz, K. (2020): *Pferde, Forschung & Psychologie. Wissenschaftliche Befunde zu Fähigkeiten von Pferden und deren Wirkung auf Menschen*. 2. Auflage. Norderstedt: BoD.

Schuetz, A., Farmer, K., Krueger, K. (2017): Social learning across species:horses (Equus caballus) learn from humans by observation. *Animal Cognition, 20*, 567–573. Doi:10.1007/s10071-016-1060-8

Sharot, T., Shiner, T., Brown, A. C., Fan, J., Dolan, R. J. (2009). Dopamine Enhances Expectation of Pleasure in Humans. *Current Biology, 19*(24), 2077-2080. Doi:10.1016/j.cub.2009.10.025

Siegel, D. J. (2012): *The Developing Mind – How Relationships and the Brain Interact to Shape Who We Are.* 2. Auflage. New York-London: Guilford Press.

Strüber, N. (2019): *Risiko Kindheit: Die Entwicklung des Gehirns verstehen und Resilienz fördern.* Stuttgart: Klett Cotta.

Trösch, M., Cuzol, F., Parias, C., Calandreau, L., Nowak, R., Lansade, L. (2019): Horses Categorize Human Emotions Cross-Modally Based on Facial Expression and Non-Verbal Vocalizations. *Animals, 9*(11), 862. Doi:10.3390/ani9110862

Tseng, J., Poppenk, J. (2020): Brain meta-state transitions demarcate thoughts across task contexts exposing the mental noise of trait neuroticism. *Nature Communications 11*, 3480. Doi:10.1038/s41467-020-17255-9

van der Kolk, B. A. (1994): The Body Keeps the Score: Memory and the Evolving Psychobiology of Posttraumatic Stress. *Harvard Review of Psychiatry, 1*(5), 253–265. Doi:10.3109/10673229409017088

van der Kolk, B. A. (2021): *Verkörperter Schrecken. Traumaspuren in Gehirn, Geist und Körper und wie man sie heilen kann.* 7. Auflage. Lichtenau/Westfalen: Probst Verlag.

Visser, E. K., van Reenen, C. G., van der Werf, J. T. N., Schilder, M. B. H., Knaap, J. H., (…) Blokhuis, H. J. (2002): Heart rate and heart rate variability during a novel object test and a handling test in young horses. *Physiology and Behavior, 76*(2), 289–296. Doi:10.1016/S0031-9384(02)00698-4

von Borstel, U. U., Keeling, L. Duncan, I. J. H., Shoveller, A. K., Millman, S. T., Keeling, L-J. (2005): Transfer of nervousness from competition rider to the horse. In: Schütz, K.: *Pferde, Forschung, Psychologie. Wissenschaftliche Befunde zu Fähigkeiten von Pferden und deren Wirkung auf Menschen*. 2. Auflage. Norderstedt: BoD, 63-64.

von Lewinski, M., Biau, S., Erber, R., Ille, N., Aurich, J., Faure, J.-M., Möstl, E., Aurich, C. (2013): Cortisol release, heart rate, heart rate variability in the horse and its rider: Different response to training and performance. *The Veterinary Journal, 197*(2), 229-232. Doi:10.1016/j.tvjl.2012.12.025

Walker, Pete (2003): Codependency, Trauma and the Fawn Response. *The East Bay Therapist,* Jan/Feb. https://www.pete-walker.com/pdf/CodependencyTraumaFawnResponse.pdf

Walker, Pete (o. J.): *The 4Fs: A Trauma Typology in Complex PTSD*. http://www.pete-walker.com/fourFs_TraumaTypologyComplexPTSD.htm

Wathan, J., & McComb, K. (2014): The eyes and ears are visual indicators of attention in domestic horses. *Current Biology, 24*(15), 677-679. Doi:10.1016/j.cub.2014.06.023

Wathan, J., Proops, L., Grounds, K., McComb, K. (2016): Horses discriminate beetween facial expressions of conspecifics. *Scientific Reports, 6,* 38322. Doi:10.1038/srep38322

Wood, J. V., Perunovic, W. Q., & Lee, J. W. (2009): Positive self-statements: power for some, peril for others. *Psychological Science, 20*(7), 860-866. Doi:10.1111/j.1467-9280.2009.02370.x

Weitere interessante Bücher aus dem Pferdebuch-Programm

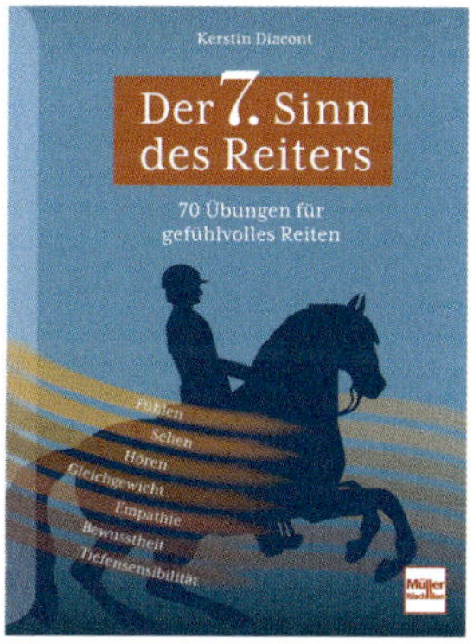

Kerstin Diacont
Der 7. Sinn des Reiters
70 Übungen für gefühlvolles Reiten
160 Seiten, 330 Bilder
ISBN 978-3-275-02284-7
€ 19,95 / € (A) 20,60

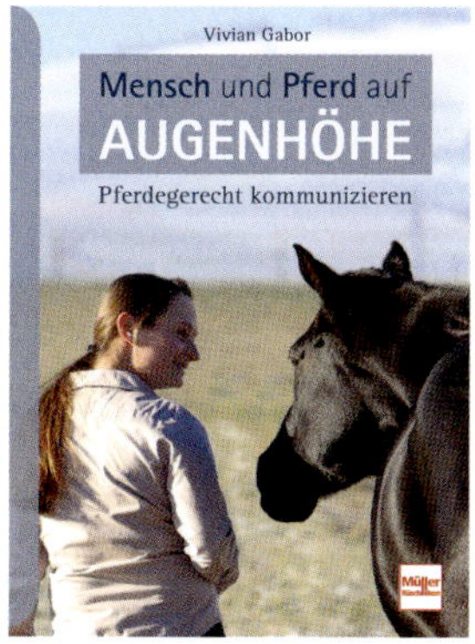

Vivian Gabor
Mensch und Pferd auf Augenhöhe
Pferdegerecht kommunizieren
176 Seiten, 216 Bilder, 19 Strich-zeichnungen
ISBN 978-3-275-02098-0
€ 24,90 / € (A) 25,60

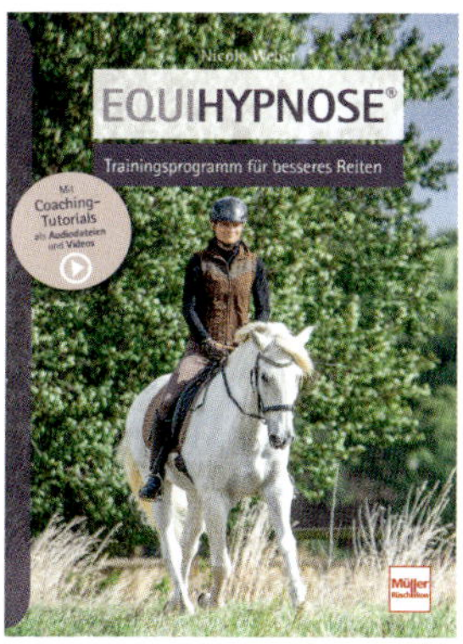

Nicole Weber
Equihypnose© – Trainingsprogramm für besseres Reiten
160 Seiten, 120 Bilder
ISBN 978-3-275-02211-3
€ 19,95 / € (A) 20,60

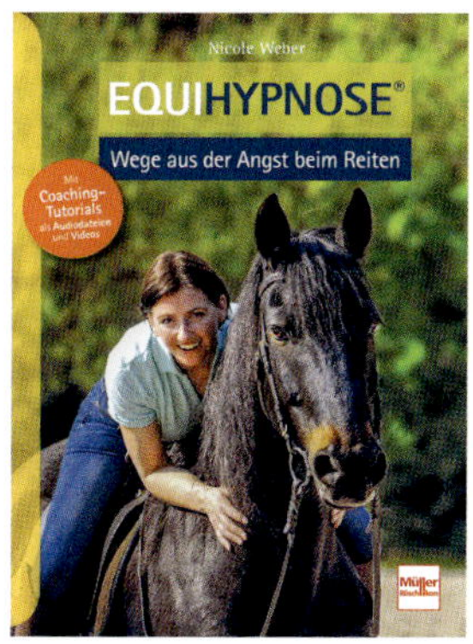

Nicole Weber
Equihypnose©
Wege aus der Angst beim Reiten
144 Seiten, 150 Bilder
ISBN 978-3-275-02153-6
€ 19,95 / € (A) 20,60

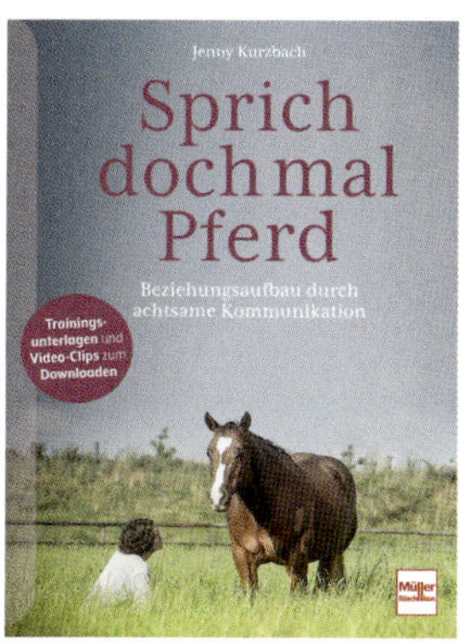

Jenny Kurzbach
Sprich doch mal Pferd
Beziehungsaufbau durch achtsame Kommunikation
208 Seiten, 150 Bilder
ISBN 978-3-275-02282-3
€ 26,- / € (A) 26,80

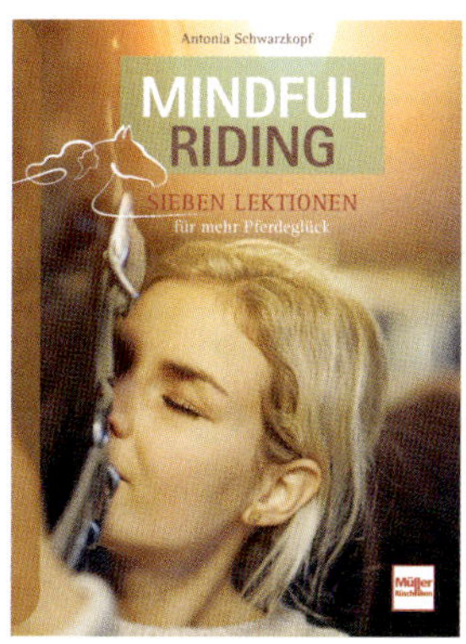

Antonia Schwarzkopf
Mindful Riding
Sieben Lektionen
für mehr Pferdeglück
160 Seiten, 120 Bilder
ISBN 978-3-275-02238-0
€ 19,95 / € (A) 20,60

Müller Rüschlikon

Pferdeglück

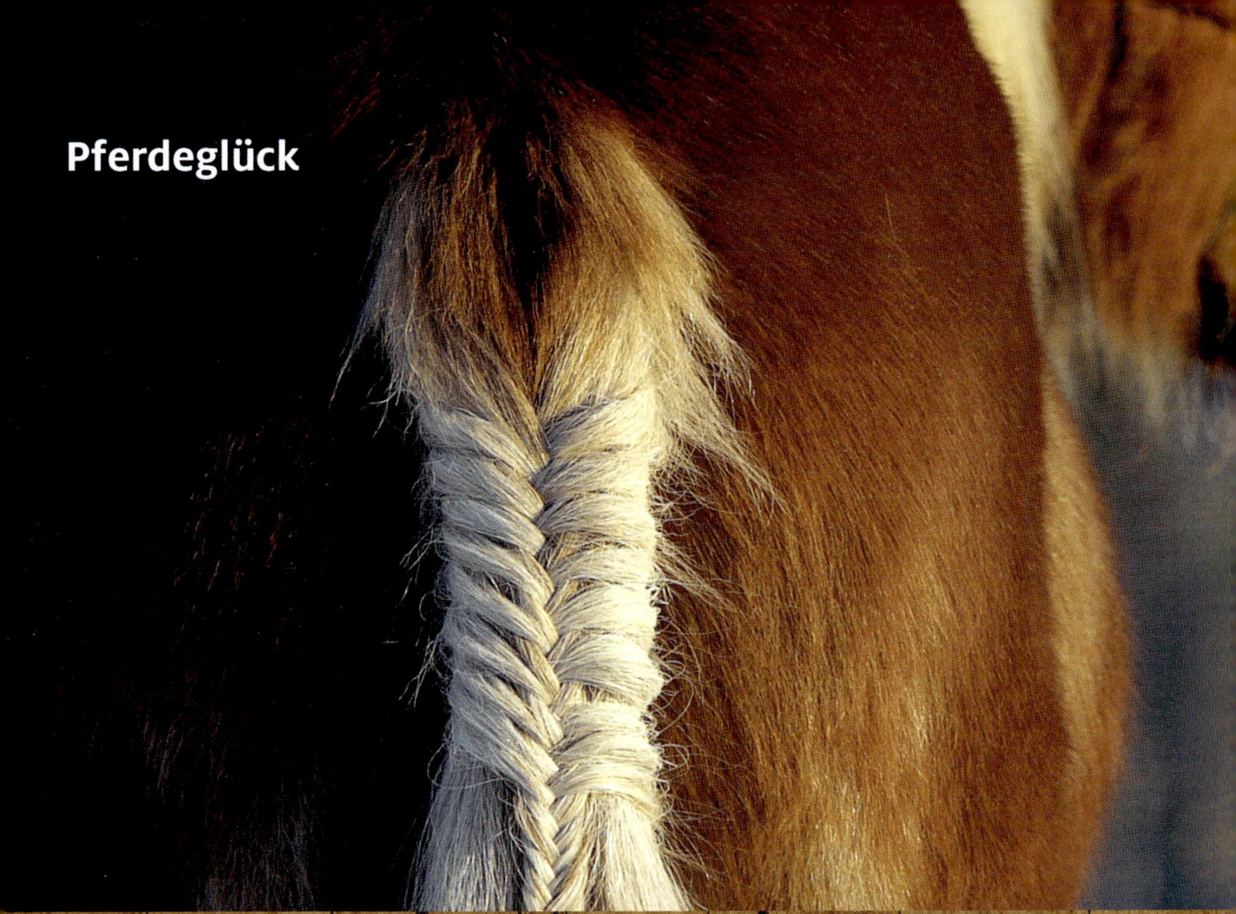

Pferdewissen

Zur richtigen Fürsorge für unsere liebsten Vierbeiner gehört auch die richtige Lektüre: in Cavallo steht alles, was die Pferdehaltung besser macht – und die Pferdeliebe intensiver.

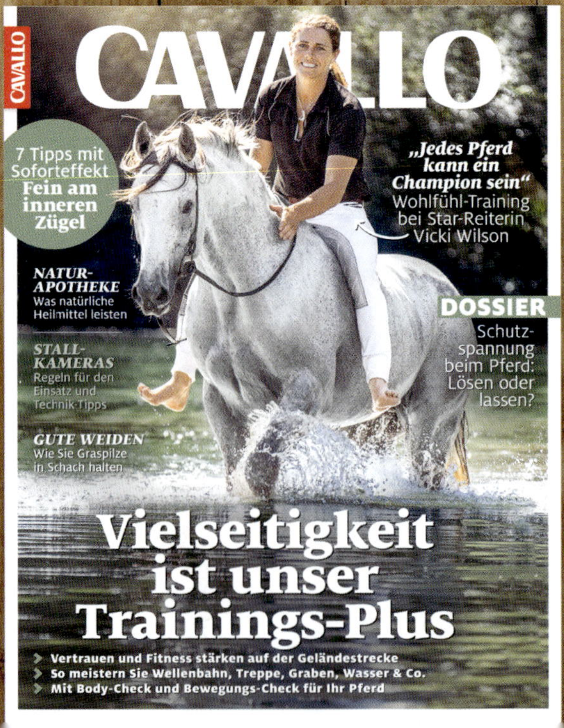

Jeden Monat am Kios
oder am besten gleic
im Abo.

Web: www.cavallo.de
Telefon: 0781 6396659
E-Mail: cavallo@burdadirect.d